民族文化研究叢書58

현대 시·시조 통합 이론

民族文化研究叢書58

현대 시·시조 통합 이론

시조형의 가치 발견

민병기

高麗大學校
民族文化研究院

이 책은 高麗大學校 民族文化硏究院이 새로운 民族文化의 暢達과 國學振興을 위하여 제정한
『芝薰國學硏究造成費』와 『民族文化硏究叢書刊行計劃』에 의하여 출판되었습니다.

머리말

노래였던 고시조가 개화기에 읽히는 글시조로 변하는 과정에서, 그 장르명이 세분화되지 않았다. 당시 시조가 노래라는 고정관념을 가지고, 육당 최남선은 1908년부터 근대 최초의 잡지 『소년』지를 편집했다. 이후 시·시조로 나뉘는 현대시 양분법이 우리 시단에서 굳어졌다.

그러나 20세기 전기에 시조와 비슷한 자유시 편들이 많이 발표되었다. 국어과 교과서에도 자주 실린 애송성이 높은 명시 편들의 대다수가 시조형에 속한다. 그것들은 크게 둘로 나뉜다. 시조형식이 시의 표면에 드러나는 표층시조형인 신시조와 시 속에 숨어있는 심층시조형이다.

자유시로 발표된 미당의 「문둥이」 전문이나 조지훈의 출세작 「승무」의 첫 3연은, 4음보율 3장과 종장 자수율까지 모두 지녔으니, 시조 단수와 완전히 일치한다. 또 종장 자수율은 없지만, 4음보율 3장만을 지닌 신시조 편들도 많다. 신석정의 「임께서 부르시면」과 청마의 「춘신(春信)」·「의주길」과 미당의 「추일서정」과 지훈의 「승무」·「낙화」 등이 표층시조형인 신시조에 속한다.

신시조보다 심층시조형이 내재된 자유시 편들이 더 많다. 그 예로 지용의 「향수」·「구성동」·「비」와 청마의 「그리움.1」·「그리움.2」·「깃발」·「바위」와 미당의 「국화 옆에서」·「蓮꽃 만나고 가는 바람같이」와 지훈의 「山房」·「古寺.1」·「古寺.2」와 목월의 「牧丹 餘情」·「불국사」·「청노루」·「閏四月」 등이다. 또 천상병과 박용래의 자유시 편들 중에 다수도 시조형에 속한다.

위에서 언급된 저명한 시인들의 자유시 편들에 내재된 시조형의 가치를 밝히기 위해, 필자는 옛시조의 기본 단위인 장(章)을 마디 개념으로 본서에서 적용했다. 자유화된 시행들을 장 단위로 복원시킨 것이 마디이다. 따라서 유명한 자유시 편들을 마디들로 재구분하여, 시조형의 완결미를 밝힌 것이 본서의 특징이다.

표층시조형인 신시조 편들을 많이 발표한 대표적인 시인이 조지훈이다. 종장 자수율이 없다면, 그의 신시조 편들은 모두 시조에 속한다. 더욱이 시조형의 번역본들이 해외에 시조로 소개되면, 자수율을 지닌 하이쿠보다 음보율을 지닌 시조가 우리 민족시로 더욱 주목받을 수 있다. 따라서 전통을 이어온 현대 시조의 우수성이 세계적으로 널리 알려져, 한국인들의 긍지도 높아질 수 있다.

애송성이 높은 시조형의 가치가 독자층에 널리 알려질수록, 시와 시조 양분법은 무의미해지며, 시조가 현대시의 대명사가 되어, 우리 민족시를 대표하게 될 수 있다. 그 희망을 품고, 필자가 출간하는 이 책은 인내심 많은 아내 덕분에 나온다.

그동안 이 책이 나오도록 도와주신 창원대 국문과 출신 이균상·석성환·조재영 박사님들과 고려대 민족문화연구원장님을 비롯한 민연과 출판부 모든 분들께 깊은 감사의 예를 올립니다.

차 례

2장 현대 시인론

1장
시조형의 가치

1. 시조가 현대시에서 분리된 발단

향가가 모태인 시조는 음악에 속한 시가 양식이었다. 고려 중기 별곡에서 분립되어, 여말(麗末)에 그 정형이 확립되었다.[1] 구비 전승된 시조의 내용이 『청구영언』 등 조선의 가집들에 기록되어 현재까지 전해진다. 최고(最古)로 추정되는 고려 시대 우탁(禹倬: 1263~1343)의 시조 편들이 현재 전해지니, 그 역사는 700년이 넘는다.

강대국들의 침탈 위협을 받던 아시아의 근대화 계몽기가 한국의 개화기이다. 당시 육당 최남선이 한문 위주의 조선 문학을 한글로 개혁하는 신문학 운동을 펼쳤다.[2] 1908년 18세인 그는 3색도로 인쇄된 근

---

1) 이태극, 『시조의 사적 연구』, 선명문화사, 1974, 88-89쪽.

2) 최남선(崔南善: 1890~1957): 자는 公六 호는 六堂·大夢, 2회 일본유학, 시인·수필가·번역문학가로 활동한 한국 최초의 잡지 편집인. 고종을 모독하는 모의국회에 항의하며 와세다대를 자퇴, 인쇄기와 인쇄공 대동하여 귀국, 출판사 「신문관」 개관. 『소년』·『붉은 저고리』·『새별』·『청춘』 등 간행, 강용흘·주요한·방정환 등을 배출. 「독립선언문」 작성 죄로 2년 복역. 『동명』발간, 『조선역사통속강화』연재. 『시대일보』 창간, 26년 최초 시조집 『백팔번뇌』 간행. 『시조유취』 발간.
28년부터 총독부 조선사편수회 촉탁으로 친일. 38년 일본 『만몽일보』고문과 건국대 교수 역임. 43년 渡日, 조선 유학생들에게 학도병을 권유한 순회강연. 44년 중추원 참의 역임. 해방 후 반민족자로 수감. 병보석으로 출감. 6·25전쟁에 해군

대판 최초의 잡지 『소년』을 단독으로 편집했다.[3] 이렇게 1인 문단시대가 열렸다.

『소년』 창간호부터 종간호(통권 23호)까지, 모든 목차 23개가 있다. 그것들 속에 육당이 쓴 시편들이 총 53편이 나온다. 창작이든 번역이든, 그는 자신이 쓴 시편의 제목들 끝에 '詩'란 꼬리표를 꼭 달았다. 심지어 자신이 번역한 퇴계(退溪)의 한시 '벌(蜂)에도 이 꼬리표와 公六이란 번역자를 표시했다.[4] 그러나 창간호의 권두시 「해에게서 소년에게」엔 '시(詩)'란 표시만 있고, 그 지은이가 없다. 이 때문에 그것이 육당의 창작시가 아니라는 주장이 제기될 수밖에 없다.[5]

당시 육당은 자수율을 엄격하게 지킨 한글 시편들을 『소년』지에 많이 발표했다. 하지만 그가 시도한 자수율엔 일관성이 없다. 예를 들면 「산유화」와 「가을꽃」과 「대한소년행」 등의 율격은 8·5조이다. 또 「소년대한」과 「태백산과 우리」와 「태백산가.1」과 「경부철도 노래」 등의 율격은 7·5조이다. 그 밖에 4·4조와 3·4조와 5·5조와 6·5조나 6·4조의 율격을 지닌 시편들도 있다.[6] 이렇게 육당은 일관성 없이 字數律을 試圖했다. 그것들이 개화기 새로운 시 형태인 신시 또는 신체시로 후대에 다루어졌다.[7]

『소년』 통권 10호부터 종간호까지, 육당이 국풍(國風)이란 장르 명칭으로 자신의 시조 32수를 발표했다.[8] 국풍이란 한국의 아리랑 같은

전사편찬위원회 촉탁과 서울시사 편찬위원회 고문 역임.

3) 『소년』, 제1년 제1권(1908년 11월), 2쪽.

4) 위 책, 제1년 제2권(1908년 12월), 목차.

5) 서곤, 『최남선과 호적의 신시 개척 비교 연구』, 서울대학원, 1012.2.

6) 김학동, 「신체시와 육당의 선구적 위치」, 신동욱 편, 『최남선과 이광수의 문학』, 새문사, 1981, 19-41쪽.

7) 정한모, 『한국현대시문학사』, 일지사, 1988, 163-170쪽.

고대 중국 민요이다.[9] 당시 육당은 시조가 노래라는 고정관념으로, 그것을 국풍으로 간주했다. 따라서 자신이 지은 시조 편들엔 '詩'란 꼬리표를 달지 않았다. 또 시조는 원래 제목이 없고, 그 개수가 편(篇)이 아니라 수(首=노래)로 표기되었다. 육당은 자신의 시조를 국풍으로 생각해, 그 제목들 끝에 시(詩)란 꼬리표를 달지 않았고, 그 개수를 수(首)로 표시했다. 개화기 그가 시·시조(國風) 둘로 나눈 것이 현대시가 시·시조로 양분된 발단이다.

개화기의 신시(신체시)나 이후 자유시가 시(詩)로 통용되었다. 자유시란 시조의 형식을 벗어난 것을 통칭하는 개념이다. 이 자유시의 줄인 말로 '시'란 말이 사용되었다. 즉 현대시의 대명사는 자유시였고, 그 준말로 시가 쓰였다.

개화기에 시조창이 읽히는 시조글로 바뀌는 과정에서 '신시조'(새 시조)나 '시조시'(時調詩)[10]나 글시조 같은 말은 쓰이지 않았다. 단지 시와 신시란 말만 사용되었다. 더욱이 육당이 자신이 쓴 시조 편들을 국풍이란 장르 명칭으로 발표한 것이 시조가 현대시에서 제외되는 발단이 되었다. 이 때문에 민족시의 주류가 옛시조에서 현대의 신시조(시조형시)나 새시조나 글시조로 이어지지 않았다. 엇·사설시조는 거의 소멸되고, 살아남은 단·연시조는 현대시의 중심에서 밀려났다.

『소년』지에 '신체시'란 단어는 절대로 나오지 않는다는 사실이 조재성에 의해 밝혀졌다.[11] 육당이 권두시 「해에게서 소년에게」를 스스로

---

8) 최진희, 「1910년대 시조의 변화 양상과 그 의미」, 이화여대 석사논문, 2009.

9) 임선묵의 『근대시조대전』에 육당의 국풍 시편들 소개됨. 춘추시대 15국의 가요 305여 편들 중에 풍(風)·아(雅)·송(頌)으로 분류된 국풍 160여 편들이 『시경』에 수록되어 있다.

10) 한춘섭, 『한국시조시 논총』, 을지출판사, 1990, 21쪽.

11) 조재성, 「육당의 장르의식과 창작 양상연구」, 건국대 교육대학원, 석사논문,

'신체시'라고 언급한 적이 없고, 그 지은이를 밝히지도 않은 점들을 근거로, 서곤은 이것을 육당의 창작시가 아니고, 바이런(G.G. Byron)의 「대양(The Ocean)」의 번안 작품이라고 주장했다.[12]

불어 독해력이 없는 육당이 세계 영웅들의 행적이나 서구 명시 일본어본을 한글로 번역하여, 『소년』지에 소개했다. 이런 육당의 이중 번역활동을 주목하며, 김욱동은 권두시 「해에게서 소년에게」가 육당의 창작시가 아니라, 조지 바이런의 이중 번역본이라고 지적했다.[13]

육당의 이 권두시를 신체시보다 신시로 보아야 한다고, 정한모도 주장했다.[14] 시에 대한 장르 의식이 매우 부족한 육당은 '신시와 신체시를 분명하게 구분하지 않았다.'고 허세욱도 지적했다.[15] 일본의 『신체시초(新體詩抄)』에서[16] 따온 '신따이시'의 역어일 뿐, 내용상 둘은 아무런 관련이 없다고 단정하며, 이정숙은 이 권두시를 신체시로 부를 필요가 없다고 주장했다.[17] 이 권두시가 발표된 후 40여 년이 지나서야, 이것을 '신체시'로 처음 언급한 문학가는 백세철(호: 백철)이다. 그는 이 권두시를 자신의 『조선신문학사조사』에서, 신체시로 중요하게 다루었다. '소년은 이 시대 문학의 주인공'이란 소제목으로 이 시편을 그는 높이 평가했다.[18]

1999.

12) 서곤, 『최남선과 호적의 신시 개척 비교 연구』, 서울대학원, 1012.2, 71쪽.

13) 김욱동, 「번역가로서의 최남선」, 『외국문학 연구』, 2009.8.

14) 정한모, 『한국현대시문학사』, 일지사, 1974, 178-180쪽.

15) 허세욱, 「한중 자유시 형성과정 비교 연구」. 『중국 연구』, 1979, 217-257쪽.

16) 1882년 이토야마 쇼이치(外山正一)·야타베 료키치(矢田部良吉)·이노우에 테츠지로(井上哲次郎)가 『신체시초(體詩抄)』를 출판했다. 아마추어 학자들의 번역시집으로 문학성 부족이라 비판을 받지만, 한시(漢詩)의 틀을 깬 최초 시집으로, 일본 근대시 탄생의 발판이 되었다는 평가를 받는다.

17) 이정숙, 「신시와 신체시의 개념 규정에 대한 소고」, 『국어교육』, 1980, 23-35쪽.

조연현도 '千有餘年 한국 詩歌 전통에 일대 혁명을 일으킨 신체시'로 이 시편을 중요하게 언급했다.[19] 이들에 의해, 이 권두시가 한국 문단에서 최초의 현대시로 언급되어, 시사적으로 과대평가되었다. 하지만 조동일은 육당이 발표한 개화기 시편들에 대해 '새롭다는 의미는 있지만, 새로운 가치는 없다'고 혹평했다.[20] 개화기에 육당은 일정하지 않은 자수율을 지닌 창가나 신시(개화기시)를 詩로 발표했지만, 4음보율이란 일정한 율격(구수율)을 지닌 시조를 '국풍'으로 발표했다. 시조를 노래로 인식했던 육당의 고정관념을, 후에 춘원 이광수가 예리하게 꼬집어 다음과 같이 지적했다.

> "그는 시조를 지으려하야 시조를 짓는 사람도 아니오 또 지을 사람도 아니다. 그가 이렇게 자자구구 피를 묻힌 본서를 백팔번뇌라고 이름한 것과 같이 그에게는 부걱부걱 고여 오르는 번뇌가 있다."[21]

왜 춘원은 六堂을 시조를 짓는 이가 아니라고 꼬집었을까. 한국 최초의 시조집인 『百八煩惱』의 〈題語〉를 쓴 이들은 석전 박한영과 벽초 홍명희와 춘원 이광수와 위당 정인보이다. 당대 최고급 지성인들이 합동으로 쓴 그 머리말(題語)에서, 춘원은 육당을 시조인으로 인정하지 않았다. 육당이 시조를 국풍으로 발표한 사실을 춘원은 분명하게 기억하고 있었다. 그 사실은 다음 글에 잘 드러난다.

---

18) 백세철, 『조선신문학사조사』, 수선사, 1948, 97-101쪽.

19) 조연현, 한국현대문학사, 성문각, 1980, 145-153쪽.

20) 조동일, 『한국문학 통사』 제4권, 지식산업사, 2005, 416쪽.

21) 이광수, 발문, 최남선, 『백팔번뇌』, 동광사, 大正, 15(1926), 11월.

> 시조를 국문학 중에 중요한 것으로 소개한 이가 육당이오, 그 형식을 취하야 새 생각을 가지고 처음 지은이도 육당이다. 『대한유학생학보』와 『소년』과 또 『청춘』 잡지에 國風이라는 題로 발표된 육당의 數十篇의 시조는 시조가 신문학으로 재생하는 선소리 엿섯고, …[22]

위 글에 1909년 전후 시조를 국풍으로 인식하여, 육당이 그 시편들을 처음 발표한 사실을, 춘원은 위와 같이 십 수 년 후에 정확하게 지적했다. 춘원의 그 지적으로 육당이 시조 편들을 국풍으로 발표한 사실이 명백히 드러났다. 더욱이 육당이 국풍을 처음 발표할 당시에, 그것을 중요하게 취급하지 않았던 점도 위 글에 암시되어 있다. 개화기에 육당은 국풍(=시조)을 중요하게 다루지 않았다.

육당이 국풍을 푸대접한 사실이 그의 첫 국풍 한 수에 잘 드러난다. "바다야 크다마라 大氣圈蓋삼어도 그 속에 딸코보면 얼마되지 못하리라 우주에 큰行世 못하기는 네나내나 다一般이다." 이것이 『소년』 통권 10호의 맨 끝 쪽 말미에 발표된 그의 첫 국풍이다.[23] 이것을 육당은 단독 작품으로 다루지 않았다. 〈嶠南鴻爪〉란 부제가 달린 「少年論語. 2」란 수필에 딸린 조각글로 다루었다. 이렇게 그는 시조인 국풍을 아주 홀대했다.[24]

시조를 중국의 옛 노래인 국풍으로 취급했던 청년기에 비하면, 『백팔번뇌』를 발간한 1926년 장년기 육당의 시조관은 많이 변했다. 개화기엔 그는 시조를 '선소리'로 보았지만, 1926년엔 우리 국민문학의 정수로 보았다. 시조를 국민시로 중흥시키기 위해, 첫 시조집을 출간하는 장년기 육당의 변모된 시조관을, 춘원은 정확하게 꿰뚫어 보았다. 따라서

22) 이광수, 「육당과 시조」, 최남선, 『백팔번뇌』, 5-6쪽.

23) 『소년』 제2년 제8권(통권 10호), 1909.9, 66쪽.

24) 위 책 같은 쪽의 맨 끝.

변모된 육당의 시조관을 춘원은 「육당과 시조」란 글로 밝혔다.[25)]

말년엔 육당이 시조를 매우 중요하게 언급했다. 병석에 있는 자신을 방문한 홍일식에게, 육당은 '사상(思想)의 용기(容器)로 생각하는 시조가 내 유일한 문학이었다.'라고 강조했다. 그에 대한 설명이 홍일식의 『육당 연구』에 자세히 나온다.[26)]

개화기에 시조를 노래로 인식한 육당의 고정관념으로 시·시조로 양분된 장르 개념이 이후 백세철·김기림·최재서 같은 일본 유학파 문학자들로 계승되었다. 그 영향으로 시조가 자유시에 밀리는 경향이 심화되었다. 또 자유시 편들에 내재한 시조형의 존재와 가치가 전혀 주목받지 못했다. 따라서 고시조의 높은 애창성도 현대시의 애송성으로 계승되지 못했다.

노래인 옛시조가 지닌 높은 애창성의 근본은 애송성이다. 가독성이 없는 것이 추상적 난해시요 무의미시이다. 사회적으로 무의미한 시편들을 옹호한 것이 대여 김춘수의 「무의미 시론」이다. 읽히지 않는 난해·무의미한 시편들의 미적 가치를 논리화시킨 것이 「무의미 시론」이다. 그 영향으로 현대시의 애독성이 감소되고, 시조가 소외되는 현상이 심화되었다. 이렇게 악화(惡貨)가 양화(良貨)를 구축(驅逐)한 현상이 전후(戰後) 한국 시단에 비유될 수 있다.

20세기 전기 모더니즘 계열에 속하는 난해시의 선구자가 이상이라면, 후기 모더니즘에 속하는 난해시의 좌장이 대여 김춘수이다. 대여는 묘사 대상을 지나치게 추상화시켜, 무의미하게 변형시킨 〈무의미한 시론〉을 주창(主唱)한 대가(大家)이다. 난해성을 합리화시킨 그

25) 이광수, 「육당과 시조」, 최남선, 『백팔번뇌』, 5-8쪽.
26) 홍일식, 『육당 연구』, 일신사, 1969, 91쪽.

의 시론은 현대시의 애독성이 감소되는 발단이 되었다.

2. 모더니즘 시운동의 특징

1920년대 유행한 '낭만주의 시'는 '낭만주의 경향의 자유시 편들'이란 뜻이다. 또 1930년대 '모더니즘시'는 '현대적 자유시 편들'이란 의미이다. 이렇게 자유시의 준말로 시란 말이 사용되었다. 이는 시조가 현대시에서 소외되어 퇴조하는 결정적 요인이 되었다.

또 구체적 작품을 뜻하는 시편과 추상적 개념인 시가 분명하게 구분되지 않고 모호하게 사용되었다. 더욱이 노래인 고시조와 읽히는 글시조도 확실하게 세분화되지 않고, 동일한 명칭으로 사용되었다. 이렇게 현대시 초기 비평 용어들이 애매하게 사용된 현상은 일본 유학파의 영향이 컸다.

백세철이 자신의 『조선신문학사조사』에서 신체시를 과대평가한 사실이 그 대표적인 예이다. 일본식 영미문학의 비평용어들로 한국 현대문학의 흐름을 서술하여, 반전통적인 내용을 난삽·모호하게 표현한 것이 이 책의 특징이다.[27] 일본 유학파 평론가들은 민족의 전통성을 외면하며 시조의 현대화를 추구하지 않았다. 따라서 유명한 자유시 편들에 내재한 시조형의 존재나 그 가치가 전혀 주목받지 못했다.

반대로 난해한 자유시 편들이 평론계의 집중적인 조명을 받았다. 그 정점에 李箱의 연작시 「오감도」가 있다.[28] 1930년대 일본에서 공부한

---

27) 백세철, 『조선신문학사조사』, 백양당, 1947.9.

28) 이상(李箱=金海卿: 1910-37)은 서울 출신, 경성공고 건축과 졸업, 31년 「조선과

김기림이나 최재서 같은 비평가들이 영미시론을 국내에 소개하는 과정에서, '모더니즘 시'란 말이 비평용어로 굳어졌다. 이 말은 현대적 자유시 편들이란 뜻이다. 이후 그것이 30년대 시단의 경향을 대표하는 핵심어로 문학사에서 중요하게 다루어졌다.

모더니즘은 서구 문예사조에서 시작된 개념의 단어이다. 이것은 다다·슈르레알리즘과 이미지즘·주지주의 등이 뒤섞인 포괄적인 의미를 지닌 모호한 말이다.[29] 당시 우리 문학자들이 그 용어를 혼란스럽게 사용해, 그 뜻이 더욱 애매해졌다.

백세철은 모더니즘과 주지주의를 구분했지만,[30] 조연현은 양자를 동일하게 보았다.[31] 김용직은 모더니즘과 이미지즘과 주지주의 셋을 동일시했다.[32] 반면 김윤식은 모더니즘을 이미지즘과 주지주의의 상위개념으로 보았다.[33] 문덕수도 모더니즘과 이미지즘과 주지주의를 구분했다.[34] 따라서 모더니즘과 함께 모더니즘시란 비평 용어도 역시 모호하게 사용되었다.

1차 세계대전 중에 일어난 서구의 모더니즘 시운동은 한국의 그것과 다르다. 대도시 폭파로 무수한 인명피해가 발생하자, 큰 충격을 받

건축」에 「이상한 可逆反應」·「파편의 경치」·「▽의 유희」·「空腹」·「三次角設計圖」·「건축 무한육면각체」(32년) 등 발표. 그것들엔 언어 대신에 숫자·기호·도표 등이 많이 나온다. 지나치게 실험적인 시편들이라 문단에 큰 충격을 주었다. 난해시의 대명사가 된 그의 시편들에 대한 연구는 생애를 토대로 접근한 병리학적 관점의 성과물들이 많다.

29) 오세영, 「모더니스트 비극적 상황의 주인공들」, 『문학사상』, 1975.1.

30) 백세철, 앞 책, 236쪽.

31) 조연현, 앞 책, 692쪽.

32) 김용직, 「새로운 詩語의 혁신성과 그 한계」, 『문학사상』, 1975.1.

33) 김윤식, 「모더니즘詩운동양식」, 『한국현대사론비판』, 일지사, 1975, 241쪽.

34) 문덕수, 앞 책, 44-47쪽.

은 시인들은 기존 사상을 모두 부정하는 파격적 시 운동을 펼쳤다. 기독교 사상이나 과학적 실증주의 등 기존 사상체계를 모두 부정하며, 그들은 시의 본질을 파괴하는 극단적 시운동을 집단적으로 펼쳤다.[35)]

그러나 1930년대 우리 시인들이 함께 뭉쳐 집단적으로 모더니즘 시운동을 펼친 적이 없다. 그들이 선언서를 공동 발표하거나, 동인지를 함께 발간하지도 않았다. 개별적으로 펼친 시인들의 활동에, 평론가들이 집단적 시 운동의 성격을 부여했다. 그것이 문단의 주목을 받아, 모더니즘 시운동이 되었다. 그 사실이 다음 예문에 잘 드러난다.

> 朝鮮에 있어서 모더니즘은 集團的 詩운동의 모양을 갖지 못했다. 또 위에서 말한 특징을 개개의 詩人이 모조리 갖춘 것은 아니다. 오직 大部分은 部分的으로만 모더니즘의 징후를 나타냈다. 또 그것은 반드시 의식적인 것도 아니고 詩的 민감에 의한 天才的 발현인 경우가 많았다.[36)]

이 시운동을 주도한 평론가이며 시인인 김기림의 위 글에, 그것이 시인들의 집단 활동이 아니라, 개별적 시창작 활동임이 분명하게 드러난다. 그는 당시 국내 시인들 중에서 자신의 현대시 관점으로 논평하기에 적합한 국내 시인들을 선별하여, 그들에게 집단적 시운동의 성격을 부여했다. 그가 당시 시인들의 활동상을 언급한 것이 1930년대 모더니즘 시운동이었다.

비평가들이 주도한 시운동이라, 대상 시인들의 규모가 분명하지 않다. 정지용·신석정·김광균·장만영을 1차로, 이상·박재륜·조영출

35) David Perkins, 『A History of Modern Poetry』, Cambridge Harvard University, 1976, p.294.

36) 김기림, 「모더니즘의 역사적 위치」, 『시론』, 백양당, 1947, 76쪽.

을 2차로, 김기림은 그 대상을 처음 언급했다.[37] 그 뒤에 유병석은 정지용·김기림·김광균·신석정·장만영을 1차로,[38] 이상·장서언·박재륜·조영출을 2차로 언급했다. 또 서준섭은 정지용·김기림·김광균·신석정·이상을 모두 포함시켰다.[39] 이렇게 이 운동에 포함되는 시인군은 분명하지 않다.

이 시운동의 시발점도 일정하지 않다. 김기림이 이 운동을 시작한 1934년을 출발점으로 백세철은 보았다.[40] 또 김윤식은 『가톨릭 청년』이 발간된 1933년을 출발점으로 삼았다.[41] 특히 문덕수는 지용의 시편들이 처음 발표된 1926년을 출발점으로 보았다.[42]

이 시운동이 전개된 시기와 그 대상 시인군이 불확실하지만, 대표시인으로 정지용이 확실하게 꼽힌다. 심지어 지용이 시편들을 처음 발표한 때부터 이 시운동의 출발점으로 삼자는 주장이 문덕수의 견해이다.[43] 그처럼 이 시운동에서 지용이 절대시되는 분명한 이유가 있다.

김기림이 이미지의 중요성을 한국 시단에 부각시키기 이전인 1920년대 후반에 정지용이 한국시의 전통적 기법을 혁신한 획기적인 시편들을 발표했다. 시인을 대변하는 1인칭 화자를 등장시켜, 자신의 생각이나 감정을 진술하는 것이 전통적인 시의 진술기법이다.

마음을 진술하는 시의 기법을 대상 묘사법으로 바꾼 선구자가 바로 지용이다. 그는 대상을 이미저리(이미지군) 마디들로 묘사한 시행들 위

---

37) 김기림, 「모더니즘의 역사적 위치」, 위 글.
38) 유병석, 「30년대 모더니즘의 특징」, 『국어교육』 26, 1975.12.
39) 서준섭, 『1930년대 모더니즘연구』, 서울대학교대학원, 1977.
40) 백세철, 앞 책, 228쪽.
41) 김윤식, 「모더니즘의 한계」, 『한국 근대작가론고』, 일지사, 1985.
42) 문덕수, 앞 책, 44-49쪽.
43) 문덕수, 위 책, 같은 쪽.

주로 구성된 시편들을 완성했다. 따라서 그는 당시 우리 시단에서 집중적인 주목을 받았다. 이를 계기로 그는 모더니즘 시운동의 대표적 주자로 공인되었다.

2-1. 시 기법 진술에서 묘사로 전환

자신을 대변하는 화자의 목소리로 시인들이 제 감정이나 생각을 솔직하게 드러내는 것이 의미진술의 기법이다. 이 기법으로 표현된 기본 단위가 의미의 마디이다. 즉 시인들의 마음(생각·감정)이 담긴 의미 1 마디(ⓛ)가 고시조의 한 장이다. 따라서 의미 마디 셋이 3장을 이룬다. 그것이 다음과 같은 고시조 한 수이다.

> 오백년 도읍지를 필마로 돌아드니ⓛ
> 산천은 의구한데 인걸은 간 데 없네ⓛ
> 어즈버 태평연월이 꿈이런가 하노라.ⓛ
>
> – 길재(1353~1419)

시인의 생각이 담긴 의미 마디(ⓛ) 셋으로 구성된 것이 위 시편의 특징이다. 초·중·종 3장(행)과 의미 마디(ⓛ) 셋의 단위가 일치한다. 단순한 의미 마디들의 반복인 〈3ⓛ〉 구조는 다음 소월 시편의 것과 같다.

> 못잊어 생각이 나겠지요.ⓛ
> 그런 대로 한 세상 지내시구려.ⓛ
> 사노라면 잊힐 날 있으리다.ⓛ
>
> – 김소월, 「못잊어」 일부

위 부분에서 소월은 숨은 화자의 목소리로 자신의 생각과 감정을 진술했다. 그렇게 1인칭 화자의 목소리로 시인이 자신의 마음을 진술한 기본 단위가 의미 마디(㉡) 하나이다. 3시행과 3마디 단위가 모두 일치하는 〈3㉡〉 구조란 점에서, 고시조와 인용된 부분은 유사하다.

그러나 고시조 편들이 모두 의미의 마디만으로 구성되지는 않았다. 의미와 이미저리(이미지군)의 마디(㉠)들이 섞인 옛시조 편들도 있다. 하지만 옛시조엔 이미저리 마디(㉠)보다 의미 마디(㉡)들이 더 많다. 다음 고시조가 그 예이다.

> 梨花에 月白하고 銀漢이 三更인 제㉠
> 일지(一枝) 春心을 子規야 알랴마는㉡
> 多情도 病인 양하여 잠 못 들어 하노라.㉡
>
> – 이조년(1269~1343)

달밤의 배꽃을 묘사한 첫 행이 이미저리 1마디이다. 대상을 언어로 그리는 것이 묘사요, 그 기법으로 표현된 기본 단위가 이미저리 1마디이다. 그러나 둘·셋째 행들은 시인의 대변자인 화자의 마음이 담긴 의미 마디이다. 위 시조 편엔 시인이 대상을 묘사한 이미저리 1마디와 화자의 마음이 담긴 의미 2마디가 조화를 이루고 있다. 그 조화의 구조가 〈1㉠+2㉡〉이다. 이런 조화의 구조는 소월의 다음 시편에도 나타난다.

> ① 나 보기가 역겨워/ 가실 때에는/㉡
> ② 말없이 고이 보내드리오리다.//㉡
> ③ 영변에 藥山/ 진달래꽃/ 아름 따다 가실 길에 뿌리오리다.//㉠
>
> – 김소월, 「진달래꽃」 첫·둘째 연

위 인용 부분에서 6행(/)과 4마디와 2연(//)의 세 단위들이 각기 다르다. ①"나 보기가 역겨워/ 가실 때에는"이란 의미 마디 하나이다. ②마디에서 소월은 1인칭 화자(나)의 목소리로, 자신의 마음을 진술했다. 두 마디들은 모두 의미 마디(ⓛ)에 속한다.

그러나 ③마디는 고시조 "梨花에 月白하고 銀漢이 三更인 제"처럼 묘사 기법으로 표현된 이미저리 1마디이다. 이미저리와 의미의 마디들이 조화를 이룬 점에서 소월과 이조년의 시편 둘은 유사하다. 더욱이 둘의 구조는 〈1㉠+2ⓛ〉이다. 이것은 이미저리보다 의미 마디의 비율이 배로 많다.

이렇게 의미 진술 위주로 표현된 것이 시조의 특징이다. 즉 대상 묘사보다 의미 진술에 의존하는 것이 시조 기법의 특징이요, 한국 서정시의 전통적 기법이다. 이 기법이 1920년대 전반까지 이어졌다. 소월 시를 비롯해 당시 감상적 낭만주의 자유시 편들은 물론이고, 구호적 성격이 강한 프로시 편들도 더욱 진술 기법을 벗어나지 못했다. 이런 의미 진술 기법을 1920년대 후반부터 대상묘사 기법으로 변화시킨 선구자가 바로 정지용이다.

2-2. 이미저리와 의미의 마디들 조화

1926년 정지용이 묘사 기법에 치중한 자유시 「향수」를 발표했다. 그는 시적 대상을 묘사한 이미저리 마디와 자신의 마음을 진술한 의미 마디들을 조화시킨 「향수」를 발표했다. 표현미와 의미가 잘 조화된 이 시편은 당시 한국 시단에 큰 충격을 주었다. 출세작인 이 시편으로, 그는 한국 모더니즘 시운동의 선구자로 주목받았다.

그 사실은 당시 평론가들의 다음 논평에 잘 드러난다. 박용철은 "말

씀의 요술을 부리는 시인으로, 센티멘탈리즘을 배제한 최고의 시인"이라고 지용을 극찬했다.[44] '말의 요술'이란 언어의 기교 즉 대상을 이미저리 마디로 묘사하는 구사 능력을 칭찬하는 뜻이다.

또 양주동은 "독특한 기법을 구사하는 경이적 능력을 가진 시인으로, 서구시의 수준을 능가하는 유일한 한국 시인"이라고, 지용을 극찬했다.[45] 이 독특한 기법도 시적 묘사의 기법을 의미한다. 즉 자연이나 사물들을 이미저리의 마디들로 시에 묘사하는 표현 기교를 뜻한다.

김기림도 지용을 "우리 시 속에 현대의 호흡과 맥박을 불어넣은 최초의 시인" 또는 "말의 가치와 이미지를 발견한 최초의 모더니스트"라고 지용을 칭찬했다.[46] 이양하도 "언어 구사의 천재성을 가진 시인으로 세계적으로 주목을 받을 만한 시인"이라고 지용을 극찬했다.[47] 김환태도 '예민한 언어감각을 타고난 천재'라고 지용을 높이 평가했다.[48]

자연이나 사물 같은 대상들을 이미저리 마디들로 묘사하는 능력이 탁월하여, 지용은 당시 많은 평자들의 주목을 받았다. 그들은 지용을 한국 '최초의 모더니스트'나 '천재 시인' 등으로 높이 평가했다.[49] 그렇게 극찬을 받은 그의 대표작이 「향수」이다. 따라서 이것을 집중적으로 분석할 필요가 있다.

「향수」는 26행(/)과 10연으로 이루어진 자유시편이다. 그 26행이 구분된 기준이 불분명하다. 그 시행들이 구분된 기준의 성격이 분명한 15마디의 5부분(1-5부)으로 재구성되면, 다음과 같다.

---

44) 박용철, 「신미시단이 회고와 비평」, 『중앙일보』, 1931.12.7.
45) 양주동, 「1933년 시단년평」, 『신동아』, 1933.12.
46) 김기림, 「1933년 시단의 회고」, 『조선일보』, 1933.12.7~13.
47) 이양하, 「바라든 지용 시집」, 『조선일보』, 1935.12.15.
48) 김환태, 「정지용론」, 『삼천리문학』, 1938.4.
49) 김기림, 「모더니즘의 역사적 위치」, 『인문평론』, 1939.10.

① 넓은 벌 동쪽 끝으로/ 옛이야기 지줄대는 실개천이 회돌아 나가고,/㉠
② 얼룩백이 황소가/ 해설피 금빛 게으른 울음을 우는 곳,//㉠
③ -그 곳이 참하 꿈엔들 잊힐리야.//㉡ 〈1부〉

④ 질화로에 재가 식어지면/ 뷔인 밭에 밤바람 소리 말을 달리고,/㉠
⑤ 엷은 조름에 겨운 늙으신 아버지가/ 짚벼개를 돋아 고이시는 곳,//㉠
⑥ -그 곳이 참하 꿈엔들 잊힐리야.㉡// 〈2부〉

⑦ 흙에서 자란 내 마음/ 파아란 하늘 빛이 그립어/㉡
⑧ 함부로 쏜 활살을 찾으려/ 풀섶 이슬에 함추름 휘적시든 곳,//㉠
⑨ -그 곳이 참하 꿈엔들 잊힐리야/.㉡ 〈3부〉

⑩ 傳說바다에 춤추는 밤물결 같은/ 검은 귀밑머리 날리는 어린 누이와/㉠
⑪ 아무러치도 않고 예쁠 것도 없는/ 사철 발벗은 안해가/ 따가운 해ㅅ
살을 등에 지고 이삭 줏던 곳,//㉠
⑫ -그 곳이 참하 꿈엔들 잊힐리야.//㉡ 〈4부〉

⑬ 하늘에는 석근 별/ 알 수도 없는 모래성으로 발을 옮기고,/㉠
⑭ 서리 까마귀 우지짖고 지나가는 초라한 지붕,/ 흐릿한 불빛에 돌아
앉어 도란도란거리는 곳,//㉠
⑮ -그 곳이 참하 꿈엔들 잊힐리야.//㉡ 〈5부〉

– 정지용, 「향수」[50)]

원래 26행(/)과 10연(//)으로 구성된 시편을, 필자가 분석용으로 위와 같이 이미저리 10마디(㉠)와 의미 5마디(㉡)로 재구성했다. 그러면 시 전체가 5부분으로 위와 같이 나누어진다. 즉 이미저리 2마디와 의미 1마디가 모여 한 부분을 이룬다. 그것이 〈2㉠+1㉡〉인 마디 구조이

50) 정지용, 「향수」, 『조선지광』 65, 1927.3.

다. 이 구조가 5회 반복되는 것이 시 향수의 구성적 특징이다.

여기서 마디란 자유화된 시행들의 기본 단위이다. 5부분의 끝 행 "–그 곳이∨ 참하∨ 꿈엔들∨ 잊힐리야."는 4음보 1마디이다. 이 행들이 모두 1연으로 구분되었다. 하지만 그 앞에 줄표(–)를 쳐서, 지용은 그 앞뒤 연들의 내용이 서로 연결됨을 강조했다. 따라서 「향수」는 외형상 10연이지만, 내용상 5부분으로 재구성된다.

발표 당시부터 호평을 받은 이 시편은 현재까지 애송·애창성이 높은 명시 편으로 널리 알려졌다. 따라서 이것을 정밀하게 분석한 결과는 난해한 자유시 시편들을 추방하고, 현대시의 애송성을 높이는 효과적인 처방이 될 수 있다. 그런 이유로 필자는 이 시편을 다음과 같이 5부분으로 나누어, 정밀하게 분석했다.

> ① 넓은 벌 동쪽 끝으로/ 옛이야기 지줄대는 실개천이 회돌아 나가고,㉠
> ② 얼룩백이 황소가/ 해설피 금빛 게으른 울음을 우는 곳,㉠
> ③ –그 곳이 참하 꿈엔들 잊힐리야.㉡
>
> –「향수」의 첫 부분

위에서 첫·둘째 시행(/)들이 이미저리 1마디를 이루고 있다. ①의 핵이미지는 '실개천'이다. ②의 핵이미지는 얼룩 황소이다. 산문 속 주어처럼, 시에도 이미저리 1마디엔 핵이미지가 하나씩 있다. 그것을 중심으로 마디들이 그림 1폭처럼 단일한 회화성을 지닌다. 즉 핵이미지에 따라 동시적 이미저리의 1마디가 명확하게 구분된다. 따라서 핵이미지를 중심으로 이미저리 1마디가 분명하게 구분된다. 핵 이미지의 존재가 이미저리 마디 구분의 분명한 기준이 된다.[51]

---

51) 민병기, 「쉽고 분명한 시론」, 『문학의 길에서 길을 묻다』, 전국대학문예창작학회 편, 도서출판 모시는사람들, 2014, 28쪽.

위 ①·②의 끝에 쉼표들을 치며, 지용이 마디들을 명확하게 구분했다. 그런 정확한 시 묘사의 특징에 따라, 그의 시어들을 해석할 필요가 있다. ②"얼룩백이 황소가/ 해설피 금빛 게으른 울음을 우는 곳,"이란 이미저리 1마디에서 '얼룩백이 황소가 핵이미지이다.

이 마디에 '해설피'란 난해한 시어가 나온다. 이것을 '해가 설핏하다.'로 보는 해석은 지용의 대상 묘사법에 어긋난다. 이 마디의 핵이미지는 '황소'이니, 그 다음에 '해가 설핏하다'로, 묘사가 이어질 수 없다. 지용의 이미지 묘사 기법을 고려하지 않고, 문덕수가 단어 차원에서 단순하게 '해설피'를 '해+설핏하다'로 처음 해석했다.[52)]

그 부적절한 해석의 연장선에서 '햇살이 성긴 모양'이란 이승훈의 주장과[53)] '해질 머리'로 본 김재홍의 견해[54)] 등이 나왔다. 이후 문덕수·이승훈·김재홍 기타 많은 주장들을, 최동호가 간결하게 넷으로 정리했다.[55)] 그것들은 내용상 양분된다. '해+설핏하다'를 근거로 '해질 무렵'으로 보는 주장과 겹친 부사어 '헤피슬피'로 보는 견해이다. 양자에 대해, '해설피'가 '황소' 뒤에 나오니, 그것은 부사어라고, 김경동이 정확하게 매듭지었다.[56)]

실개천이 휘도는 넓은 벌이 첫째 ①이미저리 마디이고, 황소가 '헤(피)슬피' 우는 곳이 둘째 ②마디이다. 다음 ③'-그 곳이 참하 꿈엔들 잊힐리야.'가 의미 마디 하나이다. 그 3마디의 내용이 모두 그곳(고향)으로 귀결된다. 그 의미의 핵은 고향이다. 따라서·이미저리 마디(㉠)

52) 문덕수, 『현대시의 해석과 감상』, 이우출판사, 1982, 109쪽.
53) 이승훈, 『한국 대표시 해설』, 탑출판사, 1993, 118쪽.
54) 김재홍 편저, 『시어사전』, 고려대학교 출판부, 1997, 1069쪽.
55) 최동호 편저, 『정지용 사전』, 고려대학교 출판부, 2003.
56) 김경동, 『1930년대 韓國 現代詩의 감각 지향성 硏究』, 고려대학교대학원, 2005.

와 의미(㉡)의 마디들이 〈2:1 비율〉로 통합되어 조화를 이루고 있다. 이렇게 〈2㉠+1㉡〉의 구조가 5회 반복되는 것이 이 시편의 특징이다.

따라서 이미저리 마디들을 이루는 어절들의 성분관계를 고려하면, 해답은 아주 분명하다. '해설피'는 복합 부사어 '헤피슬피'가 축약된 '헤슬피'의 변형어이다. 그 변형 과정은 〈헤피슬피→헤슬피→해설피〉이다. 따라서 이 부사어는 '울다'를 수식한다.

지용의 자유시 「구성동(九成洞)」엔 "산 그림자 설핏하면/ 사슴이 일어나 등을 넘어간다."가 나온다.[57] 이렇게 어법에 맞도록 '설핏하다'를 정확하게 사용한 지용이, '해가 설핏하다'란 뜻으로, '해설피'라고 「향수」에 쓸 리가 없다.

〈헤피슬피→해설피〉와 〈꿈속에서인들→꿈엔들〉의 축약 과정은 다르다. '꿈엔들'은 단순한 축약어이지만, '해설피'는 변형된 축약어이다. 〈섞인→석근〉도 변형어에 속한다. 이처럼 지용의 시편들엔 축약·변형된 시어들이 많이 나온다. 그런 시어들에 대한 설명은 다음 항목 〈변형된 시어들의 특징〉과 필자의 기존 논문 「지용의 변형 시어와 묘사」에 자세히 나온다.[58]

다음 둘째 부분에도 마디들의 구조(2㉠+1㉡)가 반복된다.

> ④ 질화로에 재가 식어지면/ 뷔인 밭에 밤바람 소리 말을 달리고,㉠
> ⑤ 엷은 조름에 겨운 늙으신 아버지가/ 짚벼개를 돋아 고이시는 곳,㉠
> ⑥ –그 곳이 참하 꿈엔들 잊힐리야.㉡
>
> –「향수」 둘째 부분

---

57) 정지용, 『백록담』, 문장사, 1941, 21쪽.

58) 민병기, 「지용 시의 변형 시어와 묘사」, 『한국시학연구』 6, 한국시학회, 2002, 61쪽.

위 ④마디에서 핵이미지가 바람소리이다. ④마디가 배경(背景)이고, ⑤마디가 전경(前景)이다. 전경과 배경은 미술에서 쓰이는 용어이다. 여기선 양자가 시청각 이미저리의 마디들로 조화를 이룬다. 또 그 둘은 ⑥의미 마디와 결합해 둘째 부분이 단일하게 결합된다. 즉 ④·⑤·⑥마디들은 그곳(고향) 하나로 결합된다. 그 부분적 결합은 전체 시편으로 다시 통합된다. 즉 그것들은 모두 '고향' 하나의 이미저리로 통합한다. 이렇게 5부분의 마디구조인 〈2㉠+1㉡〉가 반복되어 시편의 조화미가 나타난다.

> ⑦ 흙에서 자란 내 마음/ 파아란 하늘 빛이 그립어㉠
> ⑧ 함부로 쏜 화살을 찾으려/ 풀섶 이슬에 함추름 휘적시든 곳·㉠
> ⑨ -그 곳이 참하 꿈엔들 잊힐리야.㉡
>
> -「향수」 셋째 부분

위 ⑦마디의 핵심어는 '내 마음'이지만, '파아란 하늘빛이 그립어'란 이미저리로 전이된다. 따라서 이 마디는 이미저리의 마디로 변한다. 더욱이 체험적인 ⑧이미저리 마디와 결합하여, 2마디가 단일화된다. 그렇게 이미저리(㉠)와 의미(㉡) 마디늘의 구조가 〈2㉠+1㉡〉이다.

> ⑩ 전설바다에 춤추는 밤물결 같은/ 검은 귀밑머리에 날리는 어린 누이와㉠
> ⑪ 아무러치도 않고 예쁠 것도 없는/ 사철 벌벗은 안해가/ 따가운 해ㅅ살을 등에 지고 이삭 줏던 곳, //㉠
> ⑫ -그 곳이 참하 꿈엔들 잊힐리야.//㉡
>
> -「향수」 넷째 부분

이미저리 첫 마디인 ⑩에서 핵이미지는 누이다. 다음 마디 ⑪에서 첫 시행 “아무러치도 않고 예쁠 것도 없는”행의 핵이미지는 안해이니, 독립된 의미 마디가 아니고, ‘수수하다’는 뜻의 수식어 역할을 하는 ⑪마디의 일부이다.

> ⑬ 하늘에는 석근 별/ 알 수도 없는 모래성으로 발을 옮기고,㉠
> ⑭ 서리 까마귀 우지짖고 지나가는 초라한 지붕,㉠
> ⑮ 흐릿한 불빛에 돌아 앉어 도란도란거리는 곳,㉠
> ⑯ -그 곳이 참하 꿈엔들 잊힐리야.㉡
>
> -「향수」 다섯째 부분

⑬의 ‘석근’은 『지용 시선』에만 ‘성긴’(드물다)으로 잘못 표기되었다.[59] 그 사실이 잘 알려지기 전에 오기(誤記)가 일반 독자층에 널리 유포되었다.[60] 올바른 표기는 ‘석근’이다. 그 변형 과정은 〈섞인→석긴→석근〉이다. 이런 시어변형에 대한 설명은 뒤 〈변형된 시어들의 특징〉항목에 자세히 나온다.

⑬‘하늘에는 석근 별’이란 밤하늘엔 크고 작은 별들이 무수히 뒤섞인 모양이다. 그 의미가 다음 시행인 ‘모래성으로 발을 옮기고’와 잘 호응된다. ‘발을 옮기고’의 주체는 별빛이다. 크고 작은 무수한 별들이 뒤섞인 빛 무리가 모래성에 쏟아지는 광경은 천상과 지상이 조화를 이룬 자연의 아름다운 모습이다.

⑭마디의 ‘까마귀 울고 가는 초라한 지붕’과 ⑮마디의 ‘도란도란거리

---

59) 『조선지광』 65(1927.3.)과 『정지용 시집』(시문학사, 1935) 41쪽에 ‘석근 별’이다. 이것이 『지용 시선』(을유문화사, 1946.6) 22쪽에 ‘성긴 별’로 출판 과정에서 오류가 발생했다.

60) 문덕수, 『현대시의 해석과 감상』, 이우출판사, 1982, 109쪽.

는 곳'은 지용의 고향집에 대한 묘사이다. 동일한 공간을 묘사한·이미저리 마디 하나가 반복되었다. 따라서 이 부분엔 이미저리 3마디가 있는 것처럼 보이지만, 실제로 2마디이다. 따라서 이 부분의 묘사도 〈2㉠+1㉡〉 구조이다.

이상 5부분이 모두·이미저리 마디(㉠) 둘과 의미 마디(㉡) 하나인 〈2㉠ : 1㉡〉 구조를 지니고 있다. 그 비중은 〈2 : 1〉이니, 의미보다 이미저리 마디의 비중이 2배이다. 그 구조가 5회 반복되니, 전체가 동일한 구조로 완미한 시조형의 조화미가 나타난다. 더욱이 5부분마다 끝 행인 의미 마디 '–그 곳이 참하 꿈엔들 잊힐리야.'가 5회 반복되어, 모든 이미저리 마디들이 그 핵인 '고향' 하나로 통합된다.

실개천이 지줄대며 동쪽을 휘돌아가고,㉠
금빛 얼룩 황소가 헤슬피 게으르게 우는㉠
그곳이 참하 꿈엔들 잊힐 리가 있으랴.㉡

질화로재 식으면 밤바람 밭에서 말 달리고㉠
아버지가 잠결에 짚베개를 돋아고이시던㉠
그곳이 참하 꿈엔들 잊힐 리가 있으랴.㉡

흙에서 자란 내 마음 파란 하늘빛 그리워㉠
쏜 활살 찾아 풀숲 이슬에 함추롬 휘적신㉠
그곳이 참하 꿈엔들 잊힐 리가 있으랴.㉡

傳說바다 밤물결 머리칼 날리는 누이와㉠
맨발로 땡볕 등에 진 아내가 이삭 줍던㉠
그곳이 참하 꿈엔들 잊힐 리가 있으랴.㉡

하늘엔 뒤섞인 별빛 모래성으로 발 옮기고㉠

갈까마귀 울던 집 흐릿한 불빛에 도란거린㉠
그곳이 참아 꿈엔들 잊힐 리가 있으랴.㉡

위 자유시의 26행이 구분된 기준이 명확하지 않고, 행들의 길이도 고르지 않다. 그러나 시조형의 9마디가 구분된 기준은 분명하다. 5부분마다 이미저리와 의미의 마디들이 고르게 2:1 비율로 배치되었다. 전체적으로 성격이 분명한 이미저리 마디(㉠) 9개와 의미 마디(㉡) 6개로, 연시조형이 위와 같이 분명하게 나타난다. 〈2㉠+1㉡〉 구조를 지닌 시조형은 5수의 연시조형과 일치한다.

위 시조형에서 5부분의 모든 이미저리 마디들이 핵의미인 '고향' 하나로 통합되어, 표현과 의미가 조화된 완미한 시조의 구조미가 나타난다. 따라서 이 시조형에 대한 독자들의 애송·애창성이 더 높다. 그것이 시의 3요소인 이미지·의미·4음보율 마디의 조화미이다.

26행의 자유시에 담긴 내용이 위와 같은 간결한 연시조형에 고스란히 담겼다. 더욱이 자유시의 내용이 간결한 시조형으로 바뀌면, 그 이미저리나 의미의 마디들이 더욱 선명해진다. 따라서 자연히 애송성도 향상되고 외국어로 번역이 잘 될 수 있다. 그것이 당시 알려지지 않은 시적 진실이다.

그러나 1920년대엔 시의 기법적 변화보다 4음보율 3장의 틀을 벗어난 것이 자유시라고 인식한 시인들이 많았다. 따라서 화자의 감정이 과잉 노출된 자유시 편들이 많이 발표되었다. 감상적 낭만주의시와 정치 구호에 가까운 프로시가 대립한 것이 당시 시단이었다. 시인들이 의미진술로 시를 쓰던 시대에, 대상묘사 기법의 모범적인 시편 「향수」가 발표되어, 시단과 독자층에 큰 충격을 주었다.

그러나 이 시편을 비롯해 20세기에 애송된 많은 시편들이 대부분

시조형에 속한다는 사실이 시단이나 독자층에 전혀 알려지지 않았다. 그것을 널리 알리려면, 이 시 1편을 분석한 결과만으론 불충분하다. 더 많은 명시 편들에 내재한 시조형에 높은 애송성이 있다는 사실이 객관화 되려면, 보다 많은 분석이 필요하다. 그런 분석을 확대하려면, 우선 이 「향수」와 유사한 구조를 지닌 석정의 다음 시편들이 적절하다. 「임께서 부르시면」과 「그 먼 나라를 알으십니까」 같은 시편들이 그 대표적인 것들이다.

① 가을날 노랗게 물들인 은행잎이(㉠)
② 바람에 흔들려 휘날리듯이.(㉠)
③ 그렇게 가오리다/ 임께서 부르시면…(㉡)

④ 호수에 안개 끼어 자욱한 밤에(㉠)
⑤ 말 없이 재 넘는 초승달처럼(㉠)
⑥ 그렇게 가오리다/ 임께서 부르시면…(㉡)

⑦ 파-란 하늘에 백로가 노래하고(㉠)
⑧ 이른 봄 잔디밭에 스며드는 햇볕처럼(㉠)
⑨ 그렇게 가오리다/ ⑫임께서 부르시면…(㉡)

– 신석정, 「임께서 부르시면」[61)]

그의 첫 시집 『촛불』 맨 앞에 수록된 이 자유시 편은 초기시의 대표작이다. 원래 그 구조는 4행 1연으로 구성되어, 원 자유시 편엔 12행(/) 3연(//)이다. 그것을 분석용으로 위와 같이 9마디 3연으로 필자가 재구성했다. 그러면 전체 이미저리 마디(㉠) 여섯과 의미 마디(㉠) 셋

61) 『동광』 24호(1931.8.)와 『촛불』(인문사, 1939.11.28) 3쪽에 수록되었다.

으로 구성된 연시조형이 위와 같이 드러난다. 따라서 이 시편은 신시조에 속한다.

모든 이미저리 마디마다에 핵이미지가 하나씩 있다. 첫 마디인 ①의 핵이미지는 '가을날'이고, 둘째 마디 그것은 '은행잎'이다. 노란 물을 들이는 가을날은 배경에 해당하고, 바람에 휘날리는 은행잎이 전경의 이미저리이다. 배경과 전경이 짝을 이룬 이미저리 2마디는 ③의미 마디와 결합하여, 1연을 이룬다. 그 〈2㉠+1㉡〉인 마디구조가 계속 반복된다.

둘째 연 ④마디의 핵이미지는 '안개'이고, ⑤마디의 것은 '초승달'이다. 호수에 자욱한 밤안개는 배경 이미저리이고, 재 넘는 초승달은 전경에 속한다. 전경과 배경의 이미저리 둘이 ⑥의미 마디와 결합하여 둘째 연에 조화미가 이 조화를 이룬다.

⑦마디의 핵이미지는 '백로'이고, 그것이 노래하는 파란 하늘이 배경 이미저리이다. 또 ⑧마디의 핵이미지는 '햇볕'이고, 잔디밭에 스며드는 봄 햇볕은 전경에 해당한다. 그 두 이미저리들이 ⑨의미 마디 하나와 결합이 〈2㉠+1㉡〉 구조를 셋이 단일한 회화성을 이룬다. 그것이 표현미와 의미의 조화이다.

이렇게 이미저리와 의미의 마디들이 결합해, 셋째 연을 이루고 있다. 이 구조가 3회 반복된다. 따라서 전체적으로 표현미와 의미가 조화를 이루고 있다. 애송성이 높은 이 구조가 지용과 석정의 시편들에서 동일하게 확인된다.

"그 곳이 참하 꿈엔들 잊힐리야."와 "그렇게 가오리다, 임께서 부르시면"은 모두 4음보율 의미 마디(㉡)이다. 각 연의 끝에 반복되는 이것들이 앞의 이미저리 2마디를 단일하게 결합시킨다. 또 그 의미와 이미저리의 모든 마디들이 핵의미인 '고향'과 '임"이다. 각기 단일한 이 핵의미로 각 시편의 모든 의미가 통합된다. 따라서 두 시편들에 있는 모든 마디들의 구조가 〈2㉠+1㉡〉이다.

각 부분의 끝에 있는 의미 마디가 앞에 있는 이미저리 마디들을 결합시켜 핵의미로 단일화가 된다. 따라서 부분마다 분명하게 구분된 이미저리와 의미 마디들이 전체적으로 다시 통합되어 시의 조화미가 나타난다.

「향수」의 '고향'과 「임께서 부르시면」의 '임(어머니)'는 각기 시 전체의 핵의미이다. 모든 마디들이 그 핵의미 하나로 각기 통합된다. 그렇게 통합되는 시의 구조가 바로 〈2㉠+1㉡〉이다.

연 단위 중심인 5부분에서, 끝에 있는 의미 마디 하나가 그 앞의 이미저리 마디 둘을 결합시킨다. 이미저리 마디에 핵이미지가 있듯이, 의미 마디에도 핵의미가 있다. 따라서 그 핵들을 중심으로 이미저리와 의미의 마디들이 분명하게 구분된다. 더욱이 그 핵들로 시편에 통일된 조화의 미가 나타난다.

구체적으로 예를 들면, 「향수」의 '고향'과 「임께서 부르시면」의 '어머니'가 각기 시 전체의 핵의미이다. 모든 마디들이 그 핵의미 하나로 각기 통합된다. 그렇게 통합된 시의 구조가 바로 〈2㉠+1㉡〉이다. 이 구조로 시의 3요소인 이미지·의미·4음보의 마디들이 조화를 이룬다. 그렇게 표현미와 의미와 음악성이 조화되면, 시조형의 완결미가 나타난다. 그 사실이 위 시편 둘로 분명해졌다.

석정의 초기 대표작 「임께서 부르시면」은 표층시조형인 신시조이지만, 지용의 출세작 「향수」는 심층시조형에 속한다. 하지만, 그 2편이 모두 이미저리와 의미의 마디들이 결합된 〈2㉠+1㉡〉 구조를 지니고 있다. 이로써 대상 묘사의 이미저리와 의미진술의 마디들이 조화를 이룬 시조형에 높은 애송성을 지니고 있다는 사실이 분명해졌다. 그것이 명시의 기준이란 사실이 객관화되려면, 시조형 시편들에 대한 더 많은 분석이 필요하다.

「향수」와 같은 지용의 묘사기법은 시집 「백록담」에 수록된 산수시 편들에서 절정을 이룬다. 다음 시편들이 묘사 기법으로 일관된 심층시조형에 속한다.

① 골작에는 흔히/ 유성이 묻힌다.//
② 황혼에/ 누뤼가 소란히 싸히기도 하고.//
③ 꽃도/ 귀향 사는 곳.//
④ 절터ㅅ드랬는데/ 바람도 모히지 않고//
⑤ 산 그림자 설핏하면/ 사슴이 일어나 등을 넘어간다.

– 정지용, 「구성동」

이 자유시편은 10행 5연으로 구성되었다. 짧은 시행 둘이 연 하나를 이루고 있다. 연과 마디 들이 각기 다섯으로 그 단위가 일치한다. 그러나 5마디는 4음보율 마디와 일치하지 않는다. 따라서 표면적으로 시조와 무관하게 보이니, 이것은 신시조가 아니다. 하지만 그 안에 시조형이 있다.

위 다섯 연들의 배경은 절터가 있는 산골로 일치한다. 그러나 그곳에 흐르는 시간은 일치하지 않는다. ①유성이 묻힌 때와 ②'누뤼(우박)가 소란히 쌓이는 때와 ⑤산그림자 설핏한 시간은 각기 다르다. 특히 ④의 '절터ㅅ드랬는데'는 〈절터였드랬는데〉이다. 절이 오래 전에 없어진 것을 강조하려고, 지용은 과거형 어미들을 중복 사용했다.

단일한 공간에서 일어났지만, 그 사건들이 일어난 시제는 각기 다르다. 먼 과거나 현재에 일어난 사건들은 단일한 이미저리 마디가 될 수 없다. 따라서 그 시제가 과거와 현재로 분명하게 분리되면, 다음과 같이 이미저리 마디들이 더 확실하게 구분된다.

① 유성이 묻혔고 누뤼가 쌓였던 골짝 황혼
② 꽃도 귀향살고 바람도 모이지 않는 절터
③ 그림자 설핏해지면 사슴이 등을 넘어간다.

그것들이 일어난 시제가 과거(①)와 현재(②·③)로 명확히 구분될수록, 그 이미저리의 마디들도 위와 같이 셋으로 분명해진다. 산골에 유성이 묻혔고, 우박이 쌓였던 과거와 그림자 설핏해진 현재의 황혼은 시제 상으로 일치할 수 없다. 과거·현재의 구분이 분명해져야, 위와 같이 이미저리 마디들도 명확해진다. 시집 「백록담」에 있는 다음 자유시편도 심층시조형에 속한다.

① 돌에/ 그늘이 차고,// 따로 몰리는/ 소소리 바람.//
② 앞 섰거니 하야/ 꼬리 치날리여 세우고,// 종종 다리 깟칠한/ 산새 걸음거리.//
③ 여울 지여/ 수척한 흰 물살,// 갈갈히/ 손가락 펴고.//
④ 멎은 듯/ 새삼 돋는 비ㅅ낯// 붉은 닢 닢/ 소란히 밟고 간다.//

– 정지용, 「비」

모두 짧은 16행 8연의 자유시라, 이것은 시조와 무관해 보인다. 자세히 살피면 이 시편의 구성에 규칙성이 있다. 2행씩 1연을 이루고, 2연이 1마디가 된 것이 그 특징이다. 하지만 8연이 다음과 같이 4마디로 축소되면, 그 이미저리의 성격이 분명해진다.

그늘 찬 돌과 따로 몰리는 소소리 바람
흰 꼬리 칫세운 깟칠한 산새 종종 걸음
여울진 수척한 물살 갈갈히 손가락 펴고
멎은 듯 돋는 빗낱 소란히 밟히는 단풍잎

이상 자유시 편들에 내재한 마디들이 분명하게 구분될수록 시조형이 드러난다는 사실이 지용 시 분석으로 밝혀졌다. 그 사실이 시적 진실임을 객관화시키기 위해, 20세기 초기에 발표된 많은 명시 편들에 내재한 시조형의 가치를 밝힐 필요가 있다. 국어 교과서에도 수록된 명시 편들 속에 시조형이 내재한 자유시 편들이 의외로 많다는 사실이 밝혀질수록, 시조형의 가치가 객관화된다.

시조형의 기본은 단시조이지만, 그것이 반복된 연시조나 한 마디가 추가된 중시조도 연구 대상으로 포함시켰다. 하지만 사설시조처럼 한 마디가 너무 길어지면, 시조형의 마디 개념이 없어진다. 따라서 사설시조는 시조형의 대상에서 제외시켰다.

현대시사에서 중요시되는 30년대 모더니즘 시운동과 시조형은 관계가 있다. 그 관계는 지용의 시편들을 분석하면 드러난다. 지용이 시에서 추구한 표현미와 의미를 통합시킨 조화미의 관점이다. 하지만 당시 모더니스트들이 모두 그 관점과 일치한 것은 결코 아니다. 그 관점에 가장 어긋나게 쓴 시인이 이상(李箱)이다.

이상의 연작시 「오감도」가 그 대표적인 시편으로 시조형과 거리가 가장 멀다.[62] 그 연작들엔 띄어쓰기는 물론 이미저리와 리듬의 마디들이 구분될 수 없는 것들도 많다. 그 중엔 언어 대신에 숫자나 기호나

---

62) 李箱은 연작 자유시 「오감도」를 학예부장 상허의 소개로 『조선 중앙일보』(1934.7.4.-8.8)에 연재했다.

도표 같은 것들만으로 구성되어, 독해가 불가능한 시편들도 있다. 시가 될 수 없는 이 연작들은 당시 독자들의 맹비난을 받았다. 또 그것들은 가독성이 전혀 없어, 난해시의 대명사가 되었다.

난해시의 선구자인 이상의 시편들은 당대는 물론 후대에도 독자들에게 가독성이 전혀 없다. 그를 천재 시인으로 과대평가한 업적들이 난해시를 옹호한 대표적인 시론서이다. 그것들은 시의 생명을 단축시키는 요인이 될 수 있다. 반대로 시의 사회적 가치를 높이려면, 애독·애송성이 높은 시조형 시론 연구가 활성화될 필요가 있다. 표현미와 의미가 조화된 시조형 시론의 관점과 신석정의 다음 시편은 일치한다.

> ① 깊은 삼림지대를 끼고 돌면㉠
> ② 고요한 호수에 흰 물새 날고㉠
> ③ 좁은 들길에 야장미 열매 붉어㉠
> ④ 멀리 노루 새끼 마음 놓고 뛰어다니는㉠
> ⑤ 아무도 살지 않은 그 먼 나라를 알으십니까?㉡
>
> – 신석정, 「그 먼 나라를 알으십니까」 2–3연

이 자유시편은 28행 10연으로 구성되었다. 그 연들은 위와 같이 이미저리의 4마디와 의미 1마디로 구성되었다. 그 마디들은 〈4㉠+1㉡〉 구조를 지니고 있다. 하지만 더 자세히 살펴보면, 그것들은 다시 통합된다. ①의 '깊은 삼림지대'와 ②의 흰 물새 나는 '고요한 호수'는 동일한 대상이다. 그 둘은 한 대상을 묘사한 이미저리 1마디이다. 둘의 핵이미지는 '삼림지대'이다.

③의 '야장미 열매'나 ④'노루 새끼'도 '들길'로 통합된다. 즉 붉은 장미 열매가 있고, 노루 새끼 뛰어다니는 '들길'이 핵이미지이다. 이것을 중심으로 ③·④ 마디들이 하나로 통합된다. ⑤'아무도 살지 않은 그

먼 나라를 알으십니까?'는 의미 마디 하나이다. 위 마디들 구조는 〈4㉠+1㉡〉 같지만, 실제는 〈2㉠+1㉡〉이다. 이것은 앞 지용 시의 구조와 동일하다.

⑥ 山비탈 넌즈시 타고 나려오면㉠
⑦ 양지밭에 흰 염소 한가히 풀 뜯고㉠
⑧ 길 솟는 옥수수밭에 해는 저물어 저물어㉠
⑨ 먼 바다 물소리 구슬피 들려오는㉠
⑩ 아무도 살지 않는 그 먼 나라를 알으십니까?㉡

– 신석정, 「그 먼 나라를 알으십니까?」 6연

위 6연의 이미저리 마디들도 2·3연의 것들과 같다. 그것들은 4마디 같지만 실제로 2마디이다. ⑥의 '山비탈'이나, ⑦의 염소가 풀 뜯는 '양지밭'은 동일한 대상을 묘사한 이미저리 1마디이다. ⑧의 해 저문 '옥수수밭'이나 ⑨의 구슬픈 물소리 들리는 곳은 동일한 공간으로 아무도 살지 않는 그곳은 모두 동일한 이미저리 1마디이다. 따라서 6연의 마디들도 역시 〈2㉠+1㉡〉의 구조이다.

30년대 모더니즘 시운동이 현대시사에서 주목받는 중요한 이유가 바로 이미저리 마디들을 형상화한 기교 활용에 있다. 당시 시인들 중에 이미저리와 의미의 마디를 통합시켜, 애독성이 높은 훌륭한 시편들을 쓴 대표적인 시인이 신석정이다.

이와 대조적으로 독자층의 비난 대상이 된 난해시의 선구자가 시인 李箱이다. 하지만 비평의 조명을 많이 받아, 그에 대한 연구 업적은 아주 많다. 그와는 대조적으로 신석정 시인에 대한 연구는 저조한 편이다. 애독성이 높아 독자층의 반응이 좋은 시인보다, 그 반대로 독자들의 비난 대상이 된 시인에 관한 지나친 연구 현상은 한국시의 쇠퇴로 이어진다. 이를 바로잡기 위해, 시조형 시론 연구가 활성화될 필요가 있다.

3. 자유시에 내재한 시조형

1930년대는 시문학파와 모더니즘시운동과 생명파 등에 관련된 시인들이 주도적으로 활동한 시기였다. 그 중에 모더니즘 시운동은 단일하게 구성된 시인들의 유파적 활동이 아니었다. 하지만 이 시운동에 관련된 시인들이 우리 전통적인 시 기법인 감상적 〈진술 기법〉을 극복하여, 현대시가 기교적으로 발전하는 결정적 계기를 마련했다.

따라서 이때부터 한국 현대시가 출현했다는 현대시 기점설이 제기되었다.[63] 근대시와 현대시를 구분하는 기점설은 1930과 1933년과 1945년 셋이 있다. 그러나 그 기준이란 연구자들의 관점에 따라 가변적이다. 따라서 시기적 구분보다 시편들이 지닌 특징을 분석하는 연구가 더 중요하다. 시조형의 미적 가치를 연구하는 본서의 관점에서 보면, 그 구분은 무의미해진다.

3-1. 생명파 시편들의 시조형

모더니즘 시인들보다 생명파나 청록파 시인들이 시조형 시편들을 더 많이 발표했다. 유파의 공통점보다 개별적인 차별성이 더 크지만, 생명파에 속하는 저명한 시인들이 발표한 명시 편일수록 시조형에 속

63) 김용직, 한국근대문학연구, 서강대학교, 1969, 225쪽.

한다. 특히 생명파의 청마와 미당 그리고 청록파의 지훈과 목월이다.

청마 유치환의 첫 시집 「깃발」(1936)에 시조형 시편들이 많이 수록되어 있다.[64] 다음 시편이 시조형시의 대표작이다.

꽃등인양 창 앞에 한 그루 피어 오른
살구꽃 연분홍 그늘 가지 새로
적은 멧새 하나 찾아와 무심히 놀다 가나니

적막한 겨우내 들녘 끝 어디메서
적은 깃을 얽고 다리 오그리고 지내다가
이 보오얀 봄길을 찾아 문안하여 나왔느뇨

앉았다 떠난 아름다운 그 자리 가지에 여운 남아
뉘도 모를 한 때를 아쉽게도 한들거리나니
꽃가지 그늘에서 그늘로 이어진 끝없이 적은 길이여

– 청마, 「춘신(春信)」

위 시편은 3장 3연으로 구성되어 있어, 시조형이 확연이 드러난다. 그러나 청마는 시조 형식을 정확하게 지키지 않았다. 그는 이 시편을 시조 형식에 맞춰 쓰지 않고, 오히려 의도적으로 기피한 것으로 느낄 정도이다.

1·2연의 끝 행 첫 음보가 모두 4자로 종장 자수율(3자)에 어긋난다. 첫 연 '적은 멧새' 하나 찾아와 무심히 놀다 가나니"에서 '적은'은 '작

64) 청마 유치환(1908-67)은 거제 출신으로 충무에서 성장했다. 어려서 한문을 수학했고, 동경 토요야마(豊山)중학을 자퇴했다. 귀국하여 동래고보를 졸업. 연희전문 중퇴. 1931년 『문예월간』에 『靜寂』으로 데뷔하여, 「깃발」(1936)로 명성을 얻었다. 만주에서 농장 관리하며 시를 썼다. 귀국하여 교육계에 근무하며 『생명의 서』와 『울릉도』와 『청마시집』과 『파도야 어쩌란 말이냐』 등 많은 시집들을 출간했다.

은'의 오자이다. 분량의 정도를 나타내는 형용사 '적다'가 3회나 잘못 쓰였다. 또 '무심히 놀다 가나니'보다 '놀다 무심히 가나니'가 적절한 표현이다.

둘째 연의 '이 뽀오얀'에서 '이'가 불필요하다. 셋째 연에선 단어나 의미의 반복이 심하다. 첫 행에서 '그 자리'와 '가지'는 같은 의미이다. '그늘에서 그늘로 이어진'은, 불필요한 반복이다. 이 시편엔 틀리거나 중복된 시어들이 많다. 불필요한 그것들이 없어지면, 이미저리나 의미의 마디들이 다음과 같이 분명해진다.

꽃등인 양 창 앞에 피어 오른 한 그루
살구꽃 연분홍 가지들의 그늘 사이로
멧새가 찾아와서 놀다가 무심히 가나니

적막한 겨울 내 들녘 끝 어느 메에서
작은 깃 얽고 다리 오그리고 지내다
보오얀 봄 길을 찾아 문안하려 왔는가.

앉았다 떠난 예쁜 가지들에 남은 여운
아무도 모르게 아쉽게도 한들거리니
꽃가지 그늘로 이어진 좁고 긴 길이여

불필요하게 반복된 시어들이 생략되고, 부적절하게 표현된 부분들이 바로잡히면 연시조형이 드러난다. 이 시편에서 지나치게 거칠게 표현된 부분이 있다. 그곳에서 시조 형식을 파기하기 위한 시인의 의도성이 엿보인다. 시어구사 오류는 당시의 표기법 준수의 상황을 고려하면 충분히 이해가 되지만, 거친 표현은 다음 시편에서도 나타나서 시조형식을 기피한 시인의 의도성이 더욱 증폭된다.

장안을 나서서 북쪽 가는 천리ㅅ길
아까시야 꽃수술에 꿀벌 엉기는
이 길을 떠나면 다시 오지 안 하리니

속눈썹 감실 감실 사랑한 너야
이대로 고이 나는 너를 하직하려노니
뉘가 묻거들랑 울지 말고 모른다하소

천리ㅅ길 너 생각에 하염없이 걷노라면
하늘도 따사로이 뫼ㅅ등도 따사로이
가며 가며 쉬어 쉬어 울 곳도 많어라.

– 청마, 「義州ㅅ길」

이 시편의 9행 3연은 시조 3수인 연시조와 거의 일치한다. 3연의 9행이 모두 4음보율을 지녔다. 첫 연의 끝행 "이 길을/ 떠나면 다시"도 종장 자수율 3·5자이다. 따라서 이 연은 시조 형식과 정확하게 일치한다.

그러나 다음 2·3연에서 종장 자수율이 어긋난다. 둘째 연의 끝행 "뉘가 묻거들랑"에서 '뉘가'라고 어색하게 표현되어, 첫 음보가 종장 자수율에 어긋난다. 또 3연 첫·둘째 음보인 "가며 가며 쉬어 쉬어"라는 거칠게 반복된 표현은 종장 자수율에 어긋난다. 이 부분을 "가다가 가끔 쉬면서"처럼 반복을 쉽게 피할 수 있다. 때문에 그가 일부러 종장 자수율을 파기한 의도성이 엿보인다.

장안을 나서서 북쪽으로 가는 천리길
아까시야 꽃 수술마다 엉기는 꿀벌떼
이 길을 떠나면 다시 오지 않으려니

속눈썹 감실감실 사랑했던 너이기에
이대로 나는 너를 고이 하직하려니
누군가 물으면 울지 말고 모른다하소

천리길 네 생각에 하염없이 걷노라면
하늘도 뫼ㅅ등도 모두가 따사로이
가면서 가끔 쉬면은 울 곳도 많아라.

원래 자유시편의 2·3연 끝 행에서 거친 표현으로 종장 자수율이 어긋났다. 어색한 표현으로 자수율이 파괴되는 현상이 위 2편에서 계속되었다. 따라서 청마의 의도성이 드러난다. 이는 그의 시심(詩心) 바탕엔 시조 가락이 깔려 있다는 방증이다. 그런 전제하에 자수율 파기의 의도성이 있다는 주장도 가능하다. 종장 자수율을 어기지 않고, 그가 우연히 쓴 시조형의 자유시편이 또 있다. 다음 시편으로, 그가 시조 가락에 익숙한 시인이라는 사실이 재확인 된다.

파도야 어쩌란 말이냐
파도야 어쩌란 말이냐
임은 뭍같이 까딱 않는데
파도야 어쩌란 말이냐
날 어쩌란 말이냐

– 청마, 「그리움.2」

위 시편의 제목은 '그리움'이지만, 그것이 수록된 시집의 제목은 '파도야 어쩌란 말이냐'이다. 이 시구를 자신의 시집 제목으로 삼을 만큼, 청마는 이것을 좋아했다. 이것은 독자층의 호응도가 높은 애송시로 유명하다. 짧은 5행 1연으로 구성된 이 시편은 외형상으로 시조와 무관해 보인다.

하지만 다음과 같이 4음보율 마디 셋으로 재구성되면, 그 속에 잠재된 시조형이 확연히 드러난다. 그것이 자유시편에 내재한 심층시조형이다. 다음과 같이 4음보율 3마디로 읽으면, 누구나 쉽게 암송할 수 있다. 위 자유시 5행보다 아래 시조형 3마디로 읽으면, 동일한 내용인데, 암송이 잘 된다. 시행의 재배치로 애송성이 높아지는 것이 시조형의 객관적 가치이다.

① 파도야√ 어쩌란 말이냐√ 파도야√ 어쩌란 말이냐√
② 임은√ 뭍같이√ 까딱도√ 않는데√
③ 파도야√ 어쩌란 말이냐√ 날√ 어쩌란 말이냐√

원래 자유시의 5행이 위와 같이 4음보율 3마디로 재배치되면, 시행들과 음보행 마디가 일치한다. 기본 음보는 1어절(띄어쓰기 단위)이지만, 모든 어절과 음보의 최소 단위가 각기 일치하는 것은 결코 아니다. 휴지부(休止部: 끊어 읽히는 곳)의 존재로, 양자가 불일치하는 경우가 많이 발생한다.

①의 '파도야√ 어쩌란 말이냐'는 3어절이지만 2음보로 읽힌다. 여기서 '파도야' 다음엔 휴지소(√)가 있다. 그러나 어쩌란 말이냐' 중간엔 휴지소가 없다. '어쩌란√ 말이냐'로 끊어 읽으면, 의미 전달에 지장이 생긴다. 전달 효과를 높이기 위해, 그것이 1음보로 읽힌다. 따라서 ①은 위와 같이 4음보율 1마디이다.

②"임은√ 뭍같이√ 까딱도√ 않는데√"에선 어절과 음보의 단위가 각기 일치한다. 따라서 ②는 4음보율과 의미의 1마디가 일치한다.

그러나 ③에선 어절과 음보의 단위가 불일치한다. 1음보인 '어쩌란 말이냐' 사이에 있는 '날'은 1음절·어절이지만 역시 1음보로 읽힌다. 따라서 '날 어쩌란'도 4자이지만, 1음보로 읽히지 않고, 2음보로 읽힌다. 이렇게 휴지부의 존재가 어절이나 자수보다 더 중요시되는 경우가 많이 발생한다. 따라서 ③마디는 위와 같이 4음보로 읽힌다.

위와 같이 3행이 4음보율 3마디와 일치하면, 그것은 표층시조형인 신시조이다. 그 끝마디에 종장 자수율(첫 음보 3자와 둘째 음보 5자 이상)이 지켜지면, 그것은 시조형식이다. 그러나 4음보율 3마디와 3시행이 불일치하면 심층시조형이다. 따라서 청마의 「그리움. 2」는 5행이니 심층시조형에 속한다.

낭송을 고려하면 휴지소(√)의 중요성이 분명하게 드러난다. 이 시편을 5행으로 끊어 읽기보다, 4음보마디 셋으로 읽으면, 그 암송도 잘 된다. 청마의 자유시 편들엔 신시조보다 심층시조형 편들이 많다. 특히 이미저리보다 의미의 마디들로 구성된 것들이 많다. 시조와 무관해 보이는 이것들이 시조형이 되면 애송성이 높아진다. 그 시적 진실이 다음 자유시 「그리움. 1」 분석으로 더욱 구체화된다.

> 오늘은 바람이 불고/ 나의 마음은 울고 있다.
> 일찍이 너와 거닐고 바라보던/ 그 하늘 아래 거리언마는
> 아무리 찾으려도 없는 얼굴이여./ 바람 센 오늘은 더욱 너 그리워
> 진종일 헛되이 나의 마음은/ 공중의 깃발처럼 울고만 있나니
> 오오 너는 어디메 꽃같이 숨었느뇨.
>
> –「그리움 1」

9행 1연으로 이루어진 이 자유시 편엔 이미저리 마디가 없다. 시인을 대변하는 화자가 자신의 마음을 진술한 시행들만이 있다. 1인칭 화자가 너에게 사랑을 고백하는 단순한 내용이다. 이 연시(戀詩)에서 반

복된 시어들이 없으면, 다음과 같이 의미 3마디인 시조형이 된다.

> 함께 거닐던 길에서 찾아도 없는 네 얼굴
> 바람 센 공중 펄럭이는 깃발처럼 그리워
> 진종일 나는 우는데, 넌 꽃같이 숨어있네.

위 자유시와 시조형 1편에 각각 담긴 화자의 우는 마음은 같다. 그것들이 외국어로 번역되면, 둘의 내용이 같아진다. 둘 중에 어느 것이 번역하기 좋을까. 단락들의 구분이 모호한 악문보다 그것들이 분명하게 구분된 논리가 정연한 명문일수록 번역하기가 좋다.

그처럼 9행이 모호하게 구분된 자유시보다, 이미지・의미의 3마디가 분명하게 구분된 시조형이 애송도 잘되고 번역하기에도 좋다.

더욱이 그 3마디가 4음보의 3마디와 일치하는 시조형에 당연히 애송성이 높다. 영어와 한글은 같은 음소문자에 속하니 시조의 음보율이 영어 번역본에 반영될 수 있다. 위 시조형이 변역되어 해외에 시조로 알려지면, 우리 민족시의 전통적 가치가 더욱 높아진다. 그 사실이 한국 현대시에 숨겨진 시적 진실이다. 이 진실이 청마의 출세작 「깃발」에 더욱 분명하게 나타난다.

> ① 이것은 소리 없는 아우성/ⓛ
> ② 저 푸른 海原을 向하여 흔드는/ 永遠한 노스탈쟈의 손수건/ⓖ
> ③ 純情은 물결 같이 바람에 나부끼고/ⓖ
> ④ 오로지 맑고 곧은 이념의 표ㅅ대 끝에/ⓖ
> ⑤ 哀愁는 白鷺처럼 날개를 펴다./ⓖ
> ⑥ 아아 누구던가/ 이렇게 슬프고도 애달픈 마음을/ 맨 처음 공중에 달 줄을 안 그는./ⓛ

– 청마, 「깃발」

9행(/) 1연으로 구성된 이 시편을, 필자가 분석용으로 위와 같이 6마디로 재구성했다. 9행의 성격에 따라, 이미저리의 마디(㉠) 넷과 의미 마디(㉡) 둘로 나누어진다. ①마디의 핵이미지는 '깃발'이다. 하지만 원래 시편엔 '깃발' 대신에 '이것'이란 대명사만이 맨 앞에 나온다. 만약 그 제목이 뒤에 나오면, 핵이미지로 대명사는 부적합하다. ①은 깃발을 청각적으로 설명한 의미 마디이다. 그 마디엔 구체적 이미지가 없다.

②마디의 핵이미지인 노스탈쟈(향수)의 손수건은 깃발이다. ②마디에서 '바람에 나부끼는' 대상도 '깃발'이다. 따라서 ②·③마디에서 '깃발'이란 핵이미지가 맨 앞에 나오면, 그 이미저리 마디들도 더 분명하게 구분된다. 따라서 다음과 같은 연시조형이 분명하게 드러난다.

깃발은 소리 없이 펄럭이는 아우성㉡
푸른 海原 향해 흔드는 鄕愁의 손수건㉠
純情의 물결과 같이 바람에 나부낀다.㉠

오로지 맑고 곧은 이념의 푯대 끝에서㉠
깃발은 白鷺처럼 哀愁의 날개를 편다.㉠
아 누가 애달픈 맘을 공중에 첨 달았나.㉡

이 시의 9행이 이미저리 4마디와 의미 2마디로 분명하게 구분되면, 전체적으로 시의 의미가 잘 통합된다. 그것이 표현과 의미가 잘 조화된 연시조의 완미한 구조이다. 이 시편에 있는 모든 마디들의 구조는 위와 같이 〈2㉠+1㉡〉이다. 더욱이 전체 이미저리 6마디가 핵이미지 '깃발'로 통합된다. 전체 이미저리 마디들이 핵이미지인 깃발로 단일하게 통일된다. 그러면 깃발이 이 시편의 객관적 상관물이 된다. 상관물의 대상이 분명할수록 좋은 시가 된다.

또 「향수」와 「임께서 부르시면」엔 핵 이미지는 없지만, 핵심 의미가 있다. 「향수」의 '고향'과 「임께서 부르시면」의 '어머니'가 핵심 의미이다. 이렇게 핵 이미지나 핵심 의미가 뚜렷하게 드러날수록 애독성이 높은 명시가 된다.

더욱이 지용의 「향수」와 석정의 「임께서 부르시면」과 청마의 「깃발」 3편에 있는 모든 마디들은 동일한 구조를 지니고 있다. 그 구조는 〈2㉠+1㉡〉 또는 〈1㉡+2㉠〉의 반복이다. 이미저리(㉠)와 의미(㉡)의 마디들의 전체 비율이 2:1로 3편엔 모두 동일한 구조이다. 이 구조로 표현미와 의미가 조화를 이루고 있다. 다음 그의 명시 편엔 이미저리 마디는 없고 의미의 마디들뿐이다.

> ① 내 죽으면 한 개 바위가 되리라.
> ② 아예 애련에 물들지 않고/ 희로에 움직이지 않고
> ③ 비와 바람에 깎이는 대로/ 억년 비정의 함묵에
> ④ 안으로 안으로만 채찍질하여/ 드디어 생명도 망각하고/ 흐르는 구름/ 머언 원뢰
> ⑤ 꿈꾸어도 노래하지 않고/ 두 쪽으로 깨뜨려져도/ 소리하지 않는 바위가 되리라.
>
> – 청마, 「바위」 전편

이 자유시 편은 원래 12행 1연으로 구성되었다. 필자가 분석용으로 12행을 5마디(①-⑤)로 위와 같이 재구성했다. 5마디 중에 이미저리 마디가 없다. "비와 바람에 깎이는 대로"는 이미저리지만 '억년 비정의 함묵'과 결합되니, ③마디 전체도 의미의 마디가 된다. 그러나 ⑤"흐르는 구름/ 머언 원뢰"는 유일하게 이미저리 마디(㉠)에 속한다. 대상을

이미저리 마디들로 묘사하기보다, 자신의 마음을 의미 마디들로 진술하는 것이 청마 시편들에 나타나는 특징이다 그런 특징이 다음 「바위」에 잘 드러난다.

> 내 죽으면 희로애락 모르는 바위 되리
> 비바람에 깎이며 억년을 침묵하는 비정
> 생명 망각한 구름처럼 안으로 채질하며
> 꿈꿔도 깨져도 말 없는 바위가 되리라.

길이가 들쭉날쭉한 12시행이 리듬행 넷으로 분명하게 구분되면, 중시조 형식이 드러난다. 이렇게 청마가 의도하지 않고 쓴 자유시 1편에 시조형이 내재한다. 이는 청마의 시심 심층에 시조 가락이 흐르고 있다는 방증(傍證)이다. 하지만 그는 시조를 쓰지 않고, 그 대신에 자유시를 발표하여, 시조인보다 시인으로 화려하게 활동했다.

이 시편엔 이미저리 마디들은 없고, 의미의 마디들만 있다. 그 마디들의 핵의미가 단일한 '바위'로 분명하다. 따라서 시의 주제의식이 뚜렷하며 독자들에게 널리 애송되는 명시편이 되었다. 시의 표현미를 위하여 청마가 의미 진술보다 이미저리 묘사에 더 치중했다면, 시의 애송성은 낮아질 수 있다.

만약 청마가 자신의 시상을 이미저리 마디로 더욱 세심하게 다듬어 시조 편들을 발표했다면, 시인만큼 그렇게 화려하게 활동하지 못했었을 수도 있다. 그는 자신의 시상을 정형시인 시조로 표현하기보다, 그것을 자유시 편들로 활발하게 발표하여, 한 시대를 풍미한 저명한 시인이 되었다.

즉흥적 감정을 생생하게 잘 살리는 자유 시인으로 화려하게 활동할 수 있다면, 누가 굳이 공들여 인기 없는 정형시인 시조 편들을 발표하겠는가. 따라서 재능 있는 유능한 시인들이 시조를 외면하고, 자유시를 선택하여, 저명한 시인으로 활동한 것은 당연한 일이요, 당시의 대세였다. 생명파의 대표적 시인으로 널리 알려진 미당도 청마처럼 자유시 편들을 많이 발표했다. 하지만 우연히 그는 시조 한 편을 다음 자유시로 발표했다.

해와√ 하늘빛이√ 문둥이는√ 서러워√
보리밭에√ 달 뜨면√ 애기 하나√ 먹고√
꽃처럼√ 붉은 울음을√ 밤새√ 울었다.√

– 서정주,[65] 「문둥이」

생시에 이상(李箱)은 이 시편을 즐겨 암송한 것으로 문단에 알려졌다. 그만큼 애송성이 높은 시편이다. 이 시편의 시행들은 위와 같이 4음보 단위(√)로 정확하게 구분된다. 그 종장의 첫 음보(3자)와 둘째 음보(5자)까지 정확히 시조 형식과 일치한다. 전체 자수가 45자 정도에 약간 미치지 못하지만, 이것은 시조 한 편이다. 이 시편은 자유시와 시조의 구분이 의미함을 문명하게 예증한다. 그만큼 시와 시조는 가깝다.

당시 미당처럼 시조 가락에 익숙했지만 자유시 편들을 발표한 시인들은 많다. 그들이 발표한 자유시 편들에 있는 시조형을 찾아서, 그 가치를 밝힌 것이 바로 이 「시조형 시론」의 특징이다. 「문둥이」처럼

---

65) 서정주(徐廷柱: 1915–2000)의 호는 미당(未堂), 1936년 동아 신춘문예에 「벽」으로 등단, '시인부락' 동인지 주도, 문단의 주목받다. 평생 시 천 편 정도를 발표한 그에 대한 연구 논문들은 3백 편 이상이다. 친일과 軍政擁護로 비판받은 그에 대한 평가는 극단적으로 엇갈린다.

시조와 자유시로 구분하기가 곤란한 시편이 많을수록 「시조형 시론」 연구는 더욱 중요해진다. 다음 시도 시조형이다. 이것이 신시조인지 심층시조형인지 그것을 분명히 구분하는 것도 역시 중요하다.

울타릿가√ 감들은√ 떫은 물이√ 들었고√
맨드라미√ 蜀揆는√ 붉은 물이√ 들었다만√
나는√ 이 가을날√ 무슨 물이√ 들었는고.√

안해 박은√ 뜰 안에√ 큰 주먹처럼√ 놓이고√
타래 박은√ 뜰 밖에√ 작은 주먹처럼√ 놓였다만√
내 주먹은√ 어디다가√ 놓았으면√ 좋을꼬.√

– 서정주, 「秋日微吟」66)

이 시편의 음보들이 위와 같이 구분된다. 따라서 4음보율 3장인 이 시편은 외형상 시조 형식과 일치하지만, 종장 자수율이 모두 어긋나서 시조 형식과 일치하지 않는다. 그런 점에서 미당은 이 시편을 시조 형식에 맞추어 쓰지 않았다. 그만큼 시조에서 종장 자수율은 중요시된다.

더욱이 자수율에서 글자의 자수나 어절보다 휴지소의 존재가 중요함이 이 시편으로 분명해진다. 첫 연의 셋째 시행이 종장 자수율에 어긋난다. 종장이 "나는 이√ 가을날 무슨√ 물이√ 들었는고."로 읽히지 않고, "나는√ 이 가을날√ 무슨 물이√ 들었는고."로 읽힌다. 이것이 "이 가을√ 내 가슴속엔√ 무슨 물이√ 들었는고."라고 써야, 첫 음보(3자)와 둘째 음보(5자)가 정확하게 종장 자수율에 맞는다.

둘째 연의 끝 행에서 역시 종장 자수율이 깨졌다. "내 주먹은√ 어디다가√"도 "내 주먹√ 어디에다가√"로 쓰이면, 그것이 종장률 자수에

66) 서정주, 『新羅抄』, 정음사, 1961, 71쪽.

맞는다. 따라서 이 시편이 다음과 같이 쓰이면, 시조 형식과 완전히 일치한다.

안해 박은√ 뜰 안에√ 큰 주먹처럼√ 놓이고√㉠
타래박은√ 뜰 밖√ 작은 주먹처럼√ 놓였다만√㉠
내 주먹√ 어디에다가√ 놓인다면√ 좋을꼬.√㉡

울타릿가√ 감들은√ 떫은 물이√ 들었고√㉠
맨드라미√ 蜀揆는√ 붉은 물이√ 들었지만√㉠
이 가을√ 내 가슴속엔√ 무슨 물이√ 들었는가.√㉡

4음보율 3행인 시조형이 표면에 시각적으로 분명하게 드러나는 미당의 「秋日微吟」은 시조는 아니고, 표층시조형 즉 신시조에 속한다. 그러나 다음 「국화 옆에서」엔 시조형이 표면에 시각적으로 드러나지 않는다. 시조형의 존재를 확인하기 위해 마디 중심으로 시행들을 다음과 같이 재배치할 필요가 있다.

한 송이의 국화꽃을 피우기 위해/
봄부터 소쩍새는/ 그렇게 울었나보다.//
한 송이의 국화꽃을 피우기 위해/
천둥은 먹구름 속에서/또 그렇게 울었나보다.//
그리움에 가슴 조이던/ 머언 먼 젊음의 뒤안길에서/
인제는 돌아와 거울 앞에 선/ 내 누님같이 생긴 꽃이여//
노란 네 꽃잎이 피려고/ 간밤엔 무서리가 저리 내리고/
내게는 잠이 오지 않았나보다.

– 서정주, 「국화 옆에서」

13행(/) 4연(//)으로 구성된 이 시편은 외형상 시조형과 무관해 보인다. 하지만 그 속에 의미가 반복되는 시행과 시구 들이 있다. 첫·넷째 시행이 중복된다. 또 "그렇게 울었나보다"도 2회 반복된다. 위 13행에서 반복되는 부분들이 생략되면, 아래와 같이 이미저리 4마디와 의미 2마디가 분명하게 구분된다. 그되면, 다음과 같은 시조형이 드러난다.

국화 한 송이 피우려 봄부터 소쩍새 울고,㉠
천둥도 먹구름 속에서 또 그리 울었나 보다.㉠
그리워 가슴 조이던 머어언 젊음의 뒤안길.㉡

이제 거울 앞에 돌아온 누님 같은 꽃이여㉠
노란 꽃잎들이 피려고 무서리 저리 내리던,㉠
간밤엔 내게도 잠이 오지 않았나 보구나.㉡

앞 자유시로 발표된 「국화 옆에서」에 담긴 내용이 위와 같이 4음보율 6마디인 연시조형에 그대로 담긴다. 동일한 내용이 혼란스럽게 구분된 13행보다 묘사와 진술의 성격이 분명한 6마디의 시조형에 담기면, 내용 전달의 효율성이 높아지며, 독자들의 애송성도 향상된다. 앞 자유시와 위 시조형을 대비하여 읽어 볼수록 그 사실이 분명해진다. 그것이 자유시에 숨어 있는 시조형의 존재와 가치이다. 또 그것이 자유시보다 시조가 더 정체된 표현 양식이라는 시적 진실을 예증한다. 위에서 양자의 대비로 자유시보다 그 시조형의 표현미적 가치나 애독성이 높다는 사실이 분명히 드러났다.

하지만 미당의 「국화 옆에서」를 이미 암송한 독자라면, 원시편이 위 시조형보다 더 감동적이라고 주장할 수도 있다. 그것이 익숙해진 고정관념에 따른 관습화 현상이다. 자유시보다 시조형에 애송성이 높다는 사실은 미당의 다음 시편 「蓮꽃 만나고 가는 바람같이」를 검토하면 더욱 분명해진다. 이 시편을 분석하기 위해, 원시 16행을 연 단위와 일치시켜 4마디로, 필자가 다음과 같이 재배치했다.

섭섭하게/ 그러나/ 아주 섭섭치는 말고/ 좀 섭섭한 듯만 하게,//
이별이게,/ 그러나/ 어디 내생에서라도/ 다시 만나기로 하는 이별이게,//
연꽃/ 만나러 가는/ 바람 아니라/ 만나고 가는 바람같이…//
엊그제/ 만나고 가는 바람 아니라/ 한 두 철 전/ 만나고 가는 바람같이…
– 서정주, 「蓮꽃 만나고 가는 바람같이」

위 시편에서 16행(/) 4연(//)이 규칙적으로 배치되었다. 그 속에 이미저리 마디가 없고, 의미의 4마디로만 구성되었다. 앞에 있는 2마디는 어미 '게'로 끝나고, 뒤에 있는 2마디는 조사 '같이'로 끝난다. 이렇게 시행들 배치가 규칙적이다. 또 모든 시행들이 똑같이 연결어미로 끝나니, 마디들이 다 의미 진술에 속한다. 따라서 이미저리 마디가 하나도 없는 것이 이 시편의 특징이다.

그런데 이 시편의 모든 마디들에 내재하는 핵심 의미가 없다. 그것이 이별이란 의미인지 연꽃이란 이미지인지 모호하다. 따라서 미완의 모호성이 원 자유시편의 미학적 특징이다. 하지만 반복된 표현 부분들이 없는 간결한 다음 시조형엔 핵심 의미가 드러난다.

한두 철 전 연꽃 만나고 가는 바람처럼㉠
아주 섭섭치는 말고 좀 섭섭한 듯하게㉡
來生의 어디서라도 또 만나는 우리의 이별.㉢

원래 16행 자유시 편엔 중복된 시어들이 많다. 지나치게 반복되는 그것들이 없으면, 위와 같이 의미 3마디가 분명하게 구분된다. 그러면 자유시편에 내재한 시조형이 나타난다. 따라서 애송성도 향상될 수 있다. 이렇게 완성미가 높은 시조형이 내재한 자유시 편들이 의외로 많다. 특히 청록파의 『청록집』엔 시조 형식이 바로 드러나는 신시조와 잠재된 심층시조형에 속하는 시편들이 많다.

3-2. 청록파 시편들의 시조형

현대시 초기에 자유시와 유사한 시조형 시편들이 많이 발표되었다. 4음보율 3마디의 시조형이 내재된 자유시 편들이 대부분 명시에 속한다는 사실이 널리 알려지지 않았다. 4음보율격의 3행이 표면에 드러난 자유시가 신시조이다.[67] 이것이 필자가 처음 사용한 신조어이다. 시조와 신시조의 차이는 종장 자수율의 존재 유무이다. 종장 첫 음보가 3음절과 둘째 음보가 5음절 이상인 것이 종장 자수율이다. 이것이 있으면 시조이고, 없으면 신시조이다.

신시조의 대표작이 조지훈의 다음 시편 「僧舞」이다.[68] 이것은 지훈

---

67) 민병기, 「한국의 자유시와 정형시의 관계」, 『한국시학연구』 4, 한국시학회, 2000.
______, 「현대시에 나타난 전통율격 연구」, 『어문논집』 제39호(안암어문학회, 1999).

68) 조지훈(趙芝薰, 1920~1968)의 본명 동탁(東卓) 지훈은 필명이고, 호는 僧俗이다. 경북 영양의 명문가인 한양 조씨 헌영의 차남으로 출생. 부친은 명의이며 한학자였다. 조부 연석에게서 5세부터 한문을 배운 그는 16세에 상경하여 오일도의 「시원」에 머물며, 조선어학회에 출입, 민족문화 서적을 탐독했다. 혜화전문에 입학해, 불교에 심취했다. 정지용의 추천을 받고, 『문장』지에 「고풍 의상」과 「僧舞」 등을 19세에 발표하여 유명해졌다. 시집으로 공저 『청록집』과 『풀잎 단장』과 『역사 앞에서』와 『여운』 등과 수필집 『지조론』 등이 있다. 그는 불교에 심취, 유·불교사상과 민속학을 통섭한 국학자요, 선비정신을 지닌 지사 시인이다. 전국문필가협회 중앙위원, 청년문학가협의회 고전부장을 맡았다. 6.25 동란에 문총 구국대로 종군했다. 고대 민족문화연구소장을 역임하며, 『신라가요 논고』와 『한국문화사 서설』과 『한국민족운동사』 등의 저서를 남겼다. 일지사에서 『조지훈전집』(7권)이 1973

이 추천받은 출세작이다. 이 시편의 첫연이(①-③)이 시조 단수에 속한다는 사실은 잘 알려지지 않았다. 그래서 치밀한 분석이 필요하다. 분석용으로 원래 자유시 18행(/)을 9마디로 다음과 같이 압축했다.

① 얇은 사 하이얀 고깔은/ 고이 접어서 나빌레라.
② 파르라니 깎은 머리/ 박사 고깔에 감추오고
③ 두 볼에 흐르는 빛이/ 정작으로 고와서 서러워라.
④ 빈대에 황촉불이 말없이 녹는 밤에/ 오동잎 잎새마다 달이 지는데,
⑤ 소매는 길어서 하늘은 넓고/ 돌아설 듯 날아가며 사뿐히 접어 올린 외씨보선이여!
⑥ 까만 눈동자 살포시 들어/ 먼 하늘 한 개 별빛에 모두오고,
⑦ 복사꽃 고운 뺨에 아롱질 듯 두 방울이야/ 세사에 시달려도 번뇌는 별빛이라.
⑧ 휘어져 감기우고 다시 접어 뻗는 손이/ 깊은 마음 속 거룩한 합장인 양하고
⑨ 이 밤사 귀또리도 지새우는 삼경인데/ 얇은 사 하이얀 고깔은 고이 접어서 나빌레라.

— 조지훈, 「僧舞」

이 시편은 18행 9연으로 구성된 자유시편이다. 그 2행씩 1연을 이루어, 9연은 9마디와 각각 일치한다. 따라서 이 시편은 신시조에 속한다. 특히 ①-③연은 평시조 단수와 완전히 일치한다. ④연부터 ⑨연까지 심층시조형에 속한다. 이미저리 마디들 위주로 구성되어 있어, 대상묘사의 기법으로 일관된 점에서 기교적인 시편이다.

④연의 '빈대'는 비어 있는 무대로, 오동잎과 달이 등장하니, 승무 공연장인 야외 밤무대이다. 시인은 승무의 동작과 무대를 이미저리 마

년에 간행되었다.

디들로 분명하게 구분하여 묘사했다. ④연은 무대묘사이고, ⑤연은 무희의 맵시와 춤추는 동작에 대한 묘사이다. ⑥·⑦·⑧연은 무희의 동작과 마음에 대한 묘사이다. 9연은 다시 무대묘사이다. 따라서 9마디의 구분과 성격이 분명하다. 이 시편에 나오는 '나빌레라'나 '파르라니'같은 시어들은 古語型의 개성적인 시어들이다. 그러나 ⑨연의 '지새우다'란 날이 지며 밤이 새다는 뜻으로, '지새는 안개'나 '지새는 달'처럼 쓰인다. 따라서 '귀또리도 지새우는 삼경인데'보다 '귀또리도 울며 새는 삼경인데'가 정확한 표현이다.

무대 배경과 춤추는 무희의 동작과 승려의 내면에 대한 묘사가 조화를 이루며, 9마디로 분명하게 구분된다. 더욱이 이 시편은 첫 연은 시조 형식과 완전히 일치한다. 따라서 시조형식이 분명하게 드러나니, 이 시조는 신시조에 속한다. 애송성이 높은 지훈의 출세작이며 대표작이 시조형에 속한다는 사실을 현대시 연구자들은 주목할 필요가 있다. 20세기 시인 중에 그는 우리 시의 전통육격을 현대시에 계승하려고 노력한 대표적이 시인이다. 그 구체적인 성과가 그의 다음 시조형 시편들이다.

얇은 사 하이얀 고깔 고이 접어 나빌레라.
파르라니 깎은 머리 박사 고깔에 감추고
두 볼에 흐르는 빛이 정작 고와 서러워라

황촉 녹는 밤무대에 오동잎마다 지는 달
하늘로 날아갈 듯한 넓고도 긴 소매자락
사뿐히 접어서 올린 외씨 같은 보선이어!

복사꽃 고운 뺨에 아롱지는 까만 눈동자

면 하늘을 살포시 보면 세상번뇌도 별빛
이 밤사 귀또리들도 울며 새는 삼경인데

휘감겨 접힌 옷에서 다시 뻗는 두 손들
깊은 마음 속 거룩한 합장인 양 하고
얇은 사 하이얀 고깔 고이 접어 나빌레라.

시조 가락에 익숙한 시인으로, 지훈은 4음보율 마디의 자유시 편들을 많이 발표했다. 특히 초기 『청록집』에 2행 4음보율격의 시조형 시편들이 많다. 다음 시편도 그 중에 하나이다.

꽃이 지기로소니/ 바람을 탓하랴
주렴밖에 성긴 별이/ 하나 둘 스러지고
귀촉도 울음 뒤에/ 먼언 산이 다가서다.

촛불을 꺼야하리/ 꽃이 지는데
꽃 지는 그림자/ 뜰에 어리어
하이얀 미닫이가/ 우련 붉어라.

묻혀서 사는 이의/ 고운 마음을
아는 이 있을까/ 저어 하노니
꽃이 지는 아침은/ 울고 싶어라.

– 조지훈, 「낙화」[69]

이것은 18행(/) 9연(//)으로 구성된 자유시 편이지만, 대표적인 신시조에 속한다. 2행으로 구성된 9연은 모두 각기 4음보율을 지니고 있다. 3연의 끝행 셋이 모두 종장 3·5자수율에 어긋난다. 따라서 「낙화」는

69) 조지훈, 「낙화」, 『青鹿集』, 을유문화사, 1946, 46-47쪽.

3首의 신시조에 속한다. 이 시편과 다음 「山房」도 유사한 점이 많다.

① 닫힌 사립에/ 꽃잎이 떨리노니
② 구름에 싸인 집이/ 물소리도 스미노라
③ 단비 맞고 난초 잎은/ 새삼 치운데
④ 볕바른 미닫이를/ 꿀벌이 스쳐간다.

⑤ 바위는 제자리에/ 움찍 않노니
⑥ 푸른 이끼 입음이/ 자랑스러라
⑦ 아스럼 흔들리는/ 소소리 바람
⑧ 고사리 새순이/ 도르르 말린다.

– 조지훈, 「山房」

이 시편에서 16행은 2행씩 8연으로 구성되었다. 전체 8연은 8마디의 단위가 각각 일치한다. 핵이미지 8개를 중심으로 위와 같이 이미저리 8마디가 구분되었다.

①의 '사립' 이미지와 ②의 '집'의 이미지는 동일한 이미지군에 속한다. 또 ①의 '꽃잎'과 ③'난초 잎'도 동일계열의 이미지군에 속한다. 이미지군과 이미저리 마디들이 단일화가 필요하다. 그러면 다음과 같이 전반부가 이미저리 마디 셋으로 분명하게 구분된다. ①·②·③·④연의 房에 대한 묘사가 이미저리 마디 셋으로 다음과 같이 분명해진다.

후반부 ⑤·⑥·⑦·⑧연들은 산에 대한 묘사이다. ⑤·⑥연은 둘로 구분되었지만, 핵이미지는 '바위' 하나이니, 이미저리 마디 1개이다. ⑦·⑧도 2연이지만, 이미저리 마디는 역시 하나이다. 따라서 후반부는 이미저리 마디 둘로 정확히 구분된다. 대상묘사 기법으로 일관하여, 다음과 같이 이미저리 6마디로 구성된 것이 이 「山房」의 특징이다.

사립 닫힌 구름집에 스미는 물소리
단비 맞고 새삼 추워 떠는 난초 잎
볕바른 미닫이 곁을 스쳐가는 꿀벌

푸른 이끼 자랑스런 바위 꿈쩍 않고
아스럼 흔들리는 소소리 바람에
고사리 새순들마다 도르르 말린다.

이 「山房」의 전·후로 집과 산으로 이미저리 6마디가 분명하게 구분되면 연시조형이 된다. 2행씩 구성된 1연은 1마디와 일치하는 점에서 앞의 「낙화」와 이 「山房」은 비슷하다. 하지만 「낙화」엔 3장이 분명하지만, 「山房」은 2행율이다. 따라서 이 시편은 신시조가 아니라 심층시조형에 속한다.

수련꽃 향기로운 그늘 아래/ 물로 씻은 듯이 조약돌 빛나고//
흰 옷깃 매무새의 구층탑 위로/ 파르라니 돌아가는 신라 천년의 꽃구름이여//
한나절 조찰이 구르던/ 여흘 물소리 그치고/
비인 골에 은은히 울려오는 낮 종소리//
바람도 잠자는 언덕에서 복사꽃잎은/ 종소리에 새삼 놀라 떨어지노니//
무지갯빛 햇살 속에/ 의희한 丹靑은 말이 없고…

– 조지훈, 「古寺2」

「古寺 2」는 원래 11행 5연으로 구성된 자유시편이라, 심층시조형에 속한다. 그 속에 난해한 신조어 '조찰이'와 한자어 '의희(依稀)한'이 있다. '조찰이'는 지용이 즐겨 쓴 변형어 '조촐하다'에서 나왔다. '조촐하다'는 아담하고 깨끗하다는 뜻의 형용사이다. 그 변형 과정은 「조촐히→조찰히→조찰이」이다. 또 '의희한'은 '비슷하다'는 뜻의 한자어이다.

이미저리 마디만으로 구성된 것이 이 시편의 특징이다. 이미지가 막연한 '한나절'이나 '낮' 같은 단어들은 그 특징에 부적합하다. 그런 단어들이 없어지고, 길이가 고르지 않은 11행이 6마디로 분명하게 구분되면, 자유시편에 있는 연시조형이 다음과 같이 드러난다.

수련꽃 향기에 씻겨 더욱 빛나는 조약돌
신라 구층탑 파르라니 도는 천년 꽃구름
조촐한 여울물소리 그친 골 은은한 종소리

바람도 잠이 든 언덕에 복사꽃잎들은
종소리에 새삼 놀라서 떨어지는데
무지개 햇살 비슷한 단청은 말이 없네.

위 「고사」에 있는 변형어인 '조찰이'와 '의희(依稀)한'이 표준어로 복원되면 마디 구분이 더 분명해진다. 자유시의 11행이 이미저리 6마디로 정확하게 구분되면, 위와 같은 연시조형과 완전히 일치된다. 따라서 「古寺 2」는 심층시조형이다.

이상 「僧舞」·「洛花」·「山房」·「古寺 2」 4편이 시조형에 속한다. 그밖에 지훈의 초기 시편들 중에 시조형에 속하는 것들이 많다. 「무고」·「피리를 불면」·「고사. 1」·「완화삼」·「파초우」 등이 이에 속한다. 3인 시가집 『청록집』에 실린 12편 중에 3편을 제외한 9편이 종장 자수율이 지켜지지 않은 시조형에 속한다.

이렇게 지훈이 초기에 종장 자수율을 지키지 않은 신시조 편들을 많이 발표했다. 자수율을 어기고 4음보율 3마디로 시와 시조를 통합하려는 그의 의도가 시조형 시편들에 은밀하게 반영되었다. 4음보율 만을 지닌 신시조로 시와 시조 통합을 시도했다. 자유시의 시조화를 지향한 그의 의지는 엄격한 자수율 대신에 융통성이 많은 4음보율을 선호했다. 따라서 그는 4장 이상의 중시조형이나 연시조형을 시도했다.

조지훈은 자유시가 시조를 지향할수록 名詩가 된다는 현대시 발전관(發展觀)을 실천한 대표적인 시인이다. 따라서 그는 초기에 신시조 편들을 많이 발표했다. 그의 대표작이며 출세작인 「승무」와 「낙화」 등이 그 증거이다. 이 2편을 애송하는 문인들이 많다. 그 대표적인 인물이 고전시가 연구가 인권환과 시인 정일근이다. 이 2편은 신시조와 시조를 통합시키려는 지훈의 현대시 발전관(發展觀)이 반영되어 있다. 이 명시 편들은 대성공했지만, 그의 현대시 발전관은 아직 미완성으로 남았다.

그러나 현대시의 경향은 갈수록 그의 발전관을 역류하고 있다. 난해한 산문화 경향으로 현대시의 경향이 치닫고 있다. 그 경향을 바로잡으려면 저명한 시인들의 명시편들에 내재한 시조형의 가치가 주목받을수록 지훈의 현대시 발전관이 실현될 수 있다.

청록파 시인으로 지훈처럼 박목월도 시조형 시편들을 많이 발표했다.[70] 그의 시편들 중에서 다음 「나그네」가 널리 애송된다. 화자는 숨어 있고, 간결한 이미저리 마디(㉠)만으로 구성된 것이 이 시편의 장점이다.

---

70) 박영종(朴泳鍾: 1916~1978) 호는 木月, 경주 서면 모양리 출신, 부친은 수리조합 이사, 모친은 독실한 기독인. 17세 계성 고교생으로, 『어린이』지에 동요 발표. 「제비맞이」가 『新家庭』에 당선. 1939년 『文章』지에, 「길처럼」·「그것은 年輪이다」와 「산그늘」·「가을 어스름」·「年輪」으로 3회 추천 완료. 1946년 3인의 『青鹿集』 발간. 또 동시집 『朴泳鍾童詩集』·『초록별』 펴냄. 첫 시집 『山桃花』(1955)와 『蘭·其他』(1962)와 『晴曇』(1964)과 『慶尙道의 가랑잎』(1968)을 간행.

① 강나루 건너서/ 밀밭길을//㉠
② 구름에 달 가듯이/ 가는 나그네//㉠
③ 길은 외줄기/ 南道 三百里//㉠
④ 술 익는 마을마다/ 타는 저녁놀//㉠
⑤ 구름에 달 가듯이/ 가는 나그네//㉠

–박목월, 「나그네」

10행(/)과 5연(//)으로 구성된 시편을, 필자가 분석용으로 위와 같이 5마디로 재구성했다. 이것은 짧은 행과 연으로 구성되어, 시조 형식과 무관해 보인다. 첫·둘째 연의 핵이미지는 '나그네'이니, ①·②연은 이미저리 한 마디가 된다.

첫 행의 '강나루'는 배가 떠나거나 정박하는 곳(강목)이다. 여기서 행인들은 배를 타거나 내릴 수 있지만, 이곳(나루)을 거치지 않고, 건너서(건너뛰어서) 배를 타거나 내리는 것이 불가능하다. 따라서 "강나루 건너서"는 '강 건너'의 오기(誤記)이다. 또 ③"길은 외줄기 南道 三百里"에서 갈리지 않고 이어지는 '외줄기' 삼백리 길은 지나친 표현이다. '술 익는 마을마다'보다 '술 익는 마을에서는'이란 표현이 적절하다.

⑤마디는 ②마디의 반복이다. ①·②마디는 의미적으로 연결되지만, ④·⑤마디의 의미는 단절된다. 따라서 ⑤마디는 불필요한 반복이다. 위 자유시편에 있는 오류 표현들과 반복된 시행들이 없으면, 다음과 같이 이미저리의 3마디가 더욱 분명하게 구분된다. 그러면 시조형이 드러나고, 그 애송성도 향상된다.

강 건너 밀밭 지나 이어지는 남도 길을㉠
구름에 달 가듯이 홀로 가는 저 나그네㉠
술 익는 마을에서는 더 붉게 타는 저녁놀㉠

묘사 대상과 화자가 확실하게 분리될수록 이미저리 마디들의 회화성이 선명해진다. 이 시편의 모든 이미저리 마디의 핵이미지는 '나그네'이다. 그 대상과 숨은 화자가 분명하게 구분되려면, '홀로'나 '저' 같은 수식어가 필요하다. 더욱이 불필요하게 반복된 이미저리 ⑤연이 생략되고, 이미 지적된 오류 표현들이 바로잡히면, 그 마디들이 위와 같이 분명하게 구분된다. 그러면 내재한 시조형의 완성미가 선명하게 드러난다. 따라서 간결한 이미저리의 3마디가 잘 통합되어, 시조의 완결미가 나타나 그 애송성도 향상된다. 이 「나그네」처럼 다음 시편 「불국사」에도 동일한 이미저리 마디가 시편 끝에 반복된다.

① 흰달빛/ 紫霞門// 달안개/ 물소리//㉠
② 大雄殿/ 靑雲橋// 바람소리/ 솔소리//㉠
③ 浮影樓/ 뜬 그림자// 흐는히/ 젖는데//㉠
④ 흰달빛/ 紫霞門// 바람소리/ 물소리㉠

– 박목월, 「불국사」

16행(/)과 8연(//)으로 구성된 이 「불국사」를, 필자가 분석용으로 위와 같이 4마디로 재구성했다. 이 시편엔 조사들은 없고, 용언 둘만 있다. 2행 1연을 이루고, 다시 2연이 1마디가 된 것이 이 시편의 독특한 구조이다. 그렇게 모든 행·연들이 매우 짧아서, 원 자유시편은 시조와 무관해 보인다.

하지만 ④마디 "흰달빛/ 紫霞門// 바람소리/ 물소리"는 이미 앞에 나와 반복된 이미저리 1마디이다. 이것이 사라지면, 나머지 세 마디들(①·②·③)은 신시조 1수(首)와 일치한다. 자유시 1편에 숨은 시조형이 다음과 같이 확실하게 드러난다. 따라서 다음과 같이 시조의 완결미가 나타나, 그 애송성이 더욱 향상된다.

흰 달빛 자하문 밖 달안개와 물소리㉠
大雄殿 靑雲橋 스쳐가는 솔바람소리㉠
부영루 뜬 그림자도 흐는히 젖어든다.㉠

이렇게 자유시에 내재한 이미저리 3마디의 핵 이미지는 달안개와 바람소리와 부영루 그림자 셋이 결합되어, 자연미의 조화를 이룬다. 그 조화미로 애송성도 높아진다. 목월의 첫 시집 「산도화」에 시조형 자유시 편들이 많이 수록되어 있다. 다음 시편 「牧丹 餘情」도 그에 속한다.

牧丹꽃 이우는 하얀 해으름
강을 건너는 청모시옷고름
仙桃山
水晶그늘
어려 보랏빛

牧丹꽃 해으름 청모시옷고름

– 박목월, 「牧丹 餘情」

위 시편의 첫·둘째행 끝에 나오는 '하얀 해으름'과 '청모시옷고름'은 마지막 연에 반복된다. 그 연이 없으면 짧은 신시조형이 드러난다. 옷고름은 단독 이미지로 강을 건너는 대상이 될 수 없다. '옷고름'보다 '옷고름 차림새'가 이미저리 마디의 핵이미지로 적합하다. 따라서 6행의 자유시편이 이미저리 3마디의 시조형으로 재구성되면, 다음과 같이 단시조의 완미성이 나타난다.

모란꽃 잎들마다 이우는 하얀 해으름
강을 건너는 청모시 옷고름 차림새
仙桃山 水晶그늘에 어리는 보랏빛 놀

위 시편처럼 다음 「청노루」도 간결한 이미저리의 마디들로 구성되어 있어 유명해진 목월의 명시 편이다. 극히 짧은 시행들만으로 구성되었고, 그것들의 길이가 들쭉날쭉하여 시조 형식과 무관해 보인다.

머언 산 靑雲寺/ 낡은 기와집//㉠
산은 紫霞山/ 봄눈 녹으면//㉠
오리목/ 속잎 피는 열두 구비를//㉠
청노루/ 맑은 눈에/ 도는/ 구름//㉠

– 박목월, 「청노루」[71]

「청노루」에 있는 4연(//)의 10행(/)은 모두 짧지만, 이미저리 4마디가 분명하게 구분된다. 의미의 마디가 하나도 없이, 이미저리 마디들로만 이어지는 것이 이 시편의 큰 장점이다. 화자도 숨어 있고, 의미진술이 담긴 마디들도 없이 자연 묘사로 일관된 시편이라 예술성도 높다. 따라서 독자들의 애독성이 높은 명시가 되었다.

그러나 이 시편에 산이 3회 반복된다. 그 셋이 紫霞山으로 단일화가 되면 그 이미지리의 마디가 더욱 분명해진다. 그러면 이미저리 3마디가 분명하게 드러나는 시조형의 완결미가 더욱 빛난다.

낡은 기와 청운사 뒤 자하산에 봄눈 녹고㉠
오리목 속잎들 피어나는 열두 구비들을㉠
청노루 맑은 눈동자에 담겨 도는 구름㉠

목월의 시편들에 있는 시행들이 아주 짧다. 그래서 시조와 무관해 보인다. 하지만 그 짧은 시행들의 이미지들이 결합되어, 이미저리 마

71) 박목월, 『선도화』, 청구출판사, 1955, 38-39쪽.

디들이 분명하게 구분된다. 그럴수록 시조형의 표현미가 더욱 빛난다. 해방전 이것이 시조로 발표되었다면, 그 부흥에 기여하여, 우리 민족의 자긍심 향상에 큰 도움이 될 수 있었다. 다음 「윤사월」도 시조형에 속한다.

> 松花가루 날리는/ 외딴 봉오리//
> 閏四月 해길다/ 꾀꼬리 울면//
> 산지기 외딴 집/ 눈 먼 처녀사/ 문설주에 엿듣네.
>
> – 박목월, 「윤사월」[72]

이 시는 종장의 길어진 평시조에 속한다. 종장 첫 음보는 3자이고 둘째 음보는 '외딴집 눈 먼 처녀사'로 8자이다. 고시조의 둘째 음보의 음수가 5-9자까지 허용되니, 이 시는 평시조 형식과 같다. 전체 자수도 41자로 평시조 기본 자수에서 크게 벗어나지 않는다.

인구에 회자되는 유명한 위 시편들은 비록 자유시편이지만, 사실은 시조형에 속한다. 이들은 시조의 율격을 지니고 있으니, 당연히 시조로 발표될 수도 있다. 그러나 이것들이 당시 시조로 발표되었다면, 자유시처럼 독자층의 사랑을 받았을까. 그렇게 속단하기는 어렵다. 분명한 것은 위 자유시 편들이 시조로 발표되어 널리 애송되었다면, 시조의 대중화에 크게 기여하여, 시조가 현대시의 대명사가 될 수 있었다. 그런 아쉬움이 앞으로 시조형에 대한 연구로 개선될 수 있다.

위 시엔 '외딴'이란 단어가 반복된다. 또 깊은 산속엔 '외딴 봉우리가 없다. 따라서 부적절한 앞의 '외딴'이 없으면, 종장의 '외딴 집'이란 표

---

72) 박목월, 위 책, 36-37쪽. 『청록집』의 '문설주에 귀 대이고 엿듣고 있다.'가 『선도화』에 '문설주에 엿듣네'로 바뀌었다. 또 '산봉오리'가 '산봉우리'로 바뀌었다.

현이 더욱 돋보인다. 따라서 이미저리 세 마디들이 분명해진다. 그 마디 셋은 시조 형식과 완전 일치한다.

> 윤사월 송화가루 날리는 산봉우리들㉠
> 꾀꼬리 울음소리 들리는 산지기네㉠
> 외딴 집 눈 먼 처녀사 문설주에 엿듣네.㉠

위 시편의 종장 자수율도 시조와 완전히 일치한다. 시조와 일치될수록 시편의 아름다움이 돋보인다. 특히 이미저리 마디로만 위와 같이 구성되면, 시조의 완성미가 나타난다. 따라서 원래 자유시도 명시이지만, 그보다 시조형이 될수록 그 애송성이 더욱 높아진다.

위에서 언급된 석정이나 청마나 미당이나 지훈이나 목월 같은 시인들이 1930-40년대에 신시조나 심층시조형 편들을 많이 발표했다. 당시 그들이 발표한 시편들 중에 유명한 자유시 편일수록 시조형에 가깝다. 더욱이 그것들이 독자들의 사랑을 많이 받은 애송시에 속한다.

그러나 그들의 유명한 자유시 편들에 내재한 시조형의 존재와 가치를 현대시 연구자들은 전혀 주목하지 않았다. 따라서 그 사실이 독자층에 널리 알려지지 않았다. 더욱이 현대시 연구에서 명시를 판별하는 기준을 시조형에서 찾으려는 시도조차 없었다.

시에서 대상 묘사와 의미 진술의 기법이 결합되면, 이미저리와 의미의 마디들이 조화를 이룬다. 그것이 표현미와 의미의 조화이다. 또 그것이 바로 명시를 판별하는 기준이 된다. 시조형이 지닌 조화미의 가치가 시론으로 정립되려면, 1940년대 이후에 발표된 시편들도 동일한 관점으로 분석될 필요가 있다.

3-3. 시조형과 短詩의 관계

20세기 중반부터 활약한 시인으로 심온 천상병과 박용래는 단시의 대가로 쌍벽을 이룬다. 그들은 짧은 시행들로 구성된 자유시 편들을 많이 발표했다. 행들이 짧아서 그것들은 시각적으로 시조와 무관해 보이지만, 그 속에 시조형이 많이 내재한다는 공통점을 가지고 있다.

하지만 그들의 시적 기교는 서로 대조적이다. 심온이 의미 진술의 기법에 치중하여 시를 쓴 소박한 서정시인이라면, 박 시인은 극사실 묘사에 치중한 기교파 시인에 속했다. 따라서 소박한 서정시인 심온에게 독자층의 인기가 더 높았다. 반면 박 시인은 예술성이 높은 기교적 시편들을 많이 발표했다. 따라서 박 시인은 시단이나 연구자들에게 높은 평가를 받았다. 이런 현상은 청마와 대여의 경우와 유사하다.

독자층의 반응도가 높은 청마나 심온 그리고 시단의 높은 평가를 받은 대여와 박 시인은 대조적이다. 그들을 대비·고찰하는 것은 20세기 한국시인 연구의 중요한 초점이 된다. 시적 경향은 달라도, 청마와 심온과 박용래는 시조형 시편들은 많이 썼다는 점에서 일치한다.

3-3-1. 심층시조형인 천상병의 단시 편들小

심온 천상병은 대상을 묘사하는 이미저리 마디보다 자신의 마음을 진술한 의미의 마디들 위주로 구성된 진술의 시편들을 많이 썼다. 다음 시편 「소릉조(小陵調)」도 의미의 마디로만 구성되었다.

아버지 어머니는/ 고향 산소에 있고//
형 누이들은/ 부산에 있는데,//
여비가 없으니/ 가지 못한다.//
외톨배기 나는/ 서울에 있고//

저승 가는 데도/ 여비가 든다면//
나는 영영/ 가지도 못하나?//
생각하니, 아,/ 인생은 얼마나 깊은 것인가.

— 「소릉조(小陵調)」

소릉은 이태백의 호이다. 이 제목에서 우선 시인의 강한 자부심이 반영되었다. 이 시편의 행·연 들이 모두 짧아서 시조와 무관하게 보인다. 이 시편에 있는 14행은 모두 의미의 마디들에 속한다. 그 시행들에 반복되는 시어들이 생략되면, 다음과 같은 의미의 3마디가 나타난다. 의미의 핵인 〈저승〉이 위 자유시 편보다 아래 시조형에 더 분명하게 나타난다.

부모님은 선영에 가족은 부산에 있고
여비가 없어 서울서 외톨배기 된 나는
저승도 못 갈까 하니, 인생은 참 깊다.

이 시편에 있는 시행들도 아주 짧다. 하지만, 그 짧은 3행들은 의미의 마디 하나를 이루고 있다. 시 전체에 이미저리 마디는 없고, 의미의 3마디만 있다. 그 3마디의 단일한 의미의 핵은 화자인 내가 저승에 가느냐 못 가느냐, 그 문제이다. 그 답이 원래 시편에 "영영/ 가지도 못하나?"라고 반어적으로 제시했다. 그것이 반어적 표현임을 강조하기 위해, 심온은 "인생은 참 깊다."라고 표현했다. 인생을 깊게 파악하는 것이 종교이다. 이렇게 시심과 신앙심이 일치된다. 저승은 천당이여 그 존재를 믿는데서 신앙심은 생긴다.

다음 「진혼가」도 이에 속한다. 위 시편과 달리 아래 시편 「진혼가」는 이미저리 마디들로 구성되었다.

① 태고적 고요가/ 바다를 덮고 있는/ 그 곳.//
② 안개 자욱이/ 석유불처럼 흐르는/ 그 곳.//
③ 인적 없고/ 후미진/ 그 곳.//
④ 새 무덤,/ 물결에 씻긴다.//

– 천상병, 「진혼가」 전문

이 시편은 11행(/)과 4연(//)으로 구성되었다. 전체 11행 중에 9행이 2어절이고, 나머지 2행이 3어절이다. 그렇게 짧은 시행들이 모여 4연을 이루고 있으니, 이 시편은 신시조에 속하지 않는다.

그러나 짧은 시편에 의미가 반복되는 시어들이 많다. '그 곳'과 '새 무덤'은 결국 동일한 공간이다. 따라서 같은 의미의 시어들이 3회 반복된다. 시의 제목과 연관되어 주제의식이 드러난 곳이 '새 무덤'이다. 이 새로 생긴 무덤으로 죽음이 강조되었다. 또 '인적 없다'와 '후미진'은 같은 뜻이다. 이렇게 의미가 중복된 시어들이 생략되면, 그 마디들이 분명하게 구분된다. 그러면 다음과 같은 3마디인 시조형의 완결미가 드러난다.

태고적 고요의 바다에 덥혀 있는 곳.
석유불처럼 자욱히 안개가 흘러가는
후미진 그곳 물결에 새 무덤이 씻긴다.

짧은 11행의 자유시 1편이 이미저리 3마디로 분명하게 재구성 되면, 보다 완미한 시조형이 나타난다. 동일한 내용이 단지 시행 재배치만으로, 자유시에서 시조형으로 바뀐다면, 시·시조 구분은 무의미하다. 더욱이 혼란스럽게 구분된 11행이 간결한 3마디로 바뀌면 애송성이 향상된다. 마디들이 분명하게 구분될수록 애송성이 향상되는 사실이 다음 시편 「갈대」 분석으로 확연히 드러난다.

> 환한 달빛 속에서/ 갈대와 나는/ 나란히 소리 없이 서 있었다.//
> 불어오는 바람 속에서/ 안타까움을 달래며/ 서로 애터지게 바라보았다.//
> 환한 달빛 속에서/ 갈대와 나는/ 눈물에 젖어 있었다.
>
> – 천상병, 「갈대」

모두 9행 3연(//)으로 구성된 이 시편의 구조는 단순하다. 첫·둘째 행 "환한 달빛 속에서/ 갈대와 나는"이 반복된다. 중복된 부분들이 생략되면, 이미저리의 마디들 셋이 아래와 같이 분명하게 구분된다.

> 바람 부는 환한 달빛 속에 나란히 서서㉠
> 갈대와 난 서로 애터지게 바라만 보며㉠
> 말 없이 눈물에 젖어 안타까움을 달랬다.㉠

원래 자유시 「갈대」의 9행엔 의미가 중복으로 표현된 부분들이 많이 있다. 그것들이 모두 사라지면, 위와 같이 이미저리 3마디가 분명한 시조 단수가 된다. 이렇게 짧은 시행 9개가 의미 3마디로 재구성되면, 의미의 변화가 없이 자연스럽게 시조형이 나타난다. 이처럼 자유시 편이 간소화되어 시조형으로 바뀌면, 그 완미성이 나타난다. 그런 현상은 다음 「귀천」에도 나타난다.

> 나 하늘로 돌아가리라
> 새벽빛 와 닿으면 스러지는
> 이슬 더불어 손에 손을 잡고,//
> 나 하늘로 돌아가리라
> 노을빛 함께 단둘이서

기슭에서 놀다가 구름 손짓 하며는,//
나 하늘로 돌아가리라
아름다운 이 세상 소풍 끝나는 날,
가서, 아름다웠더라고 말하리라…//

– 천상병, 「귀천」

9행 3연(//)인 이 시편에서 첫행 "나 하늘로 돌아가리라"가 3회 반복된다. 반복된 시행과 단어들이 생략되면, 이 시편의 마디들이 다음과 같이 셋으로 분명하게 구분된다.

기슭에서 이슬 손잡고 노을빛과 놀다가
이 소풍 끝내고 구름 따라 하늘로 돌아가
이승은 아름다웠다고 나는 꼭 말하리라,

이미 앞에서 밝힌 것처럼 청마나 심온의 자유시 편들에 시조형들이 많이 내재한 사실이 드러났다. 두 시인들은 독자층의 반응이 좋은 20세기 대표적인 시인에 속한다. 그렇다면 20세기 중반에 활약한 시인들 중에 가장 많이 연구되는 박용래 시인을 시조형의 관점에서 주목할 필요가 있다. 그의 단시형 자유시 편들에도 시조형이 많이 내재한다면, 그 가치를 밝히는 현대시 연구 논문들이 많이 나올수록 우리 민족시의 미래가 밝아진다.

3-3-2. 심층시조형인 박용래의 단시 편들

현대시 연구에서 단시 편들에 숨어 있는 시조형의 미적 가치는 주목받지 못했다. 시행들이 짧은 단시 편일수록 시각적으로 시조와 무관하게 보인다. 따라서 현대시 연구자들은 시조와 연관시켜 단시 편들을 주목하지 않았다. 하지만 저명한 시인들의 명작으로 알려진 단시 편들에 있는 시행들이 마디들로 이어져 시조형을 이룬다면 문제는 달라진다.

20세기 후반에 단시의 대가는 박용래이다.[73] 그는 시행들을 아주 짧고 독특하게 나누었다. 단어들까지 자르며, 그는 시행들을 파격적으로 아주 짧게 구분했다. 그렇게 구성된 대표작이 다음 「聚落」이다. 취락은 사람들의 집단 거주지를 뜻하는 말이다. 이 시편에서 개미집이란 뜻이다.

① 감나무 밑 풋보/ 리 이삭이 비/ 치는 물병 점/ 심 광주리
② 밭/ 매러 간 고무신/ 둘레를 다지는/ 쑥국새 잦은 목/
③ 반지름에 돋는/ 물집 썩은 뿌/ 리 뒤지면
④ 흙/ 내리는 흰 개/ 미의 취락
⑤ 달/ 팽이 꽁무니에/ 팽팽한 낮이슬.

– 박용래, 「聚落」[74]

위 시편은 短詩라 시조와 무관해 보인다. 연구분 없는 14행과 5・6자의 행들이 각기 7개 있어, 총 77자(5x7+6x7)로 구성되었다. 그것을 분석용으로 위와 같이 이미저리 5마디로 필자가 재구성했다. 그 중에 독특하게 구분된 7행이 있다. '풋보/ 리'와 '비/ 치는'과 '점/ 심'과 '뿌/ 리'와 '흙/ 내리는'과 '개/ 미'와 '달/ 팽이'에서 행구분으로 시어들이

73) 박용래(朴龍來: 1925~1980)는 충남 부여에서 3남 1여 중 막내로 출생. 강경상고 재학 중에 미술반 활동, 테니스 교내대표, 3학년에 대대장, 수석 졸업, 조선은행 입사. 1945년 징집으로 은행을 사직, 군용열차 안에서 해방을 맞이함. 1955년 「가을의 노래」와 「황토길」과 「땅」으로 『현대문학』에 등단. 24년간 자유시 약 170편 발표. 시집 「싸락눈」・「백발의 꽃대궁」・「먼 바다」・「강아지풀」 등을 출간. 1969년에 현대시학사 제1회 작품상 수상.

74) 박용래, 「먼바다」, 창작과 비평, 1984.

잘렸다. 다른 시편들에서 볼 수 없는 독특한 행 구분이다.

5마디의 핵미지들이 그 끝에 있다. ①마디의 핵이미지는 '광주리'이다. 즉 풋보리 이삭이 비친 물병이 담긴 점심 광주리이다. 물병에 비친 풍경은 정서적 여유가 있는 화자의 눈에만 보인다. 따라서 첫 마디의 묘사는 낭만적이다.

그러나 ②마디부터 쑥국새의 등장으로 치열한 생존경쟁의 장으로 바뀐다. ②에서 밭고랑에 놓인 '고무신'과 그 주인사이의 거리가 멀다. 그래서 '밭 매러 간 고무신'이다. 밭을 맨 자리엔 개미나 벌레들이 많이 나온다. 그것들을 잡아먹으려, 쑥국새가 고무신 둘레를 맴돈다. 새는 사람들을 경계하며 벌레들을 잡느라, 목을 자주 움직이니, '쑥국새 잦은목'이 된다.

셋째 마디의 핵이미지가 생략되었다. ③'반지름에 돋는 물집'에서 '반지름'은 발뒤꿈치 위쪽 부분이다. 새 고무신을 신으면, 그곳에 물집이 생긴다. 다음 '썩은 뿌리 뒤지면'의 주체는 점심 광주리를 감나무 밑에다 두고, 물집이 생겨 신발을 벗고 밭을 매는 村婦이다. 그 아낙네와 화자를 박 시인은 숨겼다.

그 대신에 그는 동물들을 자세히 관찰하여, 그것들을 이미저리 마디들에 담았다. 그 묘사의 아름다움은 마지막 이미저리 마디인 ⑤"달팽이 꽁무니에 팽팽한 낮이슬"에서 더욱 빛난다. 개미떼의 공격에 몰린 달팽이의 긴장감이 '팽팽한 낮이슬'로 표현되었다. 여기서 사전적 의미보다 상황적 의미가 중요하다. 땡볕에 보리밭 매는 일꾼들을 숨기고, 개미떼에 쫓기는 달팽이를 강조한 것이 시적 기교인 숨김의 미학이다. 그 완성미가 위 자유시보다 다음 시조형에 더 분명하게 드러난다.

① 감나무 밑 광주리 물병에 비친 보리이삭㉠
② 고무신 둘레를 다지는 쑥국새 잦은 목㉠
③ 물집 난 맨발로 뒤지면 부서지는 흰개미집㉠
④ 달팽이 꽁무니에는 팽팽해진 낮이슬㉠

풍경미보다 보리밭에서 일어나는 동물들의 생존경쟁을, 박 시인은 세밀하게 극사실적으로 묘사했다. 그는 자신의 감정을 억제하고, 대상 묘사만을 구사해서, 이 시편엔 의미의 마디가 없고, 모두 이미저리의 마디들뿐이다. 20세기 활약한 한국 시인들 중에 이처럼 이미저리 마디로만 시를 쓴 시인은 드물다. 그 예술성으로 박 시인은 당대 높은 평가를 받았다.

선배 시인들의 특징을 살펴보면 박 시인의 개성이 더욱 드러난다. 정지용은 변형성을 추구한 대가였다. 표준어들을 변형시켜 자신의 독특한 시어로 삼았고, 또 시적 대상을 눈에 보이는 것과 다른 모습으로 변형시켜 묘사했다. 더욱이 대여 김춘수는 묘사 대상들을 지나치게 추상화시킨 이미저리와 무의미한 의미의 마디들을 즐겨 구사했다. 그는 예술성과 난해성을 결합시킨 무의미한 시학의 창시자였다.

이런 선배 시인들과 달리 박 시인은 이미저리 마디들을 극사실적으로 치밀하게 묘사한 단시 편들을 많이 발표했다. 그는 현미경을 가지고 대상들을 자세히 관찰하듯이, 극사실적으로 묘사하는 기법을 선택했다. 짧은 시행들 속에 이미저리 마디들을 은밀하게 숨기며, 독특한 극사실 묘사법을 추구했다.

평범한 일상적 이미지들을 생략하고, 위 시편에서 '쑥국새 잦은목'과 '반지름에 돋는 물집'과 '팽팽한 낮이슬' 등을 핵이미지로 삼았다. 그 셋은 난해한 추상어가 아니다. 참신한 핵이미지들을 중심으로 분명한 이미저리 마디들을 극사실적으로 구사했다. 따라서 그는 20C 후반에 세공적 묘사의 대가로 높은 평가를 받았다.

그의 시전집 「먼바다」의 목차를 살피면, 6자를 넘는 것들이 셋뿐이다. 유일한 축시 1편과 7자인 2편뿐이다. 그렇게 그의 시 제목들이 한두 어절로 극히 짧다. 제목과 시행이 모두 짧은 것이 박시인의 시에 나타난 특징이다. 이렇게 그가 글자들을 아끼며 절약한 이유가 있다.

축소 지향성이 박 시인의 체질이다. 대형화로 치닫는 현대 문명화에 대한 강한 반감으로, 그는 대도시를 피해 농촌으로 자주 귀농했다. 하지만 매번 실패했다. 그 실패담을 소설가 故 이문구가 독특한 필체로 시전집 『먼바다』 말미에 밝혔다.[75] 그 글편에 박 시인이 시어들을 아끼며, 짧은 시행들을 즐겨 구사한 축소지향성이 그의 생활 철학임이 잘 드러난다.

그는 이미저리 마디들의 아름다움을 시조 형식으로 쉽게 드러내지 않고, 짧은 시행들로 자유시 편들에 숨겼다. 그 아름다움을 쉽게 보여주지 않고, 꼭 보고 싶어 하는 애독자들에게만 보여주려 했다. 따라서 이미저리 마디들을 짧게 자른 강조행들을 잘 구사했다. 그의 단시 편들에 내재한 그 마디들의 미적 가치가 시단에 인정받아, 박 시인은 생시 시단에서 높은 평가를 받았다.

더욱이 사후에도 그는 20세기 후반에 활동한 시인들 중에 자장 많이 연구되는 대표적 시인이다. 오직 시의 미적 가치만으로 가장 많이 연구되었다. 하지만 그 많은 연구논문 편들 중에, 아쉽게도 그의 短詩 편들에 내재한 시조형의 가치를 밝힌 연구는 없다.

그 대신에 박 시인이 극진히 사랑했던 홍래 누님의 이미지가 나오는

---

75) 이문구, 「박용래 평전」, 박용래, 『먼바다』, 창작과 비평, 1984, 230-277쪽.

시편들을 중심으로 여성 이미지를 연구한 논문 편들은 많다. 박 시인이 강경상고 2학년 때에 그 누이가 초산으로 사망했다. 이로 인해 민감한 그는 큰 충격을 받았다.

다음 「시락죽」에도 그 누님의 이미지가 나온다. 이 시편에 있는 11연은 모두 한 행으로 구성되었다. 그 11연(//)을 필자가 다음과 같이 3마디로 통합시켰다.

① 바닥 난 통파// 움 속의 降雪// 꼭두새벽부터// 降雪을 쓸고//
② 동짓날// 시락죽이나// 끊이며//
③ 휘젓고 있을// 귀뿌리 가린// 후살이의// 木手巾//

-「시락죽」

위 시편에서 연과 일치하는 11행 중에 여섯이 한 어절이다. 나머지는 2어절인 3행과 3어절인 2행이다. 그렇게 시행이 모두 짧다. 더욱이 박 시인은 관념어를 배제하고, 이미지가 있는 단어들을 선택했다. 원시의 11연은 이미저리 3마디로 위와 같이 필자가 재구성했다.

①에서 '움'은 추위와 비바람을 막기 위해, 땅을 파고 채소 따위를 묻은 다음, 그 위에 흙이나 거적을 덮어 두는 곳이다. 그 바닥에 내린 강설이 보이면, 채소들이 다 떨어진 상황이다. 그것을 강조하려, 박 시인은 '통파 움' 바닥의 강설 이미저리를, 맨 앞에 제시했다.

동짓날 팥죽 대신에 시락죽을 끊이며, 목수건(무명수건)을 두른 후살이의 빈궁한 이미저리로 이어진다. 반복된 降雪을 생략하고, 핵이미지 후살이 아낙네를 중심으로 이미저리 마디를 순차적으로 제시하면, 다음과 같이 그 3마디가 분명히 드러난다.

꼭두새벽부터 통파움 바닥 降雪을 쓸고
동짓날 팥죽 대신 시락죽이나 끓이며
휘젓는 귀뿌리 가린 후살이의 木手巾

위에서 묘사의 초점은 후살이에 모아진다. 그니는[76] 동짓날 새벽부터 눈을 쓸고 죽을 쑤느라 분주하다. 식량이 떨어진 빈궁한 농가이지만, 그녀의 등장으로 집안 분위기는 밝다. 무명수건(木手巾)을 두른 그니는 부엌에서 팥죽 대신에 시래기죽을 끓인다. 부지런한 그니의 등장으로 겨울 촌가의 분위기가 밝다.

박 시인은 극사실적 대상묘사에 익숙하다. 화자가 숨어 있어, 시인의 감정이 극히 절제되었다. 짧은 강조행들로 대상을 치밀하게 묘사하여, 시편 전체가 이미저리 마디들로만 구성되었다. 짧은 시행들로 이어진 이미저리의 마디들을 분명하게 구분하여 제시하면, 위와 같은 시조형이 드러난다. 그것이 단시에 내재한 시조형의 아름다움이다. 다음 단시 편에도 시조형의 완성미가 숨어있다.

한오라기 지풀일레
아이들이 놀다 간
모래성
무덤을
쓸고 쓰는
강둑의 버들꽃
버들꽃 사이
누비는
햇제비

---

76) 여성을 뜻하는 말로, 언니·어머니·할머니·아주머니·비구니 등은 '니'로 끝난다. 따라서 여성 3인칭 대명사로 '그녀'보다 '그니'가 가장 적합하다.

입에 문
한오라기 지풀일레
새알,
흙으로
빚은 경단(瓊團)에
묻은 지풀일레
창을 내린
하행열차
곳간에 실린
한 마리 눈(雪)속 양일레.

– 박용래, 「자화상」

박 시인은 '자화상'이란 시를 많이 썼다. 화가들이 자화상을 그리듯이 그는 자신의 자화상을 이 시편에 담았다. 짧은 18행으로 구성된 이 시편은 시조와 무관해 보인다. 하지만 그 속에 3회 반복되는 '지풀'을 비롯해, 그 밖에 의미가 중복되는 시어들이 많다. 이것들이 생략되면 이미저리 마디들이 분명하게 구분된다. 따라서 18행이 핵이미지 중심으로 다음과 같이 이미저리의 4마디로 분명하게 구분된다.

① 아이들이 놀다 간/ 모래성/ 무덤을/ 쓰을고 쓰는/ 강둑의 버들꽃
② 버들꽃 사이/ 누비는/ 햇제비/ 입에 문/ 한 오라기 지풀일레.
③ 새알,/ 흙으로/ 빚은 경단에/ 묻은 지풀일레.
④ 창을 내린/ 하행열차/ 곳간에 실린/ 한 마리 눈(雪)속 양일레.

이 시편의 첫 행은 부제(副題)이니, 이미저리 마디에서 제외시켰다. ①에서 강가엔 사람의 무덤은 없으니, '모래성'·'무덤'·'강둑'의 사전적 의미는 다르지만, 그 셋의 상황적 의미는 동일하다. 표현은 다르지만, 그 대상 이미지들 셋은 모두 모래강둑이다.

③의 경단(瓊團)은 찰떡을 둥글게 뭉친 작은 덩어리이다. 그 크기가 새알과 비슷하다. 새알과 흙으로 빚은 경단이 동일함을 암시하려고, 박 시인은 둘 사이에 쉼표를 쳤다. 따라서 이것들은 새알에 묻은 '지풀'로 통합된다. 이 시편에 반복되는 단어들을 단일하게 통합시키면, 이미저리 3마디로 다음과 같이 분명하게 구분된다.

> 아이들 놀이터 모래강둑에 버들꽃 사이를㉠
> 누빈 햇제비 물어와 새알에 묻힌 지풀 한 올㉠
> 열차칸 곳간에 실려 눈을 맞는 양 한 마리.㉠

위 시편에서 핵이미지들은 '지풀'과 '양' 이다. 제비가 물어온 '지풀' 이나, 수송 중인 화물칸에 실려 눈을 맞는 '양'은 주변과 어울릴 수 없는 존재들이다. 그것들은 자화상을 상징하는 핵이미지들이다. 그 둘로 박 시인은 자신의 외톨이 의식을 잘 표현했다. 그래서 '올'이나 '양'이 꼭 하나임을 강조했다.

'지풀'에서 그가 발견한 외로움이 식물성이라면, 화물열차 칸에 갇힌 '양'의 고독은 동물성이다. 식물성 외로움이 소극적이라면, 동물성 고독감은 적극적이다. '양'보다 '지풀'에 더 큰 비중을 두어 묘사한 점에서 박 시인의 체질이 소극적임이 드러난다.

'자화상'이란 제목이 암시하듯이, 지풀은 자신을 상징한다. 지풀처럼 자신이 사회에서 버림받은 사소한 존재라는 자의식이 그의 많은 시편들에 반영되어 있다. 지풀에 그가 진한 애정을 느낀 이유가 드러난다. 그는 자신이 하찮은 존재라는 강한 자의식으로, 소소한 것들에 시적 관심을 가졌다. 그 점이 그의 축소 지향적 성향으로 나타났다.

대형화로 치닫는 현대문명에 대한 강한 반발심에서 생긴 것이 그의 축소 지향성이다. 그 반발심으로 그는 시행을 극히 짧게 처리했고, 시어들을 극도로 아꼈다. 그런 연유로 짧은 행들로 구성된 단시(短詩) 편들을 그는 많이 썼다. 따라서 그는 20세기 후반 한국 단시의 대가가 되었다.

다음 시의 제목이 자화상은 아니지만, 내용상 그의 제4 자화상이라 할 수 있다. 자신이 허드레 인생이라는 자의식이 이 시편에 짙게 깔려 있다.

> 싸리울 밖 지는 해가 올올이 풀리고 있었다.
> 보리바심 끝마당
> 허드렛군이 모여
> 허드렛불을 지르고 있었다.
> 푸숫푸숫 튀는 연기 속에
> 지는 해가 이중으로 풀리고 있었다.
> 허드레,
> 허드레로 우는 뻐꾸기 소리
> 징소리
> 도리깨 꼭지에 지는 해가 또 하나 올올이 풀리고 있었다.
>
> – 박용래, 「점묘」

이 시편은 행들의 길이가 고르지 않다. 길이의 편차가 큰 10행으로 구성되어 있어, 행을 나눈 기준이 모호하다. 그 행들은 모두 이미저리의 5마디로 다음과 같이 분명히 구분될 수 있다.

① 싸리울 밖 지는 해가 올올이 풀리고 있었다.
② 보리바심 끝마당/ 허드렛군이 모여/ 허드렛불을 지르고 있었다.
③ 푸숫푸숫 튀는 연기 속에/ 지는 해가 이중으로 풀리고 있었다.

④ 허드레·/ 허드레로 우는 뻐꾸기 소리/ 징소리
⑤ 도리깨 꼭지에 지는 해가 또 하나 올올이 풀리고 있었다.

그 길이가 고르지 않은 10행을 위와 같이 이미저리 5마디로 분명하게 구분하면, 이 시편의 특징이 잘 드러난다. 박 시인은 화자를 숨겼다. 그 화자는 모든 대상을 허드레로 본다. 일꾼도 '허드렛군'이요, 바심 마당에서 검불을 태우기 위해 피운 모닥불도 '허드렛불'이요, 뻐꾸기도 허드레로 운다고 화자는 본다.

그러나 바심 마당엔 많은 일손들이 필요해 모두가 바쁘니, 허드레꾼은 없다. 예를 들면, 뻐꾸기도 영역을 지키거나 짝을 찾으려는 분명하고 절박한 이유가 있어 운다. 오히려 햇살이 풀리는 모양만을 관찰하는 화자가 정작 허드레꾼이다. 모든 사물들을 허드레로 보는 화자를 내세워, 자신이 허드레 인생이라는 강한 자의식을, 시인은 역설적으로 강조했다.

주관적인 '허드레'란 말을 비롯해 '지는 해가 올올이 풀리고 있었다.' 등이 3회씩 반복된다. 또 유일하게 청각적인 ④의 '뻐꾸기 울음과 징소리'는 앞뒤 시각적·이미저리 마디와 의미상 단절된다. 반복되는 의미와 단어들을 삭제하고, 전후 이미지들이 잘 연결되도록, 몇 단어들을 첨가하면, 이미저리의 마디들이 분명해진다. 따라서 전체적으로 의미가 잘 통합되어, 시의 완성미가 향상될 수 있다. 그러면 다음과 같은 중시조의 형식과 일치한다.

싸리울 밖에서 올올이 풀리던 햇살들이㉠
바심 끝 모닥불 연기에 이중으로 풀리고,㉠
뻐꾸기 울음과 징소리 함께 들리는데㉠
해가 또 도리깨 꼭지서 올올이 풀렸다.㉠

길이가 들쭉날쭉한 10행 1연의 자유시편이라, 이것은 시조와 무관해 보인다. 하지만 그 내용이 위와 같이 중시조형에 고스란히 담긴다. 동일한 내용이 자유시와 시조형 1편에 각기 그대로 담겼다. 이런 현상이 이 경우뿐이라면, 그것을 우연으로 볼 수 있다. 그러나 앞의 「시락죽」이나 「자화상」이나 「점묘」처럼 많다. 다음 자유시편도 심층시조형에 속한다.

① 살아 무엇하리/ 살아서 무엇하리//ⓒ
② 죽어/ 죽어 또한 무엇하리//ⓒ
③ 겨울 꽝꽝나무/ 꽝꽝나무 열매//㉠
④ 울타리 밑의/ 인연// 진한 허망일랑/ 자욱자욱 묻고///ⓒ
⑤ '小寒에서/ 大寒 사이'// 家出하고 싶어라/ 싶어라.//ⓒ

– 박용래, 「自畵像3」

14행(/) 6연(//)인 원래 자유시편이 위에서 5마디로 재구성되었다. 짧은 14행이 묘사 기법에 의한 이미저리 1마디(㉠)와 의미 4마디(ⓒ)로 위와 같이 재구성되었다. 기준이 모호한 14행들이 성격이 분명한 5마디로 재구성되면, 묘사와 진술의 성격이 분명히 드러난다.

①마디의 '살아 무엇하리'나 ②마디의 '죽어 또한 무엇하리.'는 모두 시인의 생각이 담긴 의미진술의 표현이다. 앞에서 언급된 박 시인의 시편들엔 이미저리의 마디들이 압도적으로 많았다. 하지만, 이 「自畵像 3」 14행엔 이미저리보다 의미의 마디들이 압도적으로 많다.

위 5마디에 반복되는 어절들이 많다. '무엇하리'(3회)와 '살다'와 '죽다'와 '싶다'와 '꽝꽝나무'가 각기 2회 반복된다. 그 반복어들이 없어지면, 위 5마디가 아래 4마디의 중시조형이 된 다. 이렇게 14행의 자유시 편에 다음과 같은 4장의 중시조가 숨어 있다.

살아 무엇하리 죽어서 또한 무엇하리ⓛ
짱짱나무 울타리의 겨울 열매들 인연㉠
진한 허망을 흙속에다 자욱자욱 묻고ⓛ
小寒과 大寒 사이로 家出하고 싶어라ⓛ

위 시편엔 순수한 이미저리 마디는 둘째 것뿐이다. 앞 시편들과 달리 박 시인은 이 시편에서 화자의 목소리로 자신의 마음을 진술했다. 대상을 묘사한 이미저리 마디들을 즐겨 구사한 박 시인이지만, 이 시편엔 자신의 속마음을 솔직히 드러냈다. 따라서 4마디에 인생의 깊은 의미가 담긴 이 시편의 애독성이 높다. 그것이 높을수록 애송성으로 발전한다. 따라서 애독·애송성이 시의 절대가치가 된다.

박 시인은 의도하지 않고 중시조형에 속하는 이「自畫像 3」썼다. 단시의 대가인 그가 시조형 시편들을 많이 쓴 사실은 주목할 가치가 있다. 모더니즘 시인군에 속한 신석정이나 생명파의 청마·미당 그리고 청록파의 지훈·목월처럼 50년대 박용래·천상병 두 시인들도 시조형 시편들을 많이 발표했다. 그것들이 대부분 20세기 애독성이 높은 시조형에 속한다.

3-4. 산문시에 내재한 시조형

현대에 단시(短詩)형인 자유시를 비롯해, 산문시에도 시조형들이 많이 내재한다. 행·연들이 없이, 줄글로 쓰인 것이 산문시의 특징이다. 산문시엔 외형율 대신에 내재율이 존재한다. 그 존재로 산문시는 산문과 다르다. 내재율이란 형식적 외형률 대신에 존재하는 내용상의 율격이다. 즉 유사한 정서·기법이 반복되는 내용상의 율동성이다.[77]

산문에서 문단 구분이 모호할수록 악문이 되고, 반대로 전체 문단들이 논리정연하게 짜일수록 명문이 된다. 시행들도 분명하게 구분된 시조형이 명시편에 속한다. 즉 행들이 들쭉날쭉한 자유시보다 이미저리나 의미의 성격이 분명하게 구분된 마디로 구성된 시조형일수록 표현미와 의미가 조화를 이룬다는 사실이 밝혀졌다. 그 사실이 다음 「행복」을 분석으로 분명히 드러난다.

내게 행복이 온다면,/ 나는 그에게 감사하고,
내게 불행이 와도/ 나는 또 그에게 감사한다.//
한 번은 밖에서 오고/ 한 번은 안에서 오는 행복이다.//
우리의 행복의 문은/ 밖에서도 열리지만
안에서도 열리게 되어 있다.//
내가 행복할 때/ 나는 오늘의 햇빛을 따스히 사랑하고
내가 불행할 때/ 나는 내일의 별들을 사랑한다.//
이와 같이 내 생명의 숨결은/ 밖에서도 들이쉬고/
안에서도 내어쉬게 되어 있다.//
이와 같이 내 생명의 바다는/
밀물이 되기도 하고/ 썰물이 되기도 하면서/
끊임없이 끊임없이 출렁거린다!//

– 김현승, 「행복」

위 시편은 20행 5연으로 구성되었다. 그 속에 불필요하게 반복되는 단어들이 많다. 특히 '때' 같은 형식명사나 '나' 같은 대명사 들이 많이 반복된다. 자체로 이미지도 없는 그런 시어들이 생략되어, 위 20행이 아래 6마디로 분명하게 구분되면, 다음과 같은 연시조형이 나타난다.

---

77) 조지훈, 「시의원리」, 『조지훈전집』 3, 일지사, 1974, 84-85쪽.

나는 행복이나 불행을 모두 사랑한다.
복을 맞이하는 문은 안팎으로 열리니,
한 번씩 번갈아 오는 행·불행의 주기.

행복하면 나는 따스한 햇볕을 사랑하고,
불행을 느끼면 미래의 별빛을 사랑하니,
생명의 밀·썰물 바다는 계속 출렁거린다.

앞 자유시와 위 시조형에 각기 담긴 내용이 일치한다. 같은 내용이 20행 자유시보다 6마디 시조형에 간결·명료하게 담긴다. 둘 중에 어느 것을 독자들은 애송할까. 더욱이 외국어로 번역되면 둘이 동일한 내용으로 번역된다. 그렇다면, 어느 것이 번역용으로 적합할까. 논리 정연한 문장들일수록 번역이 더 잘 되는 원리와 같다. 따라서 마디 구분이 분명한 시조형일수록 번역도 잘 되고 애송성도 높다.

「행복」처럼 자유시보다 그 속에 내재한 시조형에 애송성이 더 높다는 사실은 다음 대여의 「꽃」 분석으로 재확인 될 수 있다.

내가 그의 이름을 불러 주기 전에는/
그는 다만/ 하나의 몸짓에 지나지 않았다.//
내가 그의 이름을 불러 주었을 때/
그는 나에게로 와서/ 꽃이 되었다.//
내가 그의 이름을 불러준 것처럼/
나의 이 빛깔과 향기에 알맞은/
누가 나의 이름을 불러다오/
그에게로 가서 나도/ 그의 꽃이 되고 싶다.//
우리들은 모두/ 무엇이 되고 싶다./
나는 너에게 너는 나에게/
잊혀지지 않는 하나의 의미가 되고 싶다.

– 김춘수, 「꽃」

위 「꽃」은 16행 4연으로 구성되었다. 그 행들엔 구체적인 이미저리가 없다. 단지 화자의 마음이 담긴 의미의 행들만이 있다. 더욱이 그 속에 인칭 대명사들이 자주 많이 반복된다. 그것들이 추상적 대상들을 지시한다. 구체성이 전혀 없는 넷(나 · 너 · 그 · 누구)을 '너 · 나' 둘로 단순화시키면 의미의 마디들이 더 분명해진다. 따라서 동일한 내용이 15행의 자유시보다 6행의 시조형에 더 분명하게 담긴다. 따라서 기준없는 시행들의 조합인 자유시편보다 의미의 마디들이 분명하게 구분된 아래 시조형의 완성미가 높다.

> 몸짓뿐이던 네게 이름을 부르니 꽃이 되듯
> 빛깔과 향기에 알맞은 내 이름을 불러주면
> 나 또한 너와 더불어 불멸의 꽃이 되고 싶다.

원래 대여의 자유시 편들엔 구체적 이미저리 마디들이 없이, 추상적 의미의 마디로만 구성된 시편들이 많다. 이 시편처럼 구체적 대상을 묘사한 이미저리 마디들은 없고, 추상적 의미의 마디들로 구성된 것들이 대여 시편들이 특징이다. 대여가 무엇을 추상화시켰는지, 그 원래의 구체적 대상을 독자들이 가늠하기가 매우 어렵다. 사실 그 존재 자체를 부정한 것은 그의 시적 특징이요, 무의미 시학의 본질이다.

애매 · 난해한 미학 논리로 대여가 자신의 시적 특징을 합리화시킨 것이 그의 「무의미 시론」이다. 서양의 현대 추상예술의 일반화된 현상에 따라 그는 시의 난해성과 예술성을 결합시킨 무의미 시론을 제창했다. 이 시론으로 한국 현대시의 경향이 더욱 난해해졌다.

그 무의미 시론의 본질은 애독 · 애송을 부정하는 이론체계이다. 애송성의 본질은 애창성과 합치된다. 따라서 애창성이 높은 옛시조나 현대 시조형의 가치를 부정하는 것이 무의미 시론의 특징이다. 무의미 시론에 익숙한 현대시 연구자들은 자유시에 내재한 시조형의 존재나 가치를 전혀 주목하지 않았다.

따라서 20세기 한국 시단에서 자유시가 중심을 차지했고 시조는 변방으로 밀렸다. 현재도 사정을 다르지 않다. 그 현상이 개선되어 시조형의 가치가 재평가 되어야 한국시의 미래가 밝아진다. 국어과 교과서에도 자주 실린 명시 시편들에 내재한 시조형의 가치가 밝혀질수록, 시조가 민족시로 현대에 되살아날 수 있다. 그 길을 개척하는 것이 이 책의 목적이다. 그 길을 가는 데, 다음 시편을 분석하는 작업도 유익하다.

> 언제부턴가 갈대는 속으로
> 조용히 울고 있었다.
> 그런 어느 밤이었을 것이다. 갈대는
> 그의 온몸이 흔들리고 있는 것을 알았다.
> 바람도 달빛도 아닌 것.
> 갈대는 저를 흔드는 것이 제 조용한 울음인 것을 까맣게 몰랐다.
> –산다는 것은 속으로 이렇게
> 조용히 울고 있는 것이란 것을
> 그는 몰랐다.
>
> – 신경림, 「갈대」

위 시편에 있는 10행의 길이가 고르지 않다. 최소 2어절에서 최대 10어절로 시행 구분의 기준이 없다. 자의적으로 구분된 10행이 모두 의미 단위이다. 그 속에 형식명사 '것'이 8회 반복된다.

6번째 행에서 인칭 대명사 '저'와 '제'가 갈대를 지시하는 대명사로 사용되었다. "조용히 울고 있는 것이란 것을/ 그는 몰랐다."에서 '그'가 지나치게 반복된다. 기법상의 용도이지만, 지나치게 반복되어 어색하게 느껴지는 대명사들이 없어지면, 의미의 3마디가 다음과 같이 분명하게 구분된다. 그러면 시조형이 다음과 같이 드러난다.

바람도 달빛도 아닌 제 조용한 울음으로,
온몸이 흔들리고 있음을 모랐던 갈대는
조용히 우는 일이 삶임도 까맣게 몰랐다.

위 「갈대」와 그 시조형에 각각 담긴 내용은 같다. 하지만 9행의 자유시 편보다 의미 3마디인 시조형에 담긴 내용이 보다 더 잘 기억될 수 있어, 그 애송성도 더욱 높다. 그것이 시조형의 장점이다. 그런 현상은 이 시편에만 그치지 않는다. 정현종의 다음 자유시 편에서도 그런 현상이 역시 나타난다.

① 나는 가끔 후회한다.
② 그때 그 일이/ 노다지였는지도 모르는데….
③ 그때 그 사람이/ 그때 그 물건이/ 노다지였는지도 모르는데….
④ 더 열심히 파고들고/ 더 열심히 말을 걸고….
⑤ 더 열심히 귀 기울이고/ 더 열심히 사랑할 걸….//
⑥ 벙어리처럼/ 귀머거리처럼 보내지 않았는가/ 우두커니처럼….
⑦ 더 열심히 그 순간을 사랑할 것을….
⑧ 모든 순간이 다아/ 봉오리인 것을.

– 정현종, 「모든 순간이 꽃봉오리인 것을」

이 시편은 16행(/) 2연(//)으로 구성되었다. 그 속에 있는 시행들이 짧아 시조와 무관해 보인다. 대상 묘사보다 화자의 마음이 담긴 의미 진술 위주의 표현법으로 쓰인 것이 이 시편의 특징이다. 의미 마디들뿐인 이 시편엔 반복어들이 많다. '더'(5회)와 '것'(4회)과 '그때'(3회)

등이 반복된다. 그것들은 자체로 이미지나 의미가 없다. 이런 형식어들이 생략될수록 의미의 마디들이 분명하게 구분된다.

위 자유시편 16행에 담긴 내용이 아래 시조형의 3마디에 그대로 담긴다. 시에 반복된 시어들이 많고, 기준이 없이 자유분방하게 구분된 것이 위 자유시의 특징이다. 반면에 간결·분명하게 의미의 마디들로 아래 시조형은 구성되었다. 따라서 전달이나 암송되는 효율성 측면에서 자유시보다 시조형이 높다. 그것이 시조형이 가치이다. 이렇게 자유시편보다 시조형의 가치가 높다는 사실이 분명해진다.

열심히 파고들면 모두가 노다지 되고,
사랑할수록 순간마다 꽃봉오리 피는데,
벙어리 귀머거리처럼 우두커니 난 살았네.

위 몇 편들을 분석한 결과로 자유시보다 시조형에 높은 애독성이 있다고 단정하기엔 불충분하다. 그런 검토가 연대별로 더 많은 이루어질수록 그 주장의 객관성이 더욱 높아진다. 명시 편들일수록, 그 속에 시조형이 내재한다는 사실이 한국 현대 시편들에 숨어있는 시적 진실이다. 이 진실이 더 분명하게 밝혀지려면, 20세기 발표된 저명한 시인들의 명시편들이 동일한 방법으로 더 많이 분석될 필요가 있다.

3-5. 신시조와 유사한 자유시 편들

다음 시편은 자유·산문시와 시조 3장르의 벽을 넘나들며 자유롭게 발표한 시인 박재삼의 유명한 시편이다. 이것은 자유시로 발표되었지만, 신시조에 가까운 시편이다. 시행들과 연의 구성이 거의 시조와 일치한다.

① 마음도 한자리 못 앉아 있는 마음일 때/
② 친구의 서러운 사랑 이야기를/
③ 가을 햇볕으로나 동무삼아 따라가면//
④ 어느새 등성이에 이르러 눈물 나고나/
⑤ 제삿날 큰집에 모이는 불빛도 불빛이지만,/
⑥ 해질녘 울음이 타는 가을 강을 보겠네.//
⑦ 저것 봐 저것 봐,/
⑧ 너보다도 나보다도/
⑨ 그 기쁜 첫사랑의 산골 물소리가 사라지고//
⑩ 그 다음 사랑 끝에 생긴 울음까지 녹아나고/
⑪ 이제는 미칠 일 하나로 바다에 다 와 가는/
⑫ 소리 죽은 가을 강을 처음 보겠네.//

– 박재삼, 「가을이 타는 강」

위 시편은 12행(/) 4연(//)으로 구성된 불완전한 시조형이다. 그 불완전성은 셋째 연의 ⑦·⑧행에서 가장 두드러지게 나타난다. 그 두 행들엔 구체적 이미지가 없다. '나'·너'·'그'·저것' 같은 형식적인 지시어들이 혼란스럽게 나열되어, 의미전달에 방해가 된다. 특히 ⑦·⑧행과 ⑨행 셋에 담긴 의미가 단절되어 있다. 시행들을 구분한 기준이 모호한 12행이 그것이 분명한 6마디로 확실하게 구분되면, 다음과 같은 연시조형이 나타난다.

① 가을 햇볕에 한자리 못 머무는 내 마음
② 친구의 서러운 사랑 이야길 따라 가면
③ 어느새 산등성이에 이르러 눈물이 나네.

④ 큰집 제삿날 모이던 많은 등들의 불빛
⑤ 해질녘 울음이 타는 침묵의 가을 강물은
⑥ 첫사랑 눈물을 싣고 미친 듯 바다로 가네.

위 시조형의 마디들은 분명한 기준에 따라 구분되었다. 첫 ①·②·③ 3마디는 화자의 마음이 담긴 의미 진술의 성격을 지니고 있다. 그 3마디의 핵의미는 '마음'이다. 그 다음 ④·⑤·⑥는 이미저리 3마디이다. 그 3마디의 핵이미지는 불빛과 가을 강물로 분명하다.

앞에 있는 원래 자유시와 그 안에 있는 시조형에 담긴 내용은 같다. 그 중에, 어느 것이 번역도 잘 되고, 애송성도 높을까. 그 답은 간단명료하다. 모호하게 구분된 12행보다 기준이 분명하게 구분된 6마디의 시조형에 더 높은 애송성이 있다. 한글로 암송이 잘 되는 내용일수록 외국어로 번역도 잘 된다. 그런 현상은 이 시편 하나에만 국한되지 않는다. 다음 이해인의 「민들레」에서도 동일하게 나타나는 현상이다.

은밀히 감겨 간 생각의 실타래를
밖으로 풀어내긴 어쩐지 허전해서
날마다 봄 하늘에 시를 쓰는 민들레.

앉은뱅이 몸으로는 갈 길이 멀어
하얗게 머리 풀고 얇은 씨를 날리면
춤추는 나비들도 길 비켜 가네.

꽃씨만한 행복을 이마에 얹고
해에게 준 마음 후회 없어라.
혼자서 생각하다 별을 헤다
땅에서 하늘에서 다시 피는 민들레.

– 이해인, 「민들레」

위 시편은 시조 형식을 의도적으로 변형시킨 것으로 오해받을 정도로 시조와 유사하다. 그 이유는 3연 3행 "혼자서 생각하다 별을 헤다."

란 시행의 의도적 어색함에 있다. 앞에 2연과 3행인데 마지막 연은 4행이다. 이 4행에 의도성 혐의가 숨어있다.

'별을 헤다'란 어색한 표현으로, 그 앞뒤 시행들의 의미 흐름이 끊긴다. 그 의미 단절로 1·2연과 3연의 의미가 통합되지 않아, 시편 전체의 조화미가 깨졌다. 이미저리 통합에 방해가 되는 "혼자서 생각하다 별을 헤다"에 대한 수정이 불가피하다.

'별을 헤다'를 '별처럼'으로 바꾸어, 3연의 시행 넷을 셋으로 축소·통합시키면, 10행의 자유시편이 3수 연시조형으로 아래와 같이 바뀐다.

은밀히 감겨진 생각의 긴 실타래를
밖으로 풀어내자니 어쩐지 허전해서
날마다 봄 하늘에다 시를 쓰는 민들레.

앉은뱅이 몸으로 가기에 너무 먼 길에
하얀 머리카락들을 날리는 얇은 홀씨들
춤추는 나비들조차 길을 비켜 날아가네.

행복 피울 작은 씨앗들 이마에 얹고
해와 나눈 정분을 혼자서 생각하며
별처럼 하늘가에서 또 다시 필 민들레.

자유시와 시조형의 차이는 마지막 연에서 두드러지게 나타난다. 원래 자유시 편에 있는 3연의 셋째 3행에서 전체 조화미가 깨진다. 그것을 수정하여, 위와 같이 바꾸면 시조형의 완결미가 나타난다. 원래 유명한 이 자유시편이 시조로 다시 태어나면, 그 애송성이 더욱 높아져, 현대 시조사에 남을 명시조 편이 될 수 있다. 이처럼 자유시편보다 시조형에 높은 애송성이 있다.

3-6. 산문시에 내재한 시조형

산문처럼 줄글로 된 산문시는 행과 연이 구분되지 않는다. 행들이 없으니 외형률 대신에 내재율이 있다. 그 존재 여부가 산문과 산문시의 차이점이다.

따라서 내재율이란 형식적 존재가 아니라 내용상의 특징이다. 즉 유사한 정서나 기법이 반복되는 내용상의 율동성이다.[78)]

다음 백석의 「南新義州 柳洞 朴時逢方」은 연 구분 없이 33행으로 구성된 산문시이다. 그 속에 있는 시행들은 산문처럼 문장·절로 구분되었다. 즉 33행과 28절로 구성되었다. 28행이 모두 절과 일치한다.

이 시편을 5문장(//)과 33행(/)이 분명히 드러나도록, 필자가 다음과 같이 마디 단위로 재구성했다. 특히 ⑤마디엔 9절(1-9)이 있다.

① 어느 사이에 나는 아내도 없고,/ 아내와 같이 살던 집도 없어지고/ 그리고 살뜰한 부모며 동생들과도 멀리 떨어져서,/ 그 어느 바람 세인 쓸쓸한 거리 끝에 헤메이었다.//

② 바로 날도 저물어서/ 바람은 더욱 세게 불고, 추위는 점점 더해오는데,/ 나는 어느 木手네 집 헌 삿을 깐,/ 한 방에 들어서 쥔을 붙이었다.//

③ 이리하여 나는 이 습내 나는 춥고, 누긋한 방에서,/ 낮이나 밤이나 나는 나 혼자도 너무 많은 것 같이 생각하며, / 딜옹백이에 북덕불이라도 담겨오면,/ 이것을 안고 손을 쬐며 재위에 뜻없이 글자를 쓰기도 하며, / 또 문 밖에 나가지도 않고 자리에 누워서,/ 머리에 손깍지 베게를 하고 굴기도 하면서,/ 나는 내 슬픔이며 어리석음이며를 소처럼 연하여 쌔김질을 하는 것이었다.//

④ 내 가슴이 꽉 메어올 적이며,/ 내 눈에 뜨거운 것이 핑 괴일 적이며,/ 또 내 스스로 화끈 낯이 붉도록 부끄러울 적이며,/ 나는 내 슬픔과

---

78) 조지훈, 「시의 원리」, 『조지훈전집』 3, 일지사, 1974, 84-85쪽.

어리석음에 눌리어 죽을 수밖에 없는 것을 느끼는 것이었다.//
⑤ (1)그러나 잠시 뒤에 나는 고개를 들어,/ 허연 문창을 바라보든가 또 눈을 떠서 높은 천정을 쳐다보는 것인데,/ ⑤(2)이때 나는 내 뜻이며 힘으로, 나를 이끌어 가는 것이 힘든 일인 것을 생각하고,/ ⑤(3)이것들보다 더 크고, 높은 것이 있어서, 나를 마음대로 굴려가는 것을 생각하는 것인데,// ⑤(4)이렇게 하여 여러 날이 지나는 동안에,/ 내 어지러운 마음에는 슬픔이며, 한탄이며, 가라앉을 것은 차츰 앙금이 되어 가라앉고, // ⑤(5)외로운 생각만이 드는 때쯤 해서는, // 더러 나줏손에 쌀랑쌀랑 싸락눈이 와서 문창을 치기도 하는 때도 있는데,// ⑤(6)나는 이런 저녁에는 화로를 더욱 다가 끼며, 무릎을 꿇어보며,// ⑤(7)어느 먼 산 뒷옆에 바우섶에 따로 외로이 서서// ⑤(8)어두어 오는데 하이야니 눈을 맞을, 그 마른 잎새에는/ 쌀랑쌀랑 소리도 나며 눈을 맞을,// ⑤(9)그 드물다는 굳고 정한 갈매나무라는 나무를 생각하는 것이었다.//

이 시편은 총 33행 1연으로 구성되었다. 그 안에 5문장(.)과 많은 절들이 있다. 이 시편엔 대명사 같은 형식어들이 많이 반복된다. 예를 들면, 것(13회)과 어느(4)와 때(3)와 적(3) 등이 반복된다. 그런 시어들이 생략되면 이미저리나 의미의 마디들이 더 간결·분명하게 구분된다. 따라서 33행의 자유시가 24마디의 8연으로 구분되면, 다음과 같은 연시조형이 드러난다.

함께 살던 아내와 집도 다 없어지고,
살뜰한 부모와 동생들도 멀리 떨어져
쓸쓸한 거리 끝에서 나 홀로 헤맨다.//
해 지고 바람 세찬 날씨 더욱 추워져,
헌 삿을 깐 木手네 집에 붙어 지낸다.
춥지만 습내가 나는 느긋한 방이다.//
밤낮 홀로 너무 많은 생각에 잠겨

북덕불이 담긴 딜옹배기를 안고서
불 쬐며 재에 뜻 없이 글자를 쓴다.//
문밖에 나가지 않고 자리에 누어서,
머리에 손깍지 베개를 하고 뒹굴며
슬픔과 어리석음을 소처럼 새김질한다.//
가슴이 꽉 메며 눈에 핑 괴는 뜨거움
낯이 화끈 붉어지도록 스스로 부끄러워
슬픔과 어리석음으로 난 주눅이 들었다,//
고개 들어 흰 창문 높은 천정 쳐다보면,
내 뜻과 힘으로 나를 이끌기 힘이 드니
더 높은 곳에서 멋대로 나를 굴린단 생각.//
슬픔과 한탄으로 복잡한 마음이 갈앉아
차츰 앙금이 되어, 외롭게 지내는 동안
싸락눈 내리는 저녁 화로 끼고 앉는다.//
먼 산 뒤편 바위 섶에 나 홀로 서서
어둠 속에서 하얀 눈을 쌀랑쌀랑 맞는
굳고도 정한 갈매나무 잎들을 생각한다.//

대상을 묘사한 표현과 의미를 진술한 문장이 조화된 것이 이 시편의 특징이다. 그 속에 5문장이 있어 이것은 산문시에 속한다. 그 안에 있는 문장들을 이미저리와 의미의 성격이 분명한 24마디로 재구성되면, 애송성이 높은 연시조형이 드러난다.

다음 시편은 조지훈의 최후 작품이다. 유서로 쓴 긴 자유시로 시조와 무관하게 보인다. 하지만 그 속에 시조형이 숨어 있다.

① 어딜 가서 까맣게 소식을 끊고 지내다가도/ 내가 오래 시달리던 일손을 떼고 마악 안도의 숨을 돌리려고 할 때면/ 그때 자네는 어김없이 나를 찾아오네.//

② 자네는 언제나 우울한 방문객/ 어두운 음계를 밟으며 불길한 그림자를 이끌고 오지만/ 자네는 나의 오랜 친구이기에 나는 자네를/ 잊어버리고 있었던 그 동안을 뉘우치게 되네,/ 자네는 나에게 휴식을 권하고 생의 외경을 가르치네.//

③ 그러나 자네가 내 귀에 속삭이는 것은 마냥 허무/ 나는 지그시 눈을 감고, 자네의/ 그 나즉하고 무거운 음성을 듣는 것이 더 없이 흐뭇하네.//

④ 내 뜨거운 이마를 짚어 주는 자네의 손은 내 손보다 뜨겁네./
나는 자네에게서 젊은 날의 초췌한 내 모습을 보고/
좀더 성실하게 성실하게 하던/ 그날의 메아리를 듣는 것일세//

⑤ 생에의 집착과 미련은 없어도 이 생은 그지없이 아름답고/
지옥의 형벌이야 있다손 치더라도/
죽는 것 그다지 두렵지 않노라면/
자네는 몹시 화를 내었지/

⑥ 자네는 나의 정다운 벗, 그리고 내가 공경하는 친구/
자네가 무슨 말을 해도 나는 노하지 않네./
그렇지만 자네는 좀 이상한 성밀세//

⑦ 언짢은 표정이나 서운한 말, 뜻이 서로 맞지 않을 때는/
자네는 몇 달을 쉬지 않고 나를 설복하려 들다가도/
내가 가슴을 헤치고 자네에게 경도하면/
그때사 자네는 나를 뿌리치고 떠나가네.

– 조지훈, 「病에게」

이 시편엔 '것'이 13회 반복된다. 이것은 자체로 이미지가 없는 형식 명사이다. 이처럼 이미지 없는 '적'(3)과 '때'(3)와 '그'(3) 같은 단어들이 없어질수록 이미지리나 의미의 마디들이 분명해진다. 그 명확한 마디들이 아래와 같이 8수의 연시조와 일치된다. 따라서 시조와 무관해 보이는 자유시에 다음 연시조가 숨어 있다.

소식이 까맣게 끊겨 멀게만 지내다,
오래 시달린 일손을 떼고 안도하면
그제서 자넨 어김없이 날 찾아오네.

자네는 언제나 우울한 나의 방문객
어둡고 불길한 그림자 이끌고 오지만
자네를 잊고 지냄을 뉘우치며 반기네.

휴식과 생의 외경심 일깨우는 그 권고
내 귀엔 마냥 허무하게 들리는 속삭임
눈감고 자네 저음을 흐뭇하게 경청하네.3

내 이마를 짚는 자네 손은 더욱 뜨겁고
자네에게서 내 초췌했던 옛 모습 보며
청년기 성실을 다짐하던 메아리를 듣네.

집착 미련 없어도 생은 지극히 아름답고
지옥의 무서운 형벌이 있다고 하더라도
내 죽음 두렵지 않다면 자넨 몹시 화냈지

정다운 벗 공경해온 내 오랜 친구여,
자네가 무슨 말해도 난 노하지 않지만,
자네는 좀 이상스런 성미를 가졌다네.

서운한 언행으로 서로 뜻이 안 맞으면
몇 달이나 쉬지 않고 날 설복하려다가
내 마음 열고 경도하면 자넨 떠나가네.

자유시편들 속에 시조형이 많이 내재한다는 사실이 한국 독자층에 널리 알려지지 않았다. 하지만 자유시 편들의 시행들을 이미저리·의미의 마디들로 분명하게 구분할수록 시조형의 미적 가치가 나타나 애송성이 높아진다는 사실이 앞 시편들 분석으로 드러났다. 표현과 의미의 조화미가 훌륭한 시를 평가하는 기준이 된다.

그 기준에 따르면 명시와 훌륭한 시는 다르다. 그 예로 이상의 「오감도」나 김기림의 「기상도」는 유명하지만 애송성이 높은 훌륭한 시편들은 아니다. 신춘문예 당선된 유명한 시편들 중에도 지나치게 추상적이라 이미저리나 의미의 마디들이 잘 구분되지 않는 사이비 명작들도 많다. 애독성이 전혀 없는 신춘문예 당선작들이 지닌 문제점을, 필자가 이미 분명하게 밝혔다.[79)]

다음 조병화의 「어느 회신」은 51행(/)과 4연(//)으로 구성된 자유시이다.

> 요즘 읽을 만한 시가 있습니까./ 이렇게 자네가 물어왔지만/ 한 마디로 말해서 없습니다. 하겠지만/ 욕을 먹지 않으려면/ 더러는 있다고 하는 게 좋겠지요.//
> 요즘 시다운 시가 있습니까./ 이렇게 자네가 물어왔지만/ 내가 그래서 그런지/ 시대가 그래서 그런지/ 한 마디로 말해서 그리 없습니다, 하겠지만/ 건방지다는 말을 듣지 않으려면/ 더러는 있다고 하는 게 좋겠지요.//
> 요즘 어떤 시를 쓰고 계십니까./ 이렇게 자네가 물어왔지만/ 한 마디로 말해서 나를 쓰고 있습니다./ 한결같이 나를 쓰고 있습니다./ 운명이랄까, 숙명이랄까/ 나는 줄곧 내 그걸 쓰고 있습니다./ 나의 슬픔, 나의 고독, 나의 생애/ 쓸쓸한 그 인간을 쓰고 있습니다./ 다른 것엔 여유가 없습니다. 모르니까요/ 알려고도 하지 않습니다./ 관심도 없습니다./ 매사에 자신이 없습니다./ 솔직히 말해서/ 내게 자신이 있는 거란 절망뿐입니다. 비관뿐입니다./ 허망한 꿈이지요./ 아직은 자살도 못하고 살아

---

79) 민병기, 『신춘문예당선 우수시 100선』, 문예마당, 1998.

> 있는 인간/ 그걸 견디고 있노라면/ 먼 그 속에서 가늘게 솟아오르는/ 살려는 인간의 지혜/ 그것이 내 머리를 축여 줍니다./ 그것을 쓰고 있습니다./ 그 물줄길 쓰고 있습니다.//
>
> 요즘 저에게 주실 말씀이라도/ 이렇게 자네가 물어왔지만/ 한 마디로 말해서 그리 없습니다, 하겠지만/ 이렇게 말하면 야속타 하겠지/ 우선, 좋은 시를 쓸 겁니다./ 좋은 시를 쓰려면 시단을 떠나야 합니다./ 작당을 떠나야 합니다./ 유파를 떠나야 합니다./ 시세를 따르지 말아야 합니다./ 기웃거리지 말아야 합니다./ 눈치를 보지 말아야 합니다./ 모든 위장을 벗어 버려야 합니다./ 확고부동한 영원 고독, 그걸 사육하면서./ 자기 운명 같은 거/ 숙명 같은 거/ 그 지혜를 써야 합니다.
>
> – 조병화, 「어느 회신」

조 시인은 애제자에게 보낸 서간문에 가까운 자유시 편이다. 그 속에서 시인은 〈좋은 시〉와 〈자신의 시〉를 일치시켰다. 따라서 자신이 바로 좋은 시인이라는 긍지를 겸손하게 표현했다. 하지만 제자인 수신자와 발신자인 자신의 정체가 분명하게 드러날수록, 편지글에 가까워진다. 따라서 편지투의 표현들이 사라질수록 시에 가까워진다.

51행의 자유시편에서 편지투의 표현이 삭제되면, 아래 9마디의 시조형이 나타난다. 그 둘 중 어느 것이 외국어로 번역이 잘되고 애송성이 높을까. 전체 어휘들 분량이 4배 이상 많은 자유시 편엔 '지만'·'겠지'나 '습니다'와 '합니다' 같은 어미로 끝나는 시행들이나 '자네'와 '나' 같은 대명사가 자주 반복된다. 그런 편지투 표현들이 없어질수록 자유시가 시로 변한다.

자유시가 간결하게 다듬어질수록 시조형 명시가 될 수 있다. 그것이 위 51행 자유시편과 아래 9마디의 시조형을 비교하면 분명히 드러난다. 그 사실이 실제 분석을 통하여 더욱 많이 밝혀질수록 시적 진실이 된다.

읽을 만한 시편들이 아주 드문 이 시대
매사에 무관심한 난 오직 자신을 쓴다,
숙명적 고독과 비애가 담긴 시편들이다.

매사에 자신이 없지만 자살도 못하고
삶을 견디면 내심에 가늘게 솟는 생명수
머리속 축이는 지혜의 물줄기 받아 쓴다.

좋은 시를 쓰려면 유파나 시단을 떠나
눈치 살피지 않고 위장의 옷을 모두 벗고
영원한 고독 飼育하는 지혜를 써야 한다.

조 시인은 20세기 후반에 다작으로 유명한 시인이다. 그는 평론가들을 의식하지 않고, 독자들의 기호에 맞추어 평이한 시편들을 많이 발표했다. 비록 평론가나 연구자들의 주목을 받지 못했지만, 독자층의 반응이 좋아, 많은 시집을 출간한 행복한 시인이었다. 대중 시향적인 평이한 이 「어느 회신」을 대상으로 시조형의 가치를 검토하는 것은 부적절하다는 비판도 예상된다. 이를 극복하기 위해 문단에서 높은 평가를 받는 저명한 시인들 명시 편들이 검토될 필요가 있다. 그런 대상으로 황동규 시인의 산문 시편 「즐거운 편지」가 적절하다.

①내 그대를 생각함은 항상 그대가 앉아 있는 배경에서/ 해가 지고 바람이 부는 일처럼 사소한 일일 것이나/ 언젠가 그대가 한없이 괴로움 속을 헤매일 때에/ 오랫동안 전해 오던 그 사소함으로/ 그대를 불러 보리라.// ②진실로 진실로 내가 그대를 사랑하는 까닭은/ 내 나의 사랑을 한없이 잇닿은/ 그 기다림으로 바꾸어 버린 데 있었다.// ③밤이 들면서 골짜기엔 눈이 퍼붓기 시작했다.// ④내 사랑도 어디쯤에선 반드시 그칠 것을 믿는다.// ⑤다만 그때 내 기다림의 자세를 생각하는

것뿐이다.// ⑥그 동안에 눈이 그치고 꽃이 피어나고 낙엽이 떨어지고 / 또 눈이 퍼붓고 할 것을 믿는다.

– 황동규, 「즐거운 편지」

위 시편은 문시시라 시조와 무관해 보이지만, 그 속에 시조형이 숨어 있다. 정밀하게 살펴볼수록 그 사실이 드러난다. 이 시편엔 연이 구분되지 않았지만, 그 속에 절(/)과 문장(//)이 각각 6개씩 있다. 황 시인은 마침표로 문장을 확실하게 구분했지만, 절엔 꼭 쉼표를 치지 않았고 생략한 곳도 있다.

①부터 ⑥까지의 문장들은 마침표로 분명하게 구분되었다. 따라서 이 시편의 가독성은 높다. 가독성은 난해성은 반비례한다. 따라서 이 시편은 난해성을 극복한 산문시라는 장점이 있다. 더욱이 1인칭 화자인 '나'가 자주 등장하여, 서정시의 특성이 분명하게 드러난다.

그러나 ②문장에서만 '나'가 3회 반복된다. 이렇게 반복되는 시어들이 많다. 예를 들면 '나'(5회)와 그대(5)와 '것'(4)과 '그'(3)와 '때'(2)와 '일'(2) 등이다. 그 자체로 이미지가 없는 이것들은 분명한 마디구분에 방해가 된다. 이것들이 사라질수록 애독성이 높아지고 마디들 구분도 분명해진다. 그러면 문장 다섯으로 구성된 산문시편의 내용이 다음과 같은 3수 연시조형에 고스란히 담긴다.

등 뒤에서 부는 바람이나 지는 해처럼㉠
오랫동안 내 그대를 사소하게 생각해,㉡
한없이 괴로워하던 그대 이름을 부른다.㉢

그대 오랜 기다림으로 내 마음이 변해㉣

밤눈이 골짜기에 퍼붓기 시작하듯이㉠
내가 진실로 그대를 사랑하게 되었다.㉡

내 사랑도 눈처럼 언제 반드시 그치면㉢
그때 내 기다림의 자세를 상상할 뿐이니,㉡
그 동안 꽃피고 낙엽지고 눈도 퍼부으리.㉠

행과 연의 구분이 없는 산문시 1편에 숨은 3수의 연시조형이 위와 같이 나타난다. 전체가 의미 6마디와 이미저리 2마디와 혼합 1마디로 분명하게 나뉜다. 혼합마디란 이미저리·의미성이 복합된 성격이다. "언젠가 내 사랑도 눈처럼 반드시 그치면(㉢)"에서, 핵의미는 '사랑'이란 추상어이지만, 그것을 설명하는 서술부는 '눈처럼 그친다.'란 이미저리이다. 이처럼 추상적 의미와 구체적 이미지들이 결합된 것이 혼합마디의 특징이다.

3-7. 4음보율의 자유시 편들

시조 형식은 4음보율의 3시행이 기본이다. 이 음보 구분에서 단순한 낱글자 수나 어절(띄어쓰기 단위)보다 휴지부(休止部=√)가 더 중요하다. 그것이 음보의 기본 마디로 제일 중요하다.

① 그립다/ 말을 할까/ 하니 그리워/
② 그냥 갈까/ 그래도/ 다시 더 한 番/
③ 저 山에도 가마귀, 들에 가마귀,/
④ 西山에는 해 진다고/ 지저귑니다.

– 김소월, 「가는 길」 일부

모든 시편을 읽으려면 반듯이 휴지부(休止部=√)가 있다. 휴지부란 시의 의미가 잘 전달되도록 낭송자가 쉬었다 읽는 곳이다. ①마디에서 '하니√ 그리워'는 그 중간에 휴지부가 있어, 2음보로 읽힌다. 따라서 ①마디는 4음보율로 읽힌다.

②마디의 '다시 더√ 한 番'에도 중간에 휴지부가 있으니, 이것도 2음보로 읽힌다. 따라서 ②마디도 4음보율로 읽힌다. 더욱이 ④마디에서 '해√ 진다고'는 반드시 2음보로 읽힌다. 그것이 1음보로 읽히면, 의미가 달라진다. 이렇게 음보의 기본 단위로 어절이나 자수보다 휴지부가 중요시 되는 경우가 많다. 그 사실이 위 인용시로 분명히 드러난다. 따라서 그것은 모두 다음과 같이 4음보율로 읽힌다.

① 그립다√ 말을 할까√ 하니√ 그리워√
② 그냥 갈까√ 그래도√ 다시 더√ 한 番√
③ 저√ 山에도√ 까마귀,√ 들에 까마귀,√
④ 西山에는√ 해√ 진다고√ 지저귑니다.

김소월의 시집 『진달래꽃』엔 자유시 127편이 수록되어 있다. 이 중에 풀싸기」·「바다」·「봄밤」·「쑴숟 그 옛날」·「쑴으로 오는 한 사람」·「눈오는 저녁」·「紫朱구름」·「닭소래」·「자나깨나 안즈나서나」·「맘켱기는날」·「하눌씃」·「제비」·「万里城」·「樹芽」·「어버이」·「女子의냄새」·「半달」·「옛낫」·「깁피밋든心誠」·「쑴」·「눈」·「깁고 깁픈언약」·「붉은潮水」·「남의나라쌍」·「生과 死」·「귀뚜람이」·「月色」·「우리집」·「엄숙」·「밧고랑우헤서」·「씃燭불켜는밤」·「엄마야 누나야」·「니젓든맘」에선 모두 4음보율이 정확하게 지켜졌다.

또 「님에게」·「담배」·「후살이」·「몹쓸쑴」·「맛나려는心思」·「紙鳶」·

「셔름의덩이」·「저녁때」·「黙念」·「무덤」·「비난수하는맘」 등의 기본 율격이 4음보율이다.

소월의 시집에 4음보율이 기본인 자유시 71편이 있다. 이는 시집 전체의 58%를 차지하는 비중이다. 소월이 3음보율의 대표적인 시인으로 알려졌지만, 그는 실제 4음보율을 더 많이 활용했다. 따라서 그는 시조 율격을 자유시에 활용한 전통적이 서정 시인에 속한다.

김동환의 시집 「국경의 밤」엔 장시와 함께 자유시 14편이 수록되어 있다. 그것들 중엔 「先驅者」와 「漂泊」엔 4음보율이 정확하게 지켜졌다. 또 「北靑 물장사」·「눈이 내리느니」·「물결」·「放火犯」·「삶을 따라 갔더니」·「哭廢墟」·「손님」·「울 수도 없거든」·「朱英의 告白」 등엔 4음보율이 기본을 이룬다.

『정지용 시집』에 87개 시편들이 수록 되어 있다. 그 중에 「海峽」·「湖水 2」·「겨울」·「風浪夢 2」·「바다 2」·「띄」·「산넘어 저쪽」·「홍시」·「병」 등 9편이 4음보율의 시에 속한다. 또 4음보율이 기본인 것이 45편이다.[80] 이렇게 그의 첫 시집 중에 4음보율 기본인 것이 전체의 62%를 차지한다. 또 그의 시집 『백록담』에 수록된 「毘盧峯」·「九城洞」·「朝餐」·「붉은 손」·「꽃과 벗」·「船醉」·「流線哀傷」·「별」 등의 기본 율격이 4음보율이다.[81]

---

80) 이에 속하는 자유시로 「바다 9」·「毘盧峯」·「紅疫」·「時計를 죽임」·「바람」·「琉璃窓 1」·「다시 海峽」·「地圖」·「歸路」·「五月消息」·「이른봄 아침」·「鴨川」·「柘榴」·「發熱」·「鄕愁」·「카페·프란스」·「슬픈 印象畵」·「조약돌」·「피리」·「뻣나무 열매」·「엽서에 쓴 글」·「船醉」·슬픈 汽車」·「幌馬車」·「새빩안 機關車」·「湖水 1」·「달」·「말 1」·「말 2」·「바다 1」·「바다 3」·「바다 4」·「갈메기」·「지는 해」·「三月 삼짇날」·「산소」·「별똥」·「汽車」·「내 맘에 맞는 이」·「비듥이」·「不死鳥」·「나무」·「그의 반」, 「다른 한울」·「또 하나 다른 太陽」 등이다.

81) 정지용·『백록담』, 문장사, 1941.

김영랑의 시집에도 4음보율이 기본인 시편들이 많다.[82] 그의 자유시 편들엔 시조처럼 제목이 없고 일련번호만이 있다. 조동일은 김영랑을 전통적인 3음보격을 계승한 시인으로 보았다.[83] 하지만 3음보율이 확실한 영랑의 시편은 4편뿐이다. 반면 4음보율이 정확하게 지켜진 것은 12편이다.[84] 또 4음보율이 변형된 17편이 있다.[85] 4음보율이 확실한 영랑의 시편들은 다음과 같다.

님두시고√ 가는길의√ 애끈한√ 마음이여√
한숨쉬면√ 꺼질듯한√ 조매로운√ 꿈길이여√
이밤은√ 캄캄한√ 어느뉘√ 시골인가√
이슬가치√ 고힌눈물을√ 손끗으로√ 깨치나니√

-「10」 전문[86]

그색시√ 서럽다√ 그얼골√ 그동자가√
가을하늘가에√ 도는√ 바람슷긴√ 구름조각√
핼슥하고√ 서느라워√ 어대로√ 떠갓스랴√
그색시√ 서럽다√ 옛날의√ 옛날의√

-「19」 전문[87]

---

82) 김영랑·『영랑시집』, 시문학사, 1935, 문학사상사 영인본.

83) 조동일, 앞 논문, 128-139쪽.

84) 「쓸쓸한 뫼아페」·「님두시고 가는길의」·「허리띄 매는」·「풀우에 매져지는」·「그색시 서럽다」·「뻐온 가슴을」·「미움이란 말속에」·「밤이면 고총아래」·「저 곡조만」·「빠른 철로에」·「제운밤 촛불이」·「내옛날 온꿈」 등이다.

85) 이에 속하는 그의 자유시 첫 대목은 다음과 같다. 「어덕에 바로누어」·「눈물에 실려가면」·「구비진 돌담을」·「좁은길가에 무덤이」·「밤ㅅ사람 그립고야」·「떠날러가는 마음의」·「뷘 포케트에」·「어덕에 누어」·「왼몸을 감도는」·「바람따라 가지오고」·「모란이 피기까지는」·「降仙台 돌바람 끝에」·「사개틀닌 古風의」·「마당앞 맑은새암을」·「황홀한 달빛」·「울어 피를 밷고」·「호르 호르르」이다.

86) 김영랑, 『永郎詩集』, 시문학사, 1935, 앞 책.

위 시편들에서 어절이나 글자 수보다 낭송시 휴지소를 기준으로 필자는 음보의 마디들을 구분했다. 당시 영랑처럼 4음보 율격을 지닌 자유시 편들을 발표한 시인들이 많다. 이 사실은 20세기 전기에 시조의 영향을 많이 받으며, 시인들이 자유시편들을 많이 쓴 사실이 분명히 드러난다.

3-8. 시조형이 애송되는 이유

개화기인 1910년대에 노래인 옛시조가 신시조나 글시조로 확실하게 분화·발전하지 못했다. 그래서 시조가 노래란 뜻과 글시조란 뜻으로 확실하게 구분되지 않고 사용되었다. 그 대신에 1920년대 낭만주의시와 1930년대 모더니즘시가 시단의 핵심어가 되었다. 낭만적 경향의 자유시 편들이 낭만주의시로 불리었고, 서구 지향적 현대 자유시 편들이 모더니즘시라고 쓰였다. 이렇게 자유시의 준말로 시란 말이 사용되었다. 이런 현상은 개화기부터 시조가 현대시에서 제외된 것이 그 결정적 요인이 되었다. 이후 악화가 양화를 구축한 그 현상은 지속되었다.

더욱이 시조의 높은 애창·애송성이 현대시의 애독성으로 계승되지 못했다. 애송·애창성의 근본은 애독성이요, 애독성은 가독성에서 생긴다. 가독성이 없는 것이 추상적 난해시요 무의미시이다. 무의미한 시편들을 옹호한 것이 대여 김춘수의 「무의미 시론」이다. 가독성이 없는 무의미한 시편들의 미적 가치를 논리화시킨 「무의미 시론」의 영향으로, 현대시에서 애송성이 사라지는 현상이 심화되었다.

20세기 중반부터 우리 시단에서 난해한 자유시 편들이 주류를 이루

87) 김영랑, 앞의 책.

어, 애독성이 높은 시조가 퇴조했다. 하지만 애송성이 높은 시조형에 내재한 자유시 편들이 많이 발표되었다. 구체적으로 지적하면 신석정과 청마와 미당과 지훈과 목월 그리고 박용래와 천상병 등 저명한 시인들이 모두 시조형이 내재한 명시 편들을 많이 발표했다.

더욱이 그 시조형에 이미저리와 의미의 마디들이 조화를 이루고 있어 독자층의 애독성이 높다는 사실도 전혀 알려지지 않았다. 그 시조형의 구조적 특징을 밝히는 것이 명시 편들의 생산과 소비에 관한 연구이다. 그런 사회적 가치가 높은 연구가 이루어질수록 자유시 대신에 시조가 현대시의 대명사가 될 수 있다. 그러면 시조가 국민시로 부활하여, 일본의 하이쿠보다 우리 민족시가 세계적으로 더욱 주목을 받을 수 있다.

현대 단시 편들을 비롯해, 산문시나 장시에도 시조형이 많이 내재되었다. 산문에서 문단 구분이 모호할수록 악문이 된다. 반대로 전체 문단들이 논리정연하게 구성될수록 명문이 된다. 운문에서도 행을 구분하는 기준이 분명한 마디 개념이 필요하다.

유명한 명시 편일수록 그 속에 핵이미지·의미를 중심으로 마디들이 분명하게 구분된 시조형이 있다. 따라서 시행들이 혼란스럽게 구분된 자유시 편들보다 마디들이 분명하게 구분된 시조형의 애독성이 높다. 또 그 시조형이 외국어로 번역도 잘 된다. 이런 시조형의 미적 가치가 밝혀지면, 앞으로 시조가 국민시로 부활할 수 있다.

모든 마디들에 동일한 핵이미지가 존재하면, 그것이 시 전체의 핵이미지가 된다. 그 이미지가 시의 객관적 상관물이다. 그 존재가 확실할수록 시의 주제의식도 선명해진다. 따라서 좋은 시편을 평가하는 확실한 기준이 단일한 핵이미지의 존재이다.

애매성이 시적 표현미의 한 특징이 될 수는 있지만, 시론의 내용은 분명할수록 좋다. 한국 현대시의 미학적 특징을 밝히려면, 시조형 시론이 분명하게 확립될 필요가 있다. 그러면 자유시 대신에 시조가 시의 대명사가 되고, 나아가 시조의 국민문학 시대가 열릴 수 있다.

4. 현대 시조의 다양한 주제의식

개화기에 시조를 노래로 인식한 육당의 고정관념이 현대시에서 시조가 분리된 발단이 되었다. 이후 자유시의 대명사가 시가 되었다. 예를 들면, 낭만시는 낭만주의 자유시란 뜻이고, 프로시는 프로레타리아 자유시란 의미이다. 이렇게 자유시의 준말로 시가 사용되었다.

시단도 시 · 시조로 양분되었다. 그러나 시가 자유시란 뜻으로 사용되는 것은 장르상 모순이다. 그 영향으로 현대시 연구자들은 시조를 고대시가로 인식하는 경향이 있다. 더욱이 고전연구자들은 현대에 쓰였다는 이유로 시조를 외면한다. 따라서 고전 · 현대 양분에서 시조 연구가 소외되는 현상이 나타났다.

현대시 연구자들이 우리 전통시를 외면하고, 서구 시론의 관점에서 한글시를 연구한다면, 궁극적으로 한글시의 장점들은 사라질 수밖에 없다. 이는 민족시인 시조가 쇠퇴하는 원인이 되었다. 시조를 구시대의 노래로 인식하여, 현대화를 외면한 현상은 일본 유학파들의 오류였다.

그들이 서구화만이 우리 시가 발전하는 지름길이라고 판단하여, 추상적 표현미의 개성화에 지나치게 집착했다. 이후 그 영향으로 현대시 경향이 더욱 난해해졌다. 따라서 현대시에서 서정적 감동력과 애독성이 소멸하는 경향이 나타났다. 육당에서 시작된 이후 일본 유학파들로 인해 고착 심화되었다. 하지만 과거 지향적인 고정관념을 탈피하지 못해, 지금도 시조의 퇴조가 시문학 진화의 자연스런 과정이라는 주장도 가능하다.

시조의 형식적 제약과 단조로운 기교에 반발하여, 현대적 감수성과 다양한 주제의식을 수용하려는 시대적 요청에 따라, 자유시가 등장하여 자연스럽게 현대시의 중심을 차지했다는 주장이다. 하지만 현대시조의 주제는 자유시와 구별되지 않는다. 시조의 주제나 내용이 제한적이고 단조롭다는 인식이 바로 고정관념의 오류에 속한다. 그 오류를 반증(反證)하기 위해, 현대시조의 주제의식을 구체적으로 다음과 같이 분석·제시할 필요가 있다.

> 의붓어미 그늘에서 풀물 든 설움이야
> 떫은 보릿고개 도토리랑 삼켰다마는
>
> 民籍에
> 퍼렇게 앉은
> 식민의 피는 못 지웠다.
>
> —박재두, 「쑥물 드는 신록」 첫 수

초장 '의붓어미'는 개인보다 민족적 의미를 띠고 있다. 다음에 이어지는 '식민의 피'가 이를 뒷받침해 준다. 그러니 "의붓어미 그늘"은 일제의 지배를 의미한다. 그 식민지 통치에서 비롯된 우리 민족의 비극성을 강조하려고 박 시인은 '의붓어미 그늘'(일제 지배)을 이 시편의 맨 앞에다 강조했다.

또 '풀물 든 설움'이나 '보릿고개 도토리'는 당시 극빈한 굶주림을 의미한다. 농촌에서 식량이 떨어지면 풀뿌리를 캐먹거나 도토리를 주워

먹는다. 식량이 동나는 고비가 바로 보릿고개이다. 그 허기(虛飢)의 절정기 '설움'을 '삼켰다'는 것은 견딜만했다. 그러나 못견딘 사연이 종장에 나온다.

종장 '民籍에/ 퍼렇게 앉은/ 식민의 피'는 일제시대 호적에 기록된 창씨개명된 부친의 이름을 의미한다. 박재두 부친의 개명된 이름이 지워진 흔적이 호적에 남아있는 사실을 김동열이 밝혔다.[88] 이 체험적인 표현에 담긴 상징적 의미는 매우 크다. '피'의 내포적 의미는 희생이다. 일제 탄압으로 받은 우리 민족의 정신적 피해를 '못 지웠다'라고 표현했다. 정신적 상처는 보릿고개의 배고픔보다 더 치유하기 힘들다는 뜻이다. 이는 일제의 물질적 약탈보다 우리 민족의 정신적 상처와 민족문화의 손실이 훨씬 심각함을 뜻한다.

뼈마디 물러앉고도 못 벗은 징용살이
동자 깊이 박고 간 황토빛 타는 산천

풀꾹새
뭉개진 울음
쑥빛으로 물드나.

―「쑥물 드는 신록」 둘째 수

둘째 수 초장 "뼈마디 물러앉고도 못 벗은 징용살이"에 담긴 뜻이 깊다. 2차 대전 중에 일제에 의해 강제로 동원된 것이 징용이다. 당시 젊은이들이 징용에 끌려가 죽거나 아니면 동물 취급당하며, 전쟁이 끝날 때까지 강제로 노역을 했다. 징용살이보다 더한 것이 중장의 "동자 깊이 박고 간 황토빛 타는 산천"이다.

---

88) 김동열, 「운초 박재두 시조 연구」, 창원대학교 대학원 박사학위 논문, 2005.2.

여기서 일제에 의한 징용살이보다 더 고통스러워, 화자가 잊을 수 없는 것이 '황토빛이다. 그 빛은 단풍 같은 아름다운 붉은 빛이 결코 아니다. 그것은 핏빛 같은 붉은 빛이다. 즉 "황토빛 타는 산천"은 "핏빛으로 타는 산천" 즉 "피로 물들 산하"를 의미한다. 따라서 중장의 의미는 수많은 청년들의 선혈(鮮血)로 물들었던 6·25의 처참한 광경을 죽을 때까지 잊을 수 없다는 뜻이다. 이렇게 보면 그 의미가 다음 종장과 잘 연결된다.

"풀꾹새/ 뭉개진 울음/ 쑥빛으로 물드나."에서 '풀꾹새'는 '뻐꾹새'의 속어이다. 그것은 단순한 뻐꾸기 울음소리가 아니다. 중장의 의미가 종장으로 이어지니, 전쟁 중에 죽은 병사들의 원혼을 상징한다. 무수한 병사들의 비극적 죽음이 '뭉개진 울음'에 반영되어 있다. '쑥빛'은 잘 지워지지 않는다. '쑥물이 든 울음'은 영영 잊을 수 없는 슬픔을 뜻한다. 전쟁의 피해와 후유증이 오래감을, 박 시인은 '쑥물'로 강조했다. 그 영원성을 '동자 깊이 박고 간'으로 박 시인은 표현했다. 풀물이나 쑥물처럼 지워지지 않는 속성을 내세워 전쟁의 상처가 쉽게 치유될 수 없음을 강조했다. 뻐꾸기 울음 같은 흔한 새소리로 전쟁이 우리 민족 전체의 국민적 수난임을 강조했다.

시인은 단시조 두 수에 20세기 한국인들이 겪은 양대 전쟁의 비극을 반영했다. 그의 시적 성공은 전쟁의 참상을 직설적으로 표현하지 않은 점에서 돋보인다. 식민지 수탈과 탄압정책이나 양대 전쟁의 수난을 직설적으로 표현하지 않은 것이 이 시편의 장점이다. 그 희생의 슬픔을 '황토빛 타는 산천'과 '풀꾹새/ 뭉개진 울음'처럼 상징적으로 표현한 점에서 시의 우수성이 돋보인다. 한국인들이 겪은 양대 전쟁의 비극적 희생을 시조 2수에 반영한 시인의 현대 사회적 주제의식이 탁월하다.

상징적으로 표현된 보편적 주제 의식과 시인의 독창적 표현이 조화를 이룬 것이 이 시편의 장점이다. 즉 20세기 전기 한국 청년들이 겪은 비극적 희생이란 사회적인 주제와 박 시인 특유의 기발한 표현이 잘 조화된 점에서, 이 시조는 현대시로 보기 드문 절창이다. 그처럼 좋은 시편이 발표될 당시 현대시 비평가들의 주목을 받지 못했다.

시조에 대한 시문학 평론가나 연구자들의 관심 부족으로, 한국인들에게 널리 애송되어야 마땅한 이 시편이 시단이나 현대시 연구자들의 큰 주목을 받지 못했다. 하지만 앞으로 이 시편이 한국 현대사의 비극을 다룬 대표작으로 많이 연구되기를 기대하며, 필자는 이 책에 다시 분석하여 재수록 했다.

국가나 사회의 문제도 시의 주제로 중요하지만 개인의 서정성도 또한 중요하다. 서정 명시조 편으로 서벌의 다음 「서울 1」이 유명하다.

내 오늘
서울에 와
萬坪 寂漠을 산(買)다

안개처럼
가랑비처럼
흩고 막 뿌릴까부다.

바닥난
호주머니엔
주고 간 벗의 名啣…

– 서벌, 「서울 1」

위 시편의 화자는 "내 오늘/ 서울에 와" 있는 여행객이다. 그의 가슴에 가득찬 적막감을, 시인이 '만평'이라는 공간 이미지로 구체화시킨 표현이 참신하다. 객지에서 느끼는 화자의 외롭고 쓸쓸한 심정이 잘 담긴 그 첫 연이 독자들을 매료시키는 충분한 표현이다. '정막을 산다'는 표현에서 고독 자체를 즐기는 화자의 선비정신이 은은하게 드러난다.

화자의 외로운 심정은 중장에서 더욱 고조된다. 그 적막감을 "안개처럼" 흩어지고, "가랑비처럼" 뿌려져, 사방으로 점점 확대된다. 즉 고독감을 '만평(萬坪)'이나 '안개'나 '가랑비'라는 구체적 이미지들로 참신하게 시각화시킨 시인의 표현력이 탁월하다. 정막이라는 원개념이 참신한 사물들의 이미지들로 발전시킨 시인의 표현미가 더욱 빛난다.

중장과 종장 사이에 많은 비약이 있어, 시의 구조미가 한결 살아난다. 비록 상황 설명은 행간에 생략되었지만, 숨은 의미를 독자들이 유추할 수 있다. 화자는 외로움을 달래려 친구들을 찾아간다. 그들의 술이나 식사 대접을, 화자는 은근히 기대했다. 하지만 그들은 비정하게 단지 명함만 건넨다. 냉정한 거절의 뜻이 담긴 명함의 이미지로, 화자의 외로움은 더욱 심화된다.

서울 거리를 방황하는 빈털터리 화자를 내세워, 시인은 현대인의 고독을 잘 표현했다. 화자의 외로움은 1연에서 시각화되고, 2연에서 확대되고, 3연에서 심화된다. 이처럼 도시의 비정함과 현대인의 고독감이 구체적 이미지로 간결하게 사실적으로 묘사된 것이 이 시조편의 특징이며 장점이다.

20세기 우리 민족사의 비극이란 사회적인 문제가 시조 「쑥물 드는 신록」의 주제이다. 그것과 대조적으로 서울에서 방황하는 화자의 외로운 심정이 담긴 서정 시조가 「서울 1」이다. 이렇게 서정적인 것과 대조적으로 현대 한국 민족사의 비극을 다룬 사회적 주제의식이 반영된 시조 편들도 있다. 따라서 시조의 쇠퇴 원인이 주제의 단조로움에 있지 않다는 사실이 이 시편들로 확실하게 드러난다.

다음으로 시조 형식의 제약성으로 시조가 퇴조했다는 문제가 있다. 시조 형식의 기본은 3장 구조이다. 3장 구조의 형식론은 구수·음보·자수론 셋으로 구분된다. 시조 한 장을 구성하는 기본단위를 2구로 보면 구수론이요, 4음보로 보면 음보론이요, 15자 정도로 보면 자수론이다. 하지만 그 셋의 기본단위가 확실하지 않다. 즉 한 장을 이루는 자수·음보·구수를 이루는 기본단위가 모호하다.

2구는 4음보와 일치하니, 2구수율은 4음보율로 통합될 수 있다. 한 장을 4음보율로 보는 음보론과 종장 자수율이 결합된 것이 시조 형식론의 일반적 개념이다. 따라서 시조 형식은 4음보율의 3장과 종장 자수율이다. 하지만 시조의 자수와 구수과 음보의 기본단위 기준이 모두 분명하지 않다. 따라서 시조의 형식론 셋은 모두 유동적이다. 그 때문에 동일한 내용이 자유시나 시조에 담길 수 있고, 또 그 양자 중에 어느 하나로 구분되기 어려운 「문둥이」 같은 시편들도 있다.

앞에서 많은 자유시 편들을 분석해, 필자는 그 속에 내재한 시조형의 존재 가치를 지적했다. 그 존재는 시·시조의 양분법이 모순임을 반증하는 객관적 자료가 된다. 필자가 많은 자유시 편들을 분석하는 과정에서, 저명한 시인들이 쓴 명시 편일수록 그 속에 시조형에 속한다는 사실이 드러났다. 더욱이 그 시조형들이 원래 자유시 편들보다 애송성이 높다는 사실도 밝혀졌다. 시조형의 가치가 드러날수록 시와 시조의 통합으로 이어져 현대시 발전의 밝은 미래가 열린다. 시조형과 시조의 통합은 우리 민족시인 시조가 현대에 부활하는 결정적 계기가 될 수 있다.

앞에서 제시한 시조형들이 외국어로 번역되어 해외에 시조로 널리 알려지면, 일본의 하이쿠보다 애송성이 더 높아질 수 있다. 그 이유는 시조형의 특징인 4음보율의 장점에 있다. 하이쿠의 엄격한 자수율보다 융통성이 많은 시조형의 음보율이 현대인의 감수성에 더 적합하다. 그 근거는 음소문자인 한글이 음절(음수)문자인 일본어 보다 우수한 점이다. 달리 표현하면 복잡미묘한 현대인의 감정을 표출하기에 음절문자보다 음소문자가 더 효과적이라는 것이 그 근거이다.

2장
현대 시인론

1. 시조를 현대화한 노산 이은상

20세기 한국 문단에서 자유시를 외면하고 시조만을 써서 유명해진 시조시인은 적다. 많지 않은 그중에 속하는 대표적인 시인이 노산 이은상(鷺山 李殷相: 1903-1982)이다. 그는 친일 행적이 없는데, 친일분자로 취급되어 사후에 불운한 시인이 되었다. 하지만 그는 반듯이 재평가 받을 가치가 많은 시인이다.

개화기 부유한 가정에서 성장한 노산은 창신학교 시절부터 일찍 민족의식을 자각하여, 우리 전통문학을 지키려 노력했다. 그는 시조를 현대화했고 국학연구에 앞장섰다. 이미 20대 초반부터 시조와 수필 등을 발표하며 일찍 명성을 얻었다, 이를 발판으로 폭넓은 사회 활동을 펼쳤다. 그는 문인으로 안주하지 않고, 국어학자·역사가·번역가·언론인·산악인 등 다양한 마스크를 지닌 인물이었다.

노산은 생시에 52권의 책을 출간했다.[1] 이를 분류하면 시집(시조집

---

1) 李殷相, 『朝鮮史話集』(삼국시대편), 한성도서, 1931.
　______, 『妙香山遊記』(기행문), 동아일보사, 1931.
　______, 『鷺山時調集』, 한성도서, 1932.
　______, 『路傍草』(수필), 창문사, 1935.
　______, 『無常』(수필), 한성도서, 1936.

______, 『耽羅紀行』, 조선일보사, 1937.
______, 『智異山』(기행), 조선일보사, 1938.
______, 『鷺山文選』, 영창서관, 1942.
______, 『李忠武公일대기』, 호남신문사, 1946.
______, 『大道論』(수필), 국학도서출판, 1947.
______, 『朝鮮史話集』(고려시대), 한성도서, 1949.
______, 『민족의 脈搏』(수필), 민족문화사, 1951.
______, 『爐邊筆談』(수필), 민족문화사, 1953.
______, 『三願堂散稿』, 대구일보사, 1954.
______, 『祖國江山』(시집), 민족문화사, 1955.
______, 『洛東江文化史論』, 부산일보사, 1955.11.
______, 『錦溪公魯認先生事蹟』, 咸平魯氏宗中, 1956.
______, 『鷺山時調選集』, 민족문화사, 1958.
______, 『鷺山詩文選』, 경문사, 1960.2.
______, 『李忠武公全書』 상·하(국역주해), 충무공기념사업회, 1960.
______, 『韓國史話野談全集』, 동국문화사, 1961.
______, 『師任堂의 생애와 예술』, 성문각, 1962.9.
______, 『피 어린 육 백 리』(기행문), 교육신문사, 1962.11.
______, 『鷺山文学選』, 탐구당, 1964.
______, 『國譯冶隱先生文集』, 고려서적, 1965.8.
______, 『一和 詩文選』(국역주해), 삼학사, 1965.11.
______, 『산 찾아 물 따라』(기행문), 박영사, 1966.8.
______, 『가을을 안고』(기행), 아인각, 1966.12.
______, 『師任堂과 栗谷』, 성문각, 1966.12.
______, 『亂中日記』(국역주해), 현암사, 1968.
______, 『國譯農圃先生文集』, 海州鄭氏宗中, 1969.3.
______, 『聖雄 李舜臣』, 횃불사, 1969.4.
______, 『짧은 일생을 영원한 조국에』, 횃불사, 1969.6.
______, 『푸른 하늘의 뜻은』(시조집), 금강출판사, 1970.8.
______, 『안중근의사 자서전』(註解), 안의사 숭모회, 1970.
______, 『나의 인생관』, 휘문출판사, 1971.
______, 『태양이 비치는 길로』 상·하, 삼중당, 1973.
______, 『민족의 향기』, 교학사, 1973.
______, 『祖國江山』, 횃불사, 1974.
______, 『歐美紀行』, 한국일보사, 1974.9.

포함) 7권과 수필집 18권, 문학선 3권, 역사와 전기류 15권, 번역서 6권, 중등 교과서 2권, 오페라 가사집 1권 등이다.

그는 수필집을 제일 많이 출간했지만, 시조로 높은 평가를 받았다. 이태극은 「시조의 사적 연구」에서 현대시조의 발전 과정을 5기(期)로 구분했다.[2] 그중 제3기와 4기의 분기점을 「鷺山時調集」이 출간된 해로 잡았다. 그가 현대시조사에서 한 획을 긋는 시조인으로 노산을 높이 평가했다.

더욱이 그의 시조가 노래로 널리 불려 대중화에 성공한 20세기 최초의 대시인이란 점이다.[3] 자연의 아름다움과 고향을 그리워하는 정을 담은 서정시조를 많이 발표해, 독자들의 좋은 반응을 얻었다. 그중에 가곡으로 널리 애창되는 대표적인 것이 「가고파」와 「고향 생각」과 「옛 동산에 올라」와 「성불사의 밤」과 「봄처녀」와 「금강에 살으리랏다」와 「장안사」 등이다.

현대에 널리 애창된 그의 시조 편들은 국민적 사랑을 받았다. 하지만 그 노래말이 시조라는 사실이 널리 알려지지 않았다. 만약 당시에 그 가사들이 모두 시조라는 사실이 많이 알려졌다면, 시조 대중화에 크게

______, 『佛陀聖地巡禮記』, 중앙일보사, 1974.6.
______, 『鷺山山行記』, 한국산악회, 1975.11.
______, 『鷺山時調選』, 삼중당, 1976.
______, 『韓國代表野談全集』, 선일문화사, 1977.
______, 『忠武公의 생애와 사상』, 삼성문화재단, 1975.
______, 『민족의 행진』, 광복절경축음악회, 1977.
______, 『민족운동총서』, 횃불사, 1979.
______, 『高興雙忠祠事蹟』, 민족문화협회, 1980.
______, 『祈願』(시조집), 경희대출판국, 1982.

2) 이태극, 『시조의 사적 연구』, 선명문화사, 1974, 308쪽.

3) 김윤식, 『한국근대작가론고』, 일지사, 1982, 95쪽.

기여할 수 있었다. 하지만 시로 알려졌지 시조로 알려지지 않았다.

시의 진정한 가치는 독자들의 사랑을 받으며, 그들의 가슴에서 감동의 파문으로 살아나는 데 있다. 이런 점에서 노산은 당연히 높은 평가를 받을 수 있는 훌륭한 시조인이다. 하지만 그에게 친일이란 꼬리표가 달려 현대시 연구자들에게 외면당하는 원이이 되었다.

또 그는 시조인들이 현대 시조를 쓰는 데에 크게 기여했다.[4] 시조 형식을 자유롭게 개혁하여, 현대시의 으뜸 장르로 발전시키려 노력했다. 시조의 정형인 3장의 틀을 깼다. 시조의 1장을 2-3행으로 짧게 처리했다. 자신이 이미 3장 3행으로 발표한 시조 편들을 모두 7행으로 바꾼 시조집을 출간했다.[5] 그는 시각적인 3장의 틀을 깼지만, 4음보의 마디를 살렸다.

이후 시조 1장을 1행으로 처리하지 않고, 그 행들을 짧게 구분하는 것이 시조계에 일반화되었다. 따라서 그는 3장이라는 시조 형식을 시각적으로 자유화시켰다. 4음보 마디를 지키면서, 시행들 5행이나 7행으로 자유화시켰다. 이렇게 그는 현대 시조의 행을 자유화시킨 시조인으로 높이 평가받는다.[6] 또 그는 3장 대신에 양장 시조 형식과 4장의 정형시[7]를 시도했지만 실패했다.

노산의 수필에 대한 독자 반응도 좋았다. 생존시에 사회 활동도 화려했다. 이러한 성과에 비해 그에 대한 연구는 상대적으로 저조하다. 빈약한 기존의 연구 현황을 살펴보면, 학위 논문의 경우 5편에 불과하다. 이는 1920년대 다른 시인들과 비교하면, 극히 저조한 편이다.

---

4) 백철, 「역사와 시」, 『노산의 인간과 문학』, 횃불사, 1982.

5) 이은상, 『노산 시조선』, 삼중당, 1976, 3-4쪽.

6) 이태극, 앞의 책, 81쪽.

7) 이은상, 「祖國江山」, 민족문화사, 1955.

한 장르에 대한 철저한 천착(穿鑿) 부족이 그 원인일 수 있다. 그는 전공 성격이 애매한 저서를 많이 냈다. 언론 등 사회 활동에 많이 참여하여, 단체장을 많이 맡았다. 오로지 문학의 길만을 가지 않은 것이 그에 대한 연구를 저조하게 만든 중요한 요인이 되었다.

더욱이 그가 시조만을 쓴 시인이란 점이다. 현대문학 연구·평론가들은 현대시조를 현대시에 포함시키지 않는 경향이 있다. 전통문화의 장점들을 외면한 것은 현대화의 오류에 속한다. 그런 경향은 서구의 것을 지나치게 추수(追隨)하여, 우리 고유문화의 장점을 외면한 그릇된 인식에서 비롯되었다. 六堂을 비롯한 일본 유학파들이 서구 문화를 너무 조급하게 수용하는 과정에서, 전통문화의 장점을 현대화시키는 데에 소홀했다. 이 때문에 시조인들에 대한 연구가 저조하다.

근거가 불확실한 친일설도 노산이 푸대접을 받는 원인이 되었다. 근거 없는 친일설의 연장에서, 그가 말년에 권력층과 유착한 것이 비판의 대상이 되었다. 고향인 마산과 창원 광역시에서도 노산이 푸대접을 받는다. 이는 지역발전을 위해 바람직하지 않다. 그런 악조건에서 그를 연구한 업적들은 다음과 같이 넷으로 분류된다.

첫째, 그의 초기 시조집을 평한 서평의 성격을 띤 평문들이다. 이것들은 인상평의 수준에 머물고 있다. 이에 속하는 대표적인 것이 피천득의 「노산 시조집을 읽고」[8]와 주요섭의 「이은상의 노산 시조집」[9] 등이다.

둘째, 기념 논문의 성격을 띤 업적들이다. 이것들은 『민족문화논총』과 그 재판인 『노산문학연구』[10]와 『노산의 문학과 인간』[11]에 수록된

8) 피천득, 『동아일보』, 1932.4.15.

9) 주요섭, 『신동아』, 1932.5.

10) 노산문학회편, 『노산문학연구』, 당현사, 1976.

논문들이다. 이들은 지나치게 찬양 일변도란 약점도 있다. 다양한 비평적 접근 방법이 시도되었지만, 노산에 대한 높은 관심에 비하면, 객관적 논거 제시가 부족하다.

셋째는 초기 시조만을 대상으로 밝힌 연구 성과들이다. 이에 속하는 대표적인 업적이 정재호[12]와 이해구[13] 등의 논문이다. 이들의 성과는 노산에 대한 비판적 시각도 수용하고 있어, 기념 논문집의 내용보다 비교적 객관적이다.

넷째, 노산의 모든 시조편들을 대상으로 연구한 학위 논문들이다. 박상곤은 노산 의 전작 시조편들의 특징을 밝혔다. 그의 시편들을 이루는 행과 연의 구성적 특징을 분석했다. 또 그 시편들에 나오는 어휘와 문체와 이미지들 그리고 수사법 등을 그는 면밀히 분석하였다.[14]

김복근은 역사주의 방법론적 시각으로 노산의 감옥 체험을 추적하여, 그의 친일설을 확실하게 부정했다. 또 노산 시편들의 변모상을 토대로, 그의 시조사적 의미를 밝힌 이 논문은 애송되는 노산 시조편들의 특징을 밝혔다. 따라서 현대 시조편들의 애송성을 향상시키는 데 기여할 수 있는 업적이다.[15]

기존의 노산 연구는 시조에만 치우쳐 있다. 그는 수필이나 자유시도 썼지만, 이에 대한 연구는 거의 이루어지지 않았다. 시조와 자유시보다 더 유명한 의 경계와 시와 수필이라는 두 장르의 벽을 넘나들며, 그의 주제의식이나 사상을 이해하려면, 그의 생애에 대한 검토도 필요

---

11) 노산문학회, 『노산의 문학과 인간』, 횃불사, 1982.
12) 정재호, 「노산 시조연구」, 『어문학』 17집, 1976.
13) 이해구, 「노산과 단가」, 『국어국문학』 통권 183호, 1970.
14) 박상곤, 「이은상 시조 연구」, 한국교원대 석사논문, 1983.
15) 김복근, 「이은상 시조 연구」, 창원대학교 석사학위 논문, 1998.

하다.

노산의 부친 남하 이승규는 독실한 기독교 신자로 부산 동래에 한의원을 개업하여 상당한 재산을 모았다. 그는 노산이 태어나던 해에 마산으로 이사했다. 마산에 살면서, 그는 단순한 한의사에 만족하지 않았다. 한의원으로 번 돈을 사회에 재투자하며, 교육과 종교 분야로 활동 범위를 넓혔다. 마산 최초의 교회인 마산교회와 창신학교를 설립했다. 이 학교는 마산 최초의 학교로 현대 교육의 효시가 되었다.[16)]

노산은 노비산에 있는 창신학교 초·고등과를 졸업했다.[17)] 이 산의 이름에서 음차(音借)하여 자신의 호로 삼았을 만큼 그는 고향을 사랑했다. 고등과 은사인 한학자 김영규에게서 노산은 한시를 배운 것이 후에 시조 창작에 밑거름이 되었다. 당시 유명한 환산 이윤재(桓山 李允宰) 선생에게서 국사 수업을 받아 이때부터 충무공에 큰 관심을 가졌다.

노산은 이 학교를 졸업한 후 바로 모교에서 약 2년간 교편을 잡았다. 교사 시절 그는 문학에 심취하여 시와 소설 등을 투고하였다. 이때가 그의 습작기에 해당된다. 그가 본격적으로 작품을 발표하기 시작한 것은 대학 시절이다. 1923년 연희전문학교(현 연세대) 문과에 진학한 뒤에 시·소설·수필 등 여러 장르의 글편들을 발표했다.

이 학교를 2년 만에 중퇴하고 일본 유학을 갔다. 와세다대 사학부에 진학하여 무애·횡보·나빈·손태진 등의 문인들과 사귀며 국학에 관심을 가졌다. 2년 만에 중퇴하고, 1927년부터 도쿄(東京)의 동양문고(東洋文庫)에서 국문학 연구에 몰두했다.

---

16) 마산문창교회 편, 『마산문창교회 85년사』, 1986, 21-31쪽.

17) 창신중·고등학교 편, 위 책, 293-299쪽.

일본인 주도의 국문학 연구에 반발하여, 국학을 우리 스스로 지켜야 한다는 민족적 긍지를 가지고 정진했다. 당시 그가 쓴 국문학 논문으로 「詩謠의 연구」[18]와 「時調單形芻議」[19] 「시조작법 강좌」[20] 등이 있다. 이것들은 국문학 연구가 일천하던 당시 선구적 업적이다. 연구와 병행하여 창작도 계속하며 시조의 대중화 운동에 앞장섰다. 우리 민족 시를 살리려는 노력의 결산이 그의 첫 시집 『노산시조집』이다.

1928년 6월부터 조선어사전 편찬위원으로 16개월간 일을 한 후, 1년간 『신생』지 편집장을 맡았다. 그 뒤에 1년간 이화여전 문과 교수를 지냈다. 이어 동아일보 기자로 3년간 근무했다. 1935년부터 2년간 조선일보 편집국 고문 겸 출판국 주간을 했다. 이때 일제의 언론 탄압이 극심해, 이에 반발하여 조선일보를 사임했다.

당시 그는 붓을 묻어버린다는 뜻으로 필총문(筆塚文)을 쓴 뒤 서울을 떠났다. 전남 광양의 백운산에 은신하며 이름도 '이보달'[21]로 바꾸었다. 은신 중에 옛 스승 환산과 서신을 교류한 것이 화근이 되어 은신처가 당국에 알려졌다. 그는 조선어학회 사건으로 일경에 검거되었다. 환산 이윤재·장지영·최현배·이희승 등과 함께 홍원경찰서와 함흥 감옥에 구금되었다. 당시 은사 환산은 심한 고문과 기아로 함흥 감옥에서 옥사했다.[22]

노산은 일경의 야만적 신문을 받은 뒤, 1년 만에 기소유예로 석방되었다. 출소 18개월 후인 1945년 1월에 사상 예비검속으로 광양유치장

18) 『東光』, 1926. 11.

19) 『동아일보』, 1928.4.18~25.

20) 『문예공론』, 1929.6.

21) 정재도, 『노산의 문학과 인간』, 횃불사, 1982, 541쪽.

22) 이홍직 편저, 『국사대사전 하』, 한국출판사, 1982, 1413쪽.

에 다시 구속되었다. 광복을 맞아 출소한 뒤 초대 호남신문사 사장을 지냈고, 동국대와 부산대 등 여러 대학에 출강했고, 많은 단체의 명예직을 맡았다.

그의 첫 수필집 『無常』은 5판이나 간행되었다.[23] 그의 출세작인 이 책은 독자층의 반응이 좋았다. 이를 계기로 그는 많은 저서를 중복 출간했다. 예를 들어 『노산문선』이나 『노산문학선』엔 수필과 시조와 자유시와 논문이 모두 수록되어 있다. 장르나 전공에 대한 명확한 구분이 없던 당시에 발간된 그것들엔 전공적 가치가 희박하다.

이런 다양한 참여로 그의 문학적 순수성이 훼손되었다. 그것이 사후에 친일혐의나 독재자 옹호라는 불명예로 이어졌다. 하지만 그는 당시 한국의 대표적인 명사로 정부나 단체의 요청에 따라 중요한 단체장을 많이 역임했다.[24] 생시에 노산은 다양하게 사회활동을 펼쳐 경력이 화려했다. 문학·역사·언론·교육 등 여러 분야에서 폭넓게 활동했다.

한 분야에 일관된 천착이 부족했다. 이 때문에 그는 시조로 얻은 명성을 끝까지 지키지 못한 아쉬움이 남는다. 또 독립운동사 편찬이나 항일투사의 기념사업이나 독립동지회 등의 회장이나 고문을 맡으며, 반일활동에 참여한 일도 빛을 잃었다. 오히려 근거 없이 친일분자로 비난까지 받는 불행한 원인이 되었다.

---

23) 출판 상황: 배재고보(35), 한성도서(36), 삼학사(65), 삼육출판(71), 삼중당(75).

24) 한국시조작가협회장과 민족문화협회장과 동방고서국역회장과 한국에스페란토어협회장과 충무공기념사업회장과 안중근의사숭모·신단재선생기념사업회장과 백범선생 탄신백주년축전 집행위원장과 독립운동사 편찬위원장과 독립동지·범독립운동자대회와 광복회의고문과 펜크럽 한국본부 고문과 동학혁명기념사업회 이사와 세종대왕기념사업·한글학회 이사와 예술원 회원과 성곡학술·숙명재단 이사장과 통일촉진회·국정 자문위원과 한국산악회장 등 50종이다.

1-1. 유랑의식과 허무감

노산은 방랑벽이 심한 인물이었다. 그의 방랑벽은 상실체험에서 비롯되었다. 그는 청년기에 아버지와 동생과 애인을 잃었다. 그 비통한 감정을 달래기 위해, 여행을 즐겼다. 고향에서 가까운 자연을 찾아다니며 위로를 받았다."[25] 개인적인 설움과 민족의 주권 상실이란 암울한 현실에서 벗어나기 위해 그가 택한 것이 방랑이었다.

어제 온 고깃배가 고향으로 간다 하기
소식을 전차하고 갯가으로 나갔더니
그 배는 멀리 떠가고 물만 출렁거리오

고개를 수그리니 모래 씻는 물결이요
배 뜬 곳 바라보니 구름만 뭉기뭉기
때 묻은 소매를 보니 고향 더욱 그립소

– 「고향생각」(1923)

첫 수에서 고향에 대한 그리움과 집에 돌아갈 수 없는 갈등의 심정을 '출렁이는 물결'의 이미지로 잘 표현했다. 물결은 첫 수와 둘째 수를 연결하는 이미지이다. 시조의 구조미(構造美)가 돋보이는 것은 둘째 수이다. 그 초장의 '물결'은 첫 수에 표현된 '향수의 간절함'을 이어받는 이미지이다. 다음 중장의 '구름'은 몸은 비록 못 가지만, 고향에 소식이라도 전하고 싶은 자유로운 왕래의 상징물이다.

여기서 '물결과 구름'은 고향에 돌아가고 싶은 간절함과 설렘을 강조하는 이미지이다. 또 이들은 향수의 간절함과 현실 초월의 의미를

---

25) 李殷相, 「조국강산」, 민족문화사, 1954.7, 머리말.

머금고 있다. 더욱이 지상과 천상의 상징물로 대립되고 있어 짜임새가 돋보인다.

초장과 중장의 '물결'과 '구름'이라는 자연적 이미지가 종장에서 '때' 라는 인간적 이미지로 발전하는 대목에서, 시상을 전환시키는 그의 기발한 착상(conceit)이 돋보인다. 오래전에 집을 떠난 나그네 신세의 외롭고 고달픈 화자의 심정이 '때'라는 궁색한 이미지로 잘 나타난다. 인간의 영원한 정서인 여수의식(旅愁意識)을 잘 표현한 20세기 한국의 명시조로 이 시편은 유명하다.

노산은 자연 산수를 즐긴 시인이었다. 그가 한국의 명산 순례를 시작한 것은 일본에서 귀국한 직후이다. 이때부터 그는 금강산을 비롯하여 백두에서 한라에 이르기까지 한국의 명산 절경을 두루 찾아 다녔다. 그는 1930년대에 금강산을 무려 5번이나 등정했다. 그 아름다움에 심취해, 그는 유명한 금강시 108수를 발표했다. 다음 시조도 그 중에 한 편이다.

金剛에 살으리랏다 金剛에 살으리랏다
雲霧 데리고 金剛에 살으리랏다
紅塵에 썩은 名利야 아는 체나 하리오

이몸이 식어진 뒤에 魂이정녕 있을진대
魂이나마 길이길이 金剛에 살으리랏다
생전에 더럽힌 마음 明鏡같이 하고져

－「金剛에 살으리랏다」(1930)

이 시조에서 금강산은 화자의 현실 도피처요, 마음의 이상향이다. 그 속에서 도취하여 속세의 모든 욕망과 번뇌를 초월하고 싶은 화자의 마음이 투명하게 드러나 있다. 초월적 주제의식은 첫 수보다 둘째 수가 더 강렬하다. 현실을 벗어나 순수한 자연 속에서 마음의 안정을 찾고 싶은 의지와 열망이 강하게 반영되어 있다.

"홍진에 썩은 명리야 아는 체나 하리오"나 "생전에 더럽힌 마음" 등의 표현에 속세의 모든 가치를 부정하는 허무의식이 짙게 깔려 있다. "이 몸이 식어진 뒤에 혼이 정녕 있을진댄"에서 혼은 불교적 영생주의를 담고 있다. 이렇게 그의 시조에 인생무상의 감정이 반영되어 있다. 다음 시조 또한 이와 유사하다.

보리수 푸른 그늘 눈을 앗아가고
산접동 울음소리 귀마저 가져가고
앉은 양 없어진 나를 어느 누가 찾을고

받들자 관음전에 구슬픈 예불소리
그 소리 끊긴 뒤엔 중도 부처도 잠이 들고
깊은 밤 나와 달과 산접동 셋이 잠을 못든다.

–「보현사」

'보리수의 푸른 그늘'이나 '산접동 울음'과 같이 시각과 청각의 이미지를 초장과 중장에 대립시키며 공감각의 폭을 확대시켰다. 이로써 화자가 자연과 교감하며 합일되는 과정을 잘 표현했다. 달과 접동새와 화자가 하나로 일치되는 종장에서 일체감은 더욱 극대화된다. '없어진 나'의 의미는 불교의 공사상(空思想)이다. 이는 관음전 예불소리로 더욱 강화된다. 이렇게 그의 여수의식(旅愁意識)은 불교적 허무사상과 깊은 관계가 있다.

그의 시조에 자연과 인간이 교감하는 일체감을 표현한 시편들이 많다. 자연과 합일하는 교감 의식은 뒤에 국토 사랑과 조국애로 승화·발전한다.

1-2. 국토 사랑의 시심

노산은 민족의식이 강한 시인이었다. 그는 '우리 문화는 자기 몰각의 浮動文化'라고 비판하면서 '자기 발견, 자기 확립, 자기 확대의 문화를 짓자'라고 역설했다.[26] 그가 시조 창작에 관심을 가졌던 것도 이러한 주장과 일치한다. 그가 시조로 우리 국토나 민족에 대한 사랑을 지속적으로 노래한 것도 민족의식의 반영으로 이해된다.

> 운명의 발아래 너는 지금 짓밟히는데
> 버리고 어이 가랴 같이 안고 싸우리라
> 祖國아! 내 불타는 사랑 오직 너밖에 또 뉘게 주랴.
>
> –「조국아!」

이 시조는 한국전쟁 발발 시 쓴 작품이다. "운명의 발아래 너는 지금 짓밟히는데"라는 표현은 조국이 처한 비극적 상황을 암시한다. 그런 조국의 현실에서 국민 모두의 희생적 사랑이 필요함을 강조한 시편이다.

「고지가 바로 저긴데」나 「너라고 불러보는 조국아」 같은 시조도 이와 유사하다. 조국을 '너'라고 부르며 애국심을 간곡히 호소했다. 국토 사랑이 바로 조국애임을 잘 드러낸 것이 시조집 「조국강산」이다.

그는 이 시집을 세 번이나 간행할 만큼 큰 애착을 가졌다.[27] 이 속

26) 이은상, 『노산문학선』, 탐구당, 1964, 456쪽.

27) 초판은 54년에 민족문화사에서, 증보판은 횃불사에서 74년과 81년에 각각 출판

에 총 72편이 수록되어 있다. 그것들은 강산과 바다를 노래한 것으로 양분된다. 그중에 산을 노래한 것이 40편이다. 그 다음 강을 노래한 것이 21편이다. 기타 바다 노래(9편)과 강 노래(2편)이 있다. 이 시편들은 모두 독특한 형태를 지니고 있다.

묘향산√ 비로향로√ 높기도√ 할싸

구름도√ 제 못올라√ 허리√ 감돌고

서산이√ 노니시던√ 내원√ 솔밭엔

호독조√ 우는소리√ 애를√ 끊누나

-「妙香山」

위 시편은 1행이 3·4·5자이고 전체가 48자로 4행 시조에 속한다. 이 시조는 외형상 3음보율로 구성되었지만, 낭송 위주로 음보로 읽으면, 위와 같이 4음보율로 읽힌다. 즉 행들의 마지막 부분이 2음보로 읽힌다. 즉 '높기도√ 할싸', 허리√ 감돌고', '내원√ 솔밭엔', '애를√ 끊누나' 등과 같이 모두 2음보로 읽힌다. 4장 4음보 48자의 정형을 지니고 있으니, 이 편들은 시조의 변형이다. 따라서 이들은 자유시보다 시조형에 가깝다.

이 시에 나오는 묘향산은 웅장함과 아름다움을 겸비한 명산이다. 여기서 제일 높은 봉이 비로봉이요, 가장 아름다운 곳이 향로봉이다. 그 雄壯美에 도취한 서산대사는 말년을 여기서 보냈다. 그는 임란 당시 승병(僧兵)의 총수로 큰 공을 세운 뒤, 이곳에서 은거하다 생을 마쳤

되었다.

다. 그를 추모하기 위해, 목동의 넋이 환생한 호독조란 새가 비오는 날이면 구슬피 운다는 전설이 있다. 그 새를 노산은 시조에 등장시켜, 산의 아름다움과 민족애를 통합시켰다.

그는 이 책의 서문에서 '조국을 사랑하는 모든 동포 앞에 「조국의 찬송가」로 바친다.'고 썼다.[28] 한국전쟁으로 나라가 파괴된 직후에 쓴 시편들이라, 그 속에 조국강산과 민족에 대한 사랑이 강하게 담겨 있다. 당시 그는 시의 주제의식으로 개인적 서정성보다 민족의식을 더 중요시했다.

1976년에 간행된 『鷺山時調選』에서, 그는 기존 시편들에 있는 3행을 거의 7행으로 재구성했다. 5행이나 9행인 시편들도 있지만, 그 모든 종장들이 3행으로 짧게 처리되었다. 이렇게 시조의 3장 틀을 벗어난 자유로운 행 구성을 그는 주장·실천했다.[29] 이러한 그의 시도로 이후 시조계에서 짧은 시행들이 유행하게 되었다.

또 그는 2장이나 4장의 시조도 썼지만 성공을 거두지 못했다. 이러한 새로운 시도는 시조 현대화에 큰 자극이 되었다.

노산의 시조 현대화는 형식의 자유화에 머물지 않고, 현실적 주제의식으로 나타났다. 그는 한국전쟁으로 인한 민족의 엄청난 상처와 절망감을 극복하기 위해, 시조의 대중화를 꾀했다. 조국애를 강조한 시조편을 많이 발표했다. 단순하게 관념을 벗어나 현실의 절실한 문제를 시조에 반영시키려고 노력했다. 이런 노력은 후배 시조인들에게 큰 영향을 끼쳤다.

노산은 일제 강점기에 친일을 하지 않았는데, 자유당 정권과 손잡은

---

28) 이은상, 『조국강산』, 민족문화사, 1954, 5쪽.
29) 이은상, 『노산시조선』, 삼중당, 1976, 3-4쪽.

사실로 인해 친일을 했다는 오해를 많이 받았다. 이 때문에 그가 한국 현대시조를 발전시킨 선구자적 업적도 빛을 잃었다.

2. 현대시의 선구자 정지용

김윤식·김현의 『한국문학사』엔 1920년대 후기의 시단에서 기록할 만한 업적을 남긴 시인으로 제일 먼저 지용이 언급되었다.[30] 그런 평가의 관점은 20세기 후반까지 이어진다. 1962년 『사상계』가 마련한 「신문학 50년」을 평가하는 심포지엄에서, '고시가에서 신체시로 혁신한 육당(六堂)의 파천황(破天荒)에 필적할 만큼, 지용이 현대시를 획기적으로 개혁했다.'고 조지훈은 주장했다.[31]

더욱이 그 심포지엄 자리에서 유종호는 「현대시의 50년」이란 논문을 발표했다. 그 글에서 시적 기여도가 높아, 현대시의 아버지로 불릴 만큼, 지용은 한국현대시사에 남을 천재 시인'이라고 유종호는 극찬했다.[32] 지용 시의 출현이 현대시의 분기점이 된다는 주장이 그들의 공통된 논점이다.

해금(解禁) 이후 지용 연구의 성과물이 폭발적으로 많아졌다. 배호남은 2008년까지 지용을 연구한 석·박사 논문이 130여 편에 달한다고 지적하며, 전통성과 모더니티의 통합이 지용 시의 특징이라고 보았다.[33] 그는 관점과 달리 김재홍은 지용의 시적 특징을 전통성과 모더

30) 김윤식·김현, 『한국문학사』, 민음사. 1973, 202쪽.

31) 조지훈, 「현대시의 반성」, 『사상계』 107호, 1962.5, 302쪽.

32) 유종호, 「현대시의 50년」, 『사상계』, 1962.5.

니티의 길항관계로 파악했다.[34]

또 김정숙은 정지용의 시의식 근원을 유교 이념에서 찾으며, '지용을 반모더니스트'로 단정했다. '지용의 시정신이 자연을 바탕으로 한 유교 이념에 뿌리를 내리고 있다.'고 주장했다.[35] 이러한 사상론적 접근과 달리 기호학적 방법론을 적용한 대표적인 업적이 김동근의 박사학위 논문이다.[36] 이 논문에서 그는 기호학적 방법론으로 지용 시를 연구했다. 또 김신정은 「정지용 시 연구」에서 그의 시적 특성을 '감각미'로 보고, 그 본질을 심층적으로 다양하게 분석했다.[37]

정지용(鄭芝溶: 1902~1950)은[38] 옥천에서 영일 정씨 후손으로 태어났다. 휘문고보 시절 1학년 학적부에 나온 그의 성적은 11과목 중에 8과목이 만점(滿點)으로, 총 110점 만점에 105점이다. 과목당 10점 만점에 평균 9.5점을 얻어, 88명 중에 1등이다.[39] 3년간 전 과목 중에 영어·조한·도서 과목의 성적이 우수했고, 수학·이화·법경 과목의 성적이 부진했다. 전 학년 내내 어학과 그림 과목의 성적이 뛰어났다. 따라서 그는 선명한 회화적 이미지 수법을 잘 구사하는 시인으로 성공할 수 있는 재질을 천부적으로 타고났다.

지용이 휘문고보 재학 시절에 재학생과 동문의 연합체인 「문우회」가 있었다. 그는 「문우회」 학예부장을 맡으며, 교지 『휘문』 창간호 발

33) 배호남, 「정지용 시의 갈등 양상 연구」, 경희대 박사논문, 2008.
34) 김재홍, 「모더니즘과 30년대의 시」, 『한국문학연구입문』, 지식산업사, 1998.
35) 김정숙, 「정지용의 시 연구: 전통의식을 중심으로」, 세종대 박사논문, 1999.
36) 김동근, 「1930년대 시의 담론 체계 연구」, 전남대 박사, 1996.
37) 김신정, 「정지용 시 연구」, 연세대 박사논문, 1998.
38) 북한 「통일신보」(1993. 4. 24)에 정지용이 1950년 9월 말 경기도 동두천에서 폭사당했다는 기록이 있다.
39) 민병기, 『지용론』, 고려대학교 석사학위논문, 1980, 13-14쪽.

간을 주도했다. 창간호에 그가 타고르의 영시「기탄잴리」를 번역했다. 당시 그는 타고르의 시에 미쳤다고 회고했다.[40)]

1915년 아시아인 최초로 노벨상을 수상한 타고르의 영시(英詩)「기탄잴리」는 모두 103장이다. 그중에서 1-9장을 그가 번역했다. 김억도 이 시집을 지용보다 조금 앞선 1923년 4월에 완역했다.[41)] 당시 안서 이외에 오천석과 춘원(노아)도「기탄자리」를 번역했다. 그들 4인이 번역시 4편을 비교하여, 최동호 교수가 자세히 분석했다. 지용이 시어들을 간결하게 구사했고, 시행들을 짧게 나누었고, 종결어미들을 다양하게 구사해, 그의 영시 번역 수준이 제일 우수하다는 것이 최 교수의 분석 결과이다.[42)] 따라서 지용의 문학적 열정이 당시 조숙·강렬했음이 드러났다.

휘문고보 졸업 후에 모교 장학금으로 일본 도시샤대(同志社大)에 입학하여, 6년 만에 졸업했다. 유학 시절에 그는 한·일 문단에 등단했다. 1926년 6월『학조』창간호에「카페·프란스」와 시·시조·동요 9편을 발표했다. 이어『조선지광』과『신민』등에 시를 발표하여, 한국 문단에서 신인의 위치를 굳혔다.

정지용은 1929년 6월에 도시샤대를 졸업한 뒤 그해 9월 모교에 영어교사로 부임했다. 이후『시문학』동인으로 활동하며 1930년대 한국 시단의 주역으로 부상했다. 1933년 6월에 창간된『가톨릭 청년』의 편집 고문역을 맡으며, 그는 이 잡지에 자신의 신앙적 시편들을 발표했다. 또 이 잡지에 이상(李箱)과 김기림과 장서언과 허보 등의 신인들에게 전위적인 시편들을 발표할 기회를 마련해 주었다. 그 후에『문장』지엔

---

40) 정지용,「정택원 무용에 관한 것」,『산문』, 225쪽.

41) 김억 역,『기탄자리』, 평양, 이문관, 1923.4.

42) 최동호,『정지용 시와 비평의 고고학』, 서정시학, 2013, 15-27쪽.

청록파 시편들처럼 전통적 서정시편들을 추천했다. 이렇게 지용이 지향하는 시의 노선은 양면적이었다.

1933년 8월에 「9인회」 창립 회원으로 가입하여, 그의 순수시 성격은 더욱 퇴색했다. 「9인회」는 이종명과 김유영의 발기로 시작된 비문학적 사회단체였다. 하지만 발기인들이 탈퇴한 뒤에, 상허 이태준이 좌장이 되어, 정지용·박팔양·김유정 등 휘문고보 동문들이 가담했다. 이후 「9인회」의 성격은 좌파에서 중도로 변했다.

그는 『문장』지 시 분야 추천위원을 맡아 1930년대 시단을 주도했다. 『문장』지는 상허 이태준이 편집을 맡은 문예지였다. 이 잡지로 한국문단의 추천제가 정착되었다. 이 잡지를 통해 지용은 청록파를 비롯해 이한직과 김종한, 김수돈과 황민, 박남수 등을 추천했다. 그들은 모두 전통적인 서정시인에 속했다. 지용은 추천 후에 반드시 추천사를 썼다. 이것은 당시 시인 지망생들에게 큰 영향을 주었다. 그가 끼친 영향의 족적(足跡)은 다음 장에 자세히 있다.

휘문고보 교사 시절에 그는 검정 두루마기를 즐겨 입었다. 당시 제복을 거부하고, 전통한복만을 착용한 것은 학생들에게 민족의식을 심어주려는 의도적 행위였다. 이는 "일본놈이 무서워서 산으로 바다로 회피하며 시를 썼다"고 고백한 점에서도 확인된다.[43] 하지만 일제에 대한 저항의식은 친일시 「이토(異土)」를 『국민문학』에 발표하여, 그 빛을 잃었다. 그는 친일시를 발표한 과오를 후회했다. 조선시를 쓴다는 것만으로도 신변에 위협을 당해, 그는 거의 시를 쓰지 못했다. 그는 『文章』지가 폐간된 1941년 4월 이후 사실상 절필했다.

광복 후 그는 교직을 사퇴하고, 이화여전 교수로 한국어·영어·라

43) 정지용, 「산문」, 『문학』 7호, 1948.4.

틴어 과목을 5학기 동안(1945.10~1948.2) 지도했다.[44] 그 기간에 천주교재단의 『경향신문』 주간을 겸하며, 사설과 여적(餘滴)란에 수필을 썼다. 그동안 그는 거의 시를 발표하지 못했다. 해방 이후 사망할 때까지 시 「곡마단」과 기념시 2편과 시조 5수만을 발표했다.

한국전쟁 중에 그의 행방이 묘연하다. 이후 그는 월북작가로 분류되어 전작이 판금당했다.[45] 그가 평소 월북한 문인들과 가까웠고, 좌익단체 「조선문학가동맹」의 아동분과 위원장이었고, 당시 좌경적 발언을 한 것들이 월북설의 근거이다.

그러나 그의 유족들과 문인들은 납북설을 강하게 제기하며, 해금운동을 펼쳤다. 김학동은 가족과 원로문인들의 회고담과 월남한 인사들의 증언을 토대로, 납북설의 근거를 구체적으로 제시했다.[46] 이런 노력은 마침내 지용을 비롯하여 많은 월북한 작가들이 해금되었다. 월북하지 않은 근거로, 다음과 같은 그의 주장이 있다.

> 反託一路의 결산이 양군 조속 동시 철퇴 이외엔 다른 岐路가 있을 리 없다. 시종 반탁투쟁에 변절 없는 분은 大白凡옹 뿐이시다.[47]

위 글에서 정지용은 백범 노선을 따르는 민족주의자임이 분명히 드러난다. 신탁통치를 반대한 그는 미소 양군은 철수하고, 통일정부가

---

44) 이화여대, 『이화80년사』, 724쪽.

45) 월북설의 근거는 셋이다. 그가 임화와 이태준과 설정식과 오장환 같은 월북파 문인들과 평소 가까웠고, 좌익단체 「조선문학가동맹」의 명단에 아동분과 위원장으로 그의 이름이 올랐고, 당시 좌경적 발언했다는 것들 셋이 그의 좌익활동 근거의 전부이다.

46) 김학동, 『정지용연구』, 민음사, 1987.11, 158-166쪽.

47) 정지용, 「남북회담에 그치랴」, 위 책, 365쪽.

수립되어야 한다는 점을 강하게 주장했다. 이는 그의 사관이 백범 사상과 일치함을 예증한다. 그가 순수한 민족주의자임은 다음 서신에도 잘 드러난다.

> 자네 월북이 왜 잘못인고 하니, 兩軍政撤退를 촉구하여 조국의 통일 독립이 빠르기까지 다시 완전자주 이후 무궁한 연월까지 자네가 민족의 소설가로 버티지 않고 별 수 없이 빨리 38선을 넘은 것일세.
>
> …중략…
>
> 자네의 월북이 바로 분열이요, 이탈이 되고 말었네. 빨리 빠져올 도리 없거던 조국의 화평무혈통일을 위하여 끝까지 붓을 칼 삼어 싸우고 오라.[48]

위 글은 지용은 1950년 1월에 쓴 서신이다. 미소 양군 철수와 평화통일을 주장하며 상허(尙虛)의 월북을 철저하게 비난했다. 당시 문단이 좌우로 대립·갈등하는 혼란에 휘말렸지만, 그는 일관하여 평화통일과 자주국가 건설을 갈망했다. 이런 점에서 그가 순수한 민족주의자였음이 분명히 드러난다. 더욱이 자유분방한 영어교사로 친미 성향인 그가 시와 가정을 버리고 월북을 택할 가능성은 희박하다. 그가 한국전쟁 중에 폭사했다는 주장이 있다.[49]

2-1. 시어 변형의 특징

정지용은 생활적 질서의식과 예술적 일탈감을 잘 조화시킨 시인이었다. 이를 토대로 그는 한시의 이미지들적 요소와 서구시에 나타난

---

48) 정지용, 「소설가 이태준군 조국의 서울로 돌아오라」, 『이북통신』, 1950.1.
49) 이철주, 『북의 예술인』, 계몽사, 1966, 72쪽.

실험적 기법을 한국시에 접목시키려 노력하였다. 한시나 시조의 전통성을 유지하며, 현대시의 기법을 접목시키려 노력했다. 특히 그는 자연이나 대상물들을 보이는 대로 묘사하지 않고, 그것들을 변형시켜·이미저리 마디에 담았다.

1930년부터 신분 변화에 따른 시적 변모 현상도 나타났다. 기독교에 귀의한 것이 특징이다. 시의 화자와 종교적 절대자와의 대화체 서술 구조가 나타난다. 후기 시는 2행 1연이 기본인 단시형과 한 문장으로 이어지는 산문시형 두 계열로 나뉜다. 자연을 묘사한 이미저리의 분명한 마디들로 이루어진 것이 단시형 시편들의 특징이다. 그 시편들 속엔 인간사의 요소가 철저히 배제되고 자연적·이미저리 마디만이 있다. 그 마디들에서 독자들은 초탈한 허정미(虛靜美)가 바탕을 이루는 여운(餘韻)의 미학을 발견할 수 있다. 그 마디들에 묘사의 절제가 있어 후기 단시형 산수시가 한국 현대시사에서 명작으로 인정받는다.

지용은 언어 감각이 뛰어나 시어를 다루는 솜씨가 탁월했다. 그 솜씨는 변형어나 방언이나 고어 같은 개성적인 비표준어를 잘 활용하는 어휘 구사이다. 변형어란 표준어를 완전히 파괴한 시조어가 아니라, 의미 유추가 가능하게 한 음절 이상을 그가 변형시킨 독특한 시어이다. 그 변형어들이 주위의 의미 환경과 잘 조화되어 표준어보다 신선한 경이감을 준다. 그의 탁월한 시어 구사력이 다음 변형어들로 드러난다.

> 백화수풀 <u>앙당한</u> 속에
> 계절이 쪼그리고 있다.
> 연정은 그림자 마자 벗자
> <u>산드랗게</u> 일어라! 귀뜨람이처럼

–「毘盧峰」 일부

밑줄이 쳐진 '앙당한'은 '앙당그러지다'(마르거나 굳어서 뒤틀리다)의 변형어이다. 또 '산드랗게'는 '산드러지다'(태도가 경쾌하다)의 변형어이다. 이 어휘들은 표준어가 변형된 것임을 추측할 수 있다. 즉「앙당그러지다→앙당하다」와「산드러지다→산드랗다」로 각기 축약되었다. 음절들이 변형되는 과정에서 양성모음화 경향이 나타난다. 양성화 현상이 변화의 특징이다. 이렇게 바뀐 시어들에서 많이 발견된다. 그 예들이 다음과 같다.

이마에 촉하는 <u>쌍그란</u> 계절의 입술 —「귀로」 일부

반디ㅅ불 <u>하릿하게</u> 날고 —「태극편」 일부

<u>모초롬만에</u> 날러온 소식에 반가운 마음 울렁거리여
—「오월소식」 일부

<u>함초롬</u> 젖여 <u>새초롬하기는</u> 새레 <u>회회</u> 떨어 다듬고 나섰다.
—「流線哀傷」 일부

폭포소리 <u>하잔히</u>/ 봄 우레를 울다. —「옥류동」 일부

위 시편에서 밑줄 쳐진 것들은 변형된 그의 시어들이다. 예를 들면 '쌍그란'은 쌍그렇다(매우 쓸쓸하다)의 변형어이다. 또 '시치름하다'(모르는 체 태연한 기색)에서 '새초롬'으로 변했다. 그 밖에 '하릿하다(←흐릿하다)'와 '모초롬(←모처럼)'과 '회회(←휘휘)'와 '하잔히(←허전히) 등이 모두 그의 독특한 변형어에 속한다. 변형 과정에서 1모음이 양성화하는 경향이 나타난다.

「태극선」에서 '하릿하다'는 '흐릿하다'보다 반디의 불빛이 밝고 작은

느낌을 주는 데 효과적이다. 또 「귀로」에서 '쌍그란'과 '촉하는'이란 말의 연결로 날카로운 감각적 느낌이 강화된다. 「오월소식」에서도 '모초롬'이라는 양성모음화 현상은 밝고 경쾌한 느낌을 주어 효과적이다.

이렇게 변형된 그의 시어들이 많다. '홋하게(호젓하게)'와 '간조롱(가지런하다)'과 '조찰히(아담하고 깨끗하다) '애자지게'와 '바독돌(바둑돌)', '알로(아래로)', '산꽁(산꿩)', '살포시', '한나절' 등 개성적인 시어가 모두 양성화했다.

그 쓰임이 시행의 의미와 잘 조화되어 있다. 그의 독특한 시어에서 발견되는 음상의 변모가 원 의미를 단절시키지 않으면서, 양성모음으로 축약, 파격되고 있어 함축미와 참신성을 자아낸다. 또 시의 문맥적 의미와 조화되어, 밝고 적고 날카로운 감각적 느낌을 주고 있다. 그가 세련된 언어 감각의 시인이라는 점이 이로써 구체화되었다.

폭포 소리 하잔히/ 봄우뢰를 울다. –「옥류동」 일부

난초잎은/ 드러난 팔구비를 어짜지 못했다. –「난초」 일부

반디ㅅ불 하릿하게 날고 –「태극선」 일부

나의 얼골에 한나잘 포진 백록담은 쓸쓸하다. –「백록담」 부분

조찰히 늙은 사나히의 남긴 내음새를 줏는다? –「장수산 1」 일부

모초롬만에 날러온 소식에 반가운 마음이 울렁거리여
–「오월 소식」

위에서 밑줄 친 시어들은 모두 비표준어들이다. 그것들은 표준어에

서 모음이 하나씩 바뀐 변형어들이다. 표준어들과 그것들을 대비시켜 나열하면 그 특징이 잘 드러난다. '허전히'(표준어)→"하잔히"(변형어)/ '어쩌지'→"어짜지"/ '흐릿하게'→"하릿하게"/ '얼굴'→"얼골"/ '한나절'→"한나잘"/ '퍼진'→"포진"/ '조촐히'→"초찰히"/ '모처럼만에'→"모초롬만에" 등이 변형어들이다. 이와 같이 변형된 시어들은 모두 양성모음이다. 이와 같이 정지용은 시어들을 양성모음으로 많이 변형시키는 경향이 있다.[50]

「태극선」에서 '하릿하다'는 '흐릿하다'보다 반디(=반딧불이)가 작은 생명체임을 강조하는 효과가 있다. 또 「오월소식」에서 양성화된 '모초롬'도 그 어감이 밝고 경쾌해 편지 받는 기쁨을 배가시킨다. 참신성이 뛰어난 변형어들은 다른 시어들과 조화를 이루면서 표현미를 돋보이게 한다.

> 雨水節 들어
> 바로 초하로 아츰
> (중략)
> 핫옷 벗고 도로 칩고 싶어라. —「春雪」 일부
>
> 부즐없이 오랑쥬 껍질 씹는 시름 —「슬픈 인상화」 일부

---

50) 높은 빈도수에 따라, 변형어들을 분류하면 다음과 같다. '한나잘'(←한나절)은 시 6편(「온정」, 「꽃과 벗」, 「백록담」, 「산너머 저쪽」, 「폭포」, 「바다 6」)에 있다. '조찰히'(←조촐히)는 「장수산 1」과 「백록담」과 「온정」과 「승리자 김안드레아」 등 5편에 있다. 그의 시 전집에 '바독돌'과 '자꼬'와 '아조'(4회)와 '얼골'(3회)과 '하잔히'와 '하릿하게'와 '아모'(2회) 등의 변형어들이 있다. 그 밖에 비달기(「슬픈 우상」)와 하로(「슬픈 기차」)와 가초아(「슬픈 우상」)와 개올(「삽사리」)와 납족이(「예장」)와 마조친(「백록담」)과 나종(「애국의 노래」) 등이 나온다. 이것들은 표준어의 모음 하나가 양성으로 바뀐 단순 변형어들이다.

나도 일즉이 점두록 흐르는 강가에 -「태극선」 일부

암사심 처럼 뛰여 다녀 보아라 -「따알리아」 일부

어데선지 그 누구 씨러저 울음 우는듯한 기척 -「광마차」 일부

유리에 차고 슬픈 것이 어린거린다. -「유리창」 일부

이 시에 밑줄이 있는 시어들은 모두 변형어들이다. 그것들 〈초하루→초하로〉(「春雪」)처럼 양성모음으로 바뀐 것도 있지만, 중성모음의 교체된 표현들이 더 많이 나타났다. 위에서 중성모음 '이'→'으'로 다음과 같이 바뀌었다. '아침'→'아츰'·'부질없이'→'부즐없이'·'일직이'→'일즉이' 등이다. 반대로 '으'→'이'로 바뀐 시어들도 있다. '암사슴'→'암사심'·'쓰러저'→'씨러저'·'어른거린다'→'어린거린다' 등이다. 그 밖에 중성모음 교체 현상이 나타나는 변형된 시어들이 많다. '아직도'→'아즉도'(「태극선」·「승리자 김안드레아」)와 '고달프고'→'고달피고'(「넷 니약이 구절」)와 '이슬→이실'(「마음의 일기」) 등이다. 이것들이 모두 지용의 시집에 나오는 단순 변형어들이다.

정지용의 변형어들은 단순·축약형으로 나뉜다. 표준어의 한 모음만이 바뀌면 단순 변형이고, 글자 수가 줄고 바뀌면 축약 변형이다. 위에서 한 모음만이 양성으로 바뀐 것들은 단순 변형어들이다. 이것들은 충청 방언과 많이 일치한다. 변형어와 방언이 정확하게 구분되지 않는 경우도 많다. 예를 들면, '헤피'→'해피'로 바뀐 것은 변형어인데, '슬피'가 '설피'로 바뀐 것은 변형어인지 방언인지 구분하기가 쉽지 않다. 충청 방언 중에 표준어 '엉큼하다'의 방언으로 '앙큼·음큼하다'가 두루 쓰인다. 표준어 '슬피'의 방언으로 '설피'가 쓰인다. 이 때문에 충청

방언과 단순 변형어를 구분하기가 어렵다. 그것들을 필자는 모두 단순 변형어에 포함시켰다. 더욱이 축약된 변형어들의 표준어들을 추적하기가 더욱 까다롭다.

> 투명한 옛 생각, 새론 시름의 무지개여, —「석류」 일부

> 마스트 알로 섬들이 항시 달려 왔었고
> 별들은 우리 눈썹 기슭에 아스름 항구가 그립다. —「별」 일부

> 큰 봉엘 올라 서서 —「산엣 색씨 들녁 사내」 일부

위 시에서 밑줄이 있는 시어들은 모두 축약어들이다. '새로운'→'새론'이나 '아래로'→'알로'나 '봉에를'→'봉엘' 등이다. 이들은 그의 시편 속에서 자주 발견된다. '알로'는 「바다 2」와 「예장」과 「별」과 「봄」과 「폭포」와 「삽사리」 등 6편의 시에 나온다. 그 밖에 '구르고'→'굴고'(「아츰」)·'산드러지게'→'산드랗게'(「비로봉」)·'앙당그러진'→'앙당한'(「비로봉」)·'호젓하게'→'홋하게'(「해협」)·'애를 쓴'→'앨쓴'(「바다9」) 등도 축약어들이다. 그 변형 과정에서 양성모음으로 축약되는 경향이 있다. 특히 '앨쓴'은 어절 둘이 하나로 축약된 경우다.

> 투명한 옛 생각. 새론 시름의 무지개여
> 금붕어처럼 어린 녀릿 녀릿한 느낌이여.
>
> —「석류(石榴)」 일부

"새론 시름의 무지개"로 나타나는 이국 정조와 "투명한 옛 생각"이라는 향수 의식이 공존한다. 암울한 이국 정조와 투명하게 빛나는 향수 의식은 밤과 낮의 순환처럼 반복되는 지용의 자의식이었다. 그 갈

등적 자의식은 여행시로 통합된다. 이런 연유로 그의 초기 시편 중에 여행을 다룬 시편들이 많다. 그중에 특히 육지 여행을 다룬 시편이 많다. 「파충류 동물」·「새빨간 기관차」·「슬픈 기차」·「황마차」 등이 이에 속했다.

다음은 바다 여행을 다룬 작품들로 「갑판우」·「선취」·「갈매기」·「풍랑몽」 등이 있다. 이와 같이 지용의 초기 시편들이 갖는 의미망은 향수 의식을 씨로 하고 이국 정조를 날로 하여 직조된다. 향수 의식과 감상적 이국 정조는 상보적 관계이다. 양자가 씨와 날이 되어 공존의 정서 무늬를 이루고 있다. 그 무늬들의 바탕에 그의 객지 체험이 깔려 있다. 이렇게 그의 객지 체험은 자신의 시정신을 형성하는 바탕이 되었다.

앞에서 살펴본 바와 같이 정지용은 시어를 골라 다듬으려고 세심하게 노력했다. 일상에서 흔하게 사용되지 않는 변형어와 방언이나 고어 등 비표준어들을 자신의 시어로 폭넓게 활용했다. 그는 특히 표준어를 변형시켜 자신의 시어로 개발했다. 그가 시어로 택한 비표준어들은 일상어보다 더 신선한 느낌을 준다. 그는 독특하게 변형시킨 시어들을 잘 구사하여 당대의 독보적인 천재 시인으로 평가받았다.

정지용은 표준어의 한 음절을 변형시켜 자신의 참신한 시어들로 많이 활용했다. 따라서 그의 시집엔 비표준어가 많다. 이것들은 생경한 신조어가 아니라 충청 방언과 유사한 변형어들, 즉 표준어 중에 한 음절이 바뀐 단어들이다.

2-2. 변형묘사의 기법

시인이 보이는 대로 대상들을 묘사하는 사실묘사와 변형묘사는 다르다. 시인의 입장보다 사물의 편에서 대상을 묘사하는 것이 변형묘사의 특징이다. 즉 시인이 보이는 것과 다르게 대상들을 바꾸어 묘사하는 것이 변형묘사의 특징이다. 이것이 '낯설게 하기'나 전경화(前景化)로 불리지만, 가장 적절한 표현은 '변형묘사'이다.

이 기법에서 이미지들이 모여 이루어진 이미저리의 기본 단위가 마디이다. 그 마디를 분명하게 구분하는 것이 이 기법에서 중요하다. 마디들을 정확하게 구분하려면, 그 핵심 이미지가 분명해야 한다.

> 난초닢은
> 차라리 수묵색
>
> 난초잎에
> 엷은 안개와 꿈이 오다.
>
> 蘭草닢은
> 한밤에 여는 담은 입술이 있다.
>
> 蘭草닢은
> 별빛에 눈떴다 돌아눕다.
>
> 난초잎은
> 드러난 팔구비를 어짜지 못한다.
>
> 난초닢에
> 적은 바람이 오다.
>
> 난초잎은
> 칩다.

– 정지용, 「蘭草」

화자가 등장하지 않고 난초만을 일관되게 묘사한 것이 이 시편의 특징이다. 묘사 대상이 난초 하나에만 집중되어 있다. 따라서 화자와 시적 자아가 난초 하나로 통합되는 것이 이 시편의 특징이다. 묘사 대상이 하나로 일관하면, 그것이 시편의 객관적 상관물이다. 따라서 이 시의 객관적 상관물은 난초이다. 시인과 묘사 대상인 난초가 일치된다.

대상의 시각에서 묘사되는 것도 변형묘사의 한 특징이다. 난초의 입술과 팔구비와 눈뜨는 동작 등 난초의 미세한 동작은 실제로 시인의 눈에 보이지 않는다. 눈에 보이는 것은 난초뿐이다. 이처럼 눈에 보이는 대상을, 안 보이는 것으로 바꾸어 묘사하는 기법이 변형묘사이다. 이 기법을 적용하여 성공한 대표적인 시인이 바로 지용이다. 그 기념비적 시편이 다음 『바다 9』이다.[51)]

이 시편에 있는 행·연들의 배치는 규칙적이다. 16행들이 짝을 이루어 8연으로 구성되었다. 그 8연들은 크게 세 부분으로 나누어 분석했다. 그 첫 부분은 다음 이미저리 3마디이다.

> 바다는 뿔뿔이/ 달어 날랴고 했다.//
> 푸른 도마뱀떼 같이/ 재재발렀다.//
> 꼬리가 이루/ 잡히지 않았다. // 〈1–3연〉

1–3연이 이 시의 이미저리 첫 마디이다. 그 묘사 대상은 밀물 때의 거센 파도이다. 세찬 물살이 바위에 부딪쳤다 뒤로 흩어지는 물이랑들을 위에서 내려다보며, 지용은 꿈틀거리는 뱀떼로 변형시켜 묘사했다.

그래서 '재재발렀다'와 '꼬리가 이루 잡히지 않았다.'(달라난다 뜻)라고 묘사했다.

---

51) 김학동, 『정지용연구』, 민음사, 1987.11, 121쪽.

눈에 보이는 물살을 안 보이는 뱀떼의 이미저리로 바꾸어 묘사하는 기법이 변형묘사이다. 이 기법으로 성공한 그의 대표적인 시편이 「바다」이다. 더욱이 이 시편엔 의미의 마디는 없고, 모두 이미저리 마디로 구성된 것이 그 특징이다.

> 흰 발톱에 찢긴/ 산호보다 붉고 슬픈 생채기!//
> 가까스루 몰아다 부치고/ 변죽을 둘러 손질하여 물기를 시쳤다.//
> 이 앨쓴 해도에/ 손을 싯고 떼었다.// 〈4–6연〉

4연부터 이미저리의 마디가 바뀌었다. "흰 발톱에 찢긴/ 산호보다 붉고 슬픈 생채기!"가 이미저리의 1마디이고, 그 핵이미지는 '생채기'이다. 이미저리 마디엔 꼭 핵이미지가 하나씩 있다. 첫마디의 핵이미지가 '도마뱀'이고, 둘째 마디의 핵이미지는 '생채기'이다.

지용은 '생채기' 뒤에 감탄부호를 쳐서, 핵이미지가 이것으로 바뀐 것을 강조했다. 첫 핵심 이미지 물이랑(파도)을 도마뱀떼로 변형시켰다. 그 '생채기'의 원형은 숨어 있다. 그렇다면 "산호보다 붉고 슬픈 생채기!"의 원형은 무엇인가.

4연에서 '흰 발톱'은 하얀 물보라를 일으키는 거센 물살이다. 파도에 찢겨 슬프게 상처 난 붉은 물체는 무엇인가. 그것은 당시 한국의 백사장에서 흔하게 보이던 토종 빨강불가사리의 시체이다. 토종 불가사리는 별처럼 온몸이 5각으로 갈라진 붉은 편형동물이다. 그것은 매우 느리게 움직이는 동물로 썰물 때에 갯벌이나 백사장에 그 붉은 시체들이 많이 나타났다.[52] 지용은 눈에 보이는 빨강불가사리의 시체를 '붉고

52) 불가사리(starfish)는 강력한 재생력을 지녀 不可殺伊이다. 팔다리가 잘리면, 팔과 다리와 몸통이 객체 셋으로 부활하는 극피동물이다. 그 100여 종이 韓國海에

슬픈 생채기'로 변형시켜 묘사했다.

5연 "까스루 몰아다 부치고"에서 몰아붙인 그 주체는 물결이고, 몰린 대상은 4연의 '붉고 슬픈 생채기'이다. 변형된 것이 붉은 '생채기'이고, 그 실체는 5각이 진 빨강불가사리의 시체들이다. 지용은 눈에 보이는 그 시체들을 보이지 않는 붉은 '생채기'로 변형시켰다.

5연 둘째 행 "변죽을 둘러 손질하여 물기를 시쳤다."에서 '변죽'은 사물의 끝부분이다. 즉 불가사리 시체의 가장자리부터 바닷물이 증발하는 상태가 '물기를 시쳤다'로 변형묘사 되었다.

6연 첫 행 "이 앨쓴 해도에"에서 '이'는 이미 앞에 나온 것을 지시하니, 그것은 '생채기'(붉은 시체들)이다. '앨쓴'은 '애를 쓴'의 축약·변형어이다. 거센 밀물살에 밀려온 그 시체들이 많다는 것을 '앨쓴'이란 변형어로 강조했다. 따라서 밀물살에 떠밀려온 붉은 시체들이 있는 백사장을 해도(海圖: 바다 그림)로 변형시켰다. 즉 5각진 빨강불가사리 시체들이 널려있는 백사장과 바다의 그림이 해도(海圖)이다.

'손을 씻고 떼었다'에서 '손'은 바다물결이다. 밀물 때에 물결이 몰려오면 백사장과 그 시체들이 모두 물에 잠겨 사라진 상태를 지용은 바다가 '손을 씻고 떼었다'라고 변형시켜 묘사했다. 따라서 해변에서 만조의 파도가 출렁거리는 다음 이미저리 마디와 잘 연결된다.

서식한다. 그중에 온몸이 붉은 5각 빨강불가사리가 가장 많다. 이 토종은 시체나 유기물질을 주로 먹는 바다 청소부들이다. 최근 급증한 아무르불가사리들은 토종보다 크고 빨라, 담치나 전복이나 멍게 등을 싹쓸이하는 포식자들이다. 이것들이 대형 함선들로 인해 급속히 널리 퍼졌다. 선원들은 항구에서 적재량에 맞추어 바닷물을 배에 넣거나 버리기를 반복하는 과정에서 이 불가사리 유생들이 전 세계로 이동·번성했다.(박수현, 『바다생물 이름풀이사전』, 지성사, 2008.)

찰찰 넘치도록/ 돌돌 굴르도록// 회동그란히 바쳐 들었다./
地球는 蓮닢인양 옴으라들고…펴고…// 〈7-8연〉

7연 "찰찰 넘치도록/ 돌돌 굴르도록"은 해변에서 출렁이는 잔잔한 파도소리를 '찰찰'과 '돌돌'이란 참신한 소리 이미지로 그는 변형묘사했다. 8연의 '회동그란히'는 '회동그랗다'(모양이나 차림새가 가든하다.)는 부사형으로 '가볍게'란 뜻이다. 여기서 '바쳐 들린' 대상은 바다의 잔잔한 물결이다. 이것을 지용은 '가볍게 들린' 것으로 변형묘사했다. 또 "지구는 연닢인양 옴으라들고…펴고…"에서 '지구'는 바다와 해변을 뜻한다. 그는 바다의 둥근 만(灣)을 연꽃잎으로 변형묘사 했다.

더욱이 밀물 때엔 바닷물이 많이 밀려오니, 백사장이 좁아지고 썰물엔 그것이 넓어진다. 밀·썰물 때에 따라 백사장이 좁아졌다, 다시 넓어지는 현상이 반복된다. 그렇게 백사장이 변하는 모습을, 그는 "옴으라들고…펴고….."라고 변형묘사했다. 물때에 따라 해변이 변하는 모습이 반복되는 것은 강조하기 위해, 그는 마지막 시행 끝에 줄임표를 많이 썼다.

눈에 보이는 푸른 바다와 해변의 모습을, 그는 안 보이는 도마뱀이나 해도(海圖)나 연꽃잎의 이미지로 바꾸어 묘사했다. 바다와 해변을 변형묘사로 일관하여 묘사했다. 더욱이 핵이미지를 중심으로 이미저리 3마디로 바다 풍경화 3폭처럼 완성시켰다. 그런 점에서 그는 변형묘사 기법은 우리 현대시에 정착시킨 선구적이 시인이란 평가를 받을 수 있다.

1920년대 감상적 낭만시와 달리 지용은 감정 절제주의 시관을 내세우며 감정 표출보다 대상 묘사 기법의 모범을 보여준 시인이다. 그의 후기 시집 「백록담」에 수록된 산수시 편들이 그 대표적인 시편들이다.

돌에
그늘이 차고,

따로 몰리는
소소리 바람.//

앞 섰거니 하야
꼬리 치날리여 세우고,

종종 다리 깟칠한
산새 걸음거리.//

여울 지여
수척한 흰 물살,

갈갈히
손가락 펴고.//

멎은듯
새삼 돋는 비ㅅ낯

붉은 닢 닢
소란히 밟고 간다.//

–「비」 전문

이 시는 16행 8연으로 구성되었다. 그 8연 중에 짝수 연의 끝에 꼭 마침표가 있다. 그중에 유독 6연의 마지막 어절은 '펴고'이다. 연결어미로 끝나지만, 그 끝에 마침표가 있다. 지용은 마침표 넷을 쳐서, 시 전체를 이미저리 4마디로 분명하게 구분했다. 이렇게 그는 그 마디를 중요시했다. 산문의 단락처럼 시에서 이미저리의 마디들을 그는 중요시했다. 그 넷을 행(/)·연(//)을 구분하여 필자가 제시하면 다음과 같다.

① 돌에/ 그늘이 차고,// 따로 몰리는/ 소소리 바람.//
② 앞 섰거니 하야/ 꼬리 치날리어 세우고,// 죵죵 다리 깟칠한/ 산새 걸음거리.//
③ 여울 지여/ 수척한 흰 물살,// 갈갈히/ 손가락 펴고.//
④ 멎은듯/ 새삼 돋는 비ㅅ낯// 붉은 닢 닢/ 소란히 밟고 간다.//

이렇게 16행 8연은 이미저리 4마디로 통합된다.

첫 연 '돌에/ 그늘이 차고'에서 돌에 찬('가득 차다'의 뜻) 그늘의 주체, 즉 무엇의 그늘이 돌에 가득 찼는지, 그 실체가 없다. 또 '따로 몰리는/ 소소리 바람.'에서 바람은 보이지 않으니, '따로 몰리는'은 대상이 된 실체 이미지도 숨어 있다. 첫·이미저리 마디·에서 '그늘'과 '바람'은 실제 이미지들이 아니고, 매개 이미지다. 지용은 묘사 대상으로 삼은 실제 이미지들 대신에 매개 이미지들만 시편에 제시했다.

여기서 묘사 대상인 원이미지와 그 매개 이미지가 구분된다. 따라서 매개 이미지들을 단서로 삼아 원이미지들을 추적할 수 있다. 그에 따라 첫 연의 돌에 가득 찬 그늘의 주체는 먹구름(비구름)이다. 또 '따로 몰리는/ 소소리 바람.'도 매개 이미지요, 그 원이미지는 바람으로 몰리는 먹구름(비구름)이다. 따라서 첫 이미저리 마디에 드러난 그늘과 바람은 매개 역할을 하지만, 원래 이미지는 먹구름이다. 그것이 이미저리 첫 마디의 핵심 이미지이다.

개별 이미지들이 모여 이미저리 1마디를 이룬다. 두 연들이 모여 이미저리 1마디를 이룬 것이 이 시편의 특징이다. 이미저리 4마디에 핵심 이미지가 각기 하나씩 있다. 즉 ①먹구름과 ②산새와 ③폭포수 ④소나기이다. 그것들은 각기 독립된 이미저리 1마디를 이루며, 다시 한 시편으로 통합된다.

비가 내리기 직전에 바람에 몰리는 ①먹구름과, 비를 예감하여 서둘러 피신하는 ②산새와, 계곡에 쏟아지는 맑은 ③폭포수와, ④소나기 오는 모습, 넷이 차례로 묘사되었다. 따라서 부분적인 이미저리의 4마디가 한 시편을 구성한다. 즉 먹구름+산새+폭포수+비⇒비 내리는 산골 풍경이다.

부분 묘사들이 모여 시 전체 묘사가 되는 것이 바로 지용 시 묘사 기법의 특징이다. 요약하면 〈부분묘사+부분묘사+… ⇒ 전체 묘사〉의 구조이다. 그 부분묘사 단위가 바로 이미저리 1마디이다. 이렇게 부분들이 모여 시 전체가 완성되는 것이 지용의 독특한 묘사 기법이다. 이는 수묵화의 점묘법을 연상시킨다. 이미저리 마디 뒤엔 화자가 철저히 숨어 있다. 시인의 생각과 감정은 오직·이미저리 마디에 반영되어 있다.

'수척한 물살'이나 '깟칠한 산새' 같은 이미지에 피식민지 지식인의 자의식이 반영되어 있다. 이 시편에 '따로'란 말에 주의할 필요가 있다. 이 말은 그의 다른 시편에도 자주 나온다.

> 돌에 물이 따로 굴으는 소리
>
> –「백록담」 일부

> 골에 하늘이/ 따로 트이고 …중략…
> 물도 젖여지지 않어/ 흰돌 뒤에 따로 구르고
>
> –「옥류동」 일부

한 골에 그늘이 딴골에 양지 따로 따로 갈어밟다

—「진달래」 일부

이와 같이 그의 시편들에 '따로'라는 말이 많이 나온다. 따로는 사물들 간의 거리감을 강조하기 위해 쓰이는 말이다. 이 시에서 '따로'란 말은 화자와 바람과의 거리 즉 화자와 자연과의 거리감이요. 나아가 시인과 현실과의 거리감이다. 이를 최동호 교수는 인식 주체와 그 대상과의 거리감이라고 적절하게 지적했다.[53]

이 시에서 화자와 자연과의 거리감은 다른 시행에서도 발견된다. "앞서거니 하야" 같은 표현이다. 이는 화자와 산새와의 거리감이다. 또 그것은 시인과 현실과의 거리감이다. 이러한 현실과의 거리감은 그의 탈속한 무욕의 표현이다. 무욕의 철학을 반영한 것으로 볼 수 있다.

그의 시에는 작자의 표출 의도가 나타나 있지 않다. 이는 연과 연 사이의 여백 속에 숨겨져 있다. 시에 나오는 바람과 산새와 물살과 비 등의 이미지저리 뒤에 숨겨져 있다. 이 시에는 인간사의 어떤 면도 나타나 있지 않다. 따라서 그의 절제적 시관을 여실히 느낄 수 있다. 작자의 사상이나 감정이 끼어들 여지가 없다. 다만 산수의 정온한 미가 돋보인다.

골작에는 흔히
유성이 묻힌다.

황혼에
누뤼가 소란히 싸히기도 하고.

53) 최동호, 앞글.

꽃도
귀향 사는 곳.

절터ㅅ드랬는데
바람도 모히지 않고

산 그림자 설핏하면
사슴이 일어나 등을 넘어간다.

—「구성동」 전문

골짜기의 적막하고 정밀함을 강조하는 데 집약되었다. 인간세계와 단절된 고절하고 평온하며 신비로운 공간인 구성동은, 작자의 내면세계를 상징하고 있다. 이 구성동 골짜기는 작자의 탈속한 정신세계와 고답적이며 창백한 내면세계를 표상한다. 이러한 내면세계를 드러내는 것이 언외(言外)의 의미이다. 그 의미가 담긴 것이 여운의 미학이다. 「구성동」에 담긴 정경이 작자의 내면풍경과 일치된다. 이는 자아와 자연과의 일체감의 표현이다. 자연과 하나 된 몰아의 경지는 다음 시편에도 잘 드러난다.

풀도 떨지 않는 돌산이오 돌도 한덩이로 열두골을 고비고비 돌았세라 찬 하늘 골마다 따고 씨우었고 어름이 굳이 얼어드딤 돌이 믿음즉 하이 꿩이 귀고 곰이 밝은 자옥에 나의 발도 노히노니 물소리 귀또리처럼 경경하놋다 피락 마락하는 해ㅅ살에 눈우에 눈이 가리어 앉다 흰시울 알에 흰시울이 눌리워 숨쉬는다 온 산중 나려앉는 휙진 시울들이 다치지 안히!

—「장수산2」

행과 연의 구분이 없이 줄글로 연속되는 이 시는 산문시형이다. 한 시행이 계속 이어지며, 종결어미 대신에 '세라'·'하이'·'하놋다'·'안히' 등 고어나 독특한 비표준어들이 많이 쓰였다. 돌산의 골짜기마다에 흰 눈이 쌓여 있다. 그 속에 있는 화자도 일치 동화된다. 흰 눈에 덮인 산의 정경은 하나로 수렴된다.

산속에 있는 모든 대상들과 화자까지도 하나로 일체화된다. 그 일체감을 강화하기 위해, 행과 연이 구분되지 않고, 줄글의 연속으로 구성되었다. 즉 여러 이미저리 마디들을, 지용은 하나로 통합시켰다. 그것은 궁극적으로 이미저리들과 화자와 시인이 하나로 통합시키려는 효과를 노린 연계적 구성법이다. 그런 3자 통합 구성법이 다음 「백록담」에도 나타난다.

> 백화 옆에서 백화가 촉루가 되기까지 산다. 내가 죽어 백화처럼 할 것이 숭없지 않다.
> 고비 고사리 더덕순 도라지 꽃 취 삭갓나물 대풀 석용 별과 같은 방울을 달은 고산식물을 색이며 취하며 자며
>
> ―「백록담」 일부

위 시에서 지용이 자연에 깊이 매료되어 있음을 발견하게 된다. 그러나 산을 대하는 태도는 겸허하며, 이미저리의 명징성도 있다. 자기의 감정을 산의 풍경에 주관적으로 이입하지 않고, 자연의 풍광을 객관적으로 묘사했다. 주관적 감정 노출을 억제하고, 대상 묘사로 일관하여 명징한 산수의 이미저리 마디들만으로 시편이 완성되었다.

그의 후기 시세계는 형태상 둘로 나뉜다. 하나는 2행 1연을 기본으로 구성된 간결한 시편 계열이다. 여기에 「비로봉」과 「구성동」과 「옥류동」과 「朝餐」과 「비」와 「인동채」와 「춘설」과 「서곡」과 「별」 등이 속

한다. 산속 자연을 대상으로 이미저리의 간결한 마디들로 구성된 것이 후기 산수 단시 편들의 특징이다.

그 이미지 마디들에 심산의 정밀한 정경이 담겨있다. 그 고담한 여운의 미학이 그의 후기 단시 편들의 특징이다. 이는 사회와 단절된 지용의 초월적 내면공간을 표상한 것이 특징이다. 따라서 후기 산수시편들에서 그의 고답적이고 초탈한 정신자세를 느낄 수 있다. 하지만 현실에 대한 그의 치열한 사회의식은 없다.

연속적 리듬감과 자연과의 일체감이 나타나는 산문 시편들이 또 다른 계열을 이룬다. 이에 속하는 작품으로 「장수산1」·「장수산2」·「온천」·「삽사리」·「백록담」·「나비」·「진달래」·「호랑나비」·「禮裝」·「盜掘」 등이다. 이들은 「백록담」을 제외하고 모두 한 문장으로 연속 서술되었다. 이런 연계구성은 시의 모든·이미저리 마디를 하나로 통합시키는 효과를 노린 지용의 의도적 구성이다. 또 그는 자연과 일치·동화된 몰아적 도취감을 표현했다. 이 계열 시편들에 탈도시적 반문명 의식이 반영되었다.

비인간적이고 친자연적 요소가 많다. 작품 「朝餐」에서는 발화자가 새가 된다. 또 「예장」에서 만물상에서 투신자살한 신사의 시체는 산풍경의 일부가 되어 있다. 또 「호랑나비」에서 정사한 두 남녀는 호랑나비가 되어 날아간다. 인간이 비인간화 내지는 자연화되어 있다. 여기서 작자의 감정이 절제되어 있어, 초탈의 극치를 느낄 수 있다. 따라서 그의 절제적 시관이 후기 시세계를 엄격하게 지배하고 있음이 드러난다. 이 절제의 엄격성은 그의 엘리트 의식과 가톨릭 체험에서 비롯되었다.

2-3. 후대에 끼친 영향

한 시인의 영향 관계는 받은 영향과 끼친 것인 두 관점으로 검토할 필요가 있다. 이런 양면적인 검토가 이루어져야 한 시인의 문학사적 의의가 분명하게 밝혀질 수 있다. 한 측면에만 치우치면 공정한 평가가 불가능하다. 영향력 있는 시인일수록 그가 끼친 영향의 의미가 더 중요해진다. 그는 청록파를 비롯해 이한직과 박남수와 김종한 등을 『문장』지에 추천했다. 또 이상과 장서언 등이 『가톨릭 청년』지에 시를 발표하도록 주선했다.

이 때문에 지용과 후배 시인들의 시편들을 비교·검토할 필요가 있다. 그 대상으로 가장 적합한 것이 지용의 『백록담』과 청록파의 『청록집』 둘에 수록된 전작들을 대비·검토하는 작업이다. 지용의 영향을 받은 사실을, 지훈은 후에 고백했다.

지훈은 『문장』지에 「화비기」와 「고풍의상」을 투고했지만, 후자만 당선되었다. 그 선후평에서 지용은 '「화비기」도 좋지만, 너무 앙징스러워서 「고풍의상」만을 추천한다며, 시의 연치를 보이라.'고 충고했다.

그 후에 지훈은 「고풍의상」 같은 고전 계열의 시편이 없어, 6개월 이상 투고를 중단하고, 그는 추천자의 기호에 맞추어 고전 경향의 시편들을 써서, 추천을 받았다. 만약 선자를 의식하지 않았다면, 그는 서구 경향을 추구했을 가능성이 크다. 이렇게 지용의 선후평이 지훈의 습작기 시창작 활동에 방향타가 되었다.

박목월도 지용의 영향을 크게 받았다. 목월은 시를 다듬을 때마다, "서정시에서 한 단어라도 밉게 놓이는 것을 용서할 수 없다."[54]는 지용의 추천사를 늘 생각하며 시를 썼다고 회고했다. 이렇게 문장지 출

---

54) 박목월, 「내성의 사모」, 『청록집』, 삼중당문고, 1975, 113-114쪽.

신 신인들은 지용의 영향권에서 성장한 사실이 분명히 드러난다.

따라서 지용의 『백록담』과 청록파 3인의 『청록집』을 비교할 외적 근거가 분명하다. 두 시집에 있는 시편 중에 발표된 시기의 선후 관계가 분명한 시편들을 대상으로 필자는 검토했다. 『청록집』엔 39편의 시가 수록되었다. 그중에 23편이 2행 1연의 단시편에 속한다.

또 한 문장이 연속되는 산문시형을 지용이 즐겨 구사한 시형이다. 이 산문시형도 『청록집』에 9편이 있다. 두 유형을 합치면 32편에 이른다. 이런 형태상의 유사성이 시의 내용과 기법상에도 발견되어야 비로소 양자 간의 영향 관계가 분명해진다.

「승무」에는 비표준어가 많이 나온다. 다음 시어들이 변형된 비표준어에 속한다. 예를 들면, '아름다운지고(←아름답다)'와 '하이얀(←하얗다)'과 '파르라니(←파랗다)'와 '감추오고(감추다)' 등은 표준어가 변형된 시어들이다. 이것들은 지용의 변형어와 유사하다.

지용은 축약·변형시킨 시어를 많이 썼지만, 지훈은 글자를 첨가해 변형시켰다. 방식은 다르지만, 변형어들은 신선감(新鮮感)을 머금고 있어, 시에 생기를 불어넣어 준다. 따라서 지용의 시어 변형의 효과를 깨달아서, 지훈은 그 방법을 자신의 시창작에 많이 활용했다.

지용이 음상을 독특하게 변용하여 사용한 개성적인 시어들이 『청록집』에 수록된 지훈의 시편들에 많이 나온다. '조찰한', '소소리', '치운' 등이 이에 속한다. 이렇게 유사한 변형어들이 두 시집에 많이 나온다. 또 시 전체 분위기가 두 시집들에 유사한 점이다. 주관적 감정을 배제하고 자연을 있는 그대로 묘사하되, 옛스럽게 펼친 것이 공통점이다. 또 2행 1연의 간결한 시형들로 이미저리 마디들을 구성하여 시 전체의 표현미를 살렸다. 특히 화자와 자연이 하나로 일치·동화된 산수 단시편들이 그의 후기시 특징이다. 이 점이 목월 시편들에도 반영되어 있다.

이렇게 『청록집』에 나타난 3인의 시적 특징이 지용의 것과 유사하다. 따라서 지용이 끼친 영향은 둘로 구체화된다. 탈속·고담한 자연풍경을 묘사한 이미저리 마디로 구성된 점이 유사한다. 즉 그 마디들의 통합으로 시 전체의 여운미가 살아난다. 또 형태상으로 단시·산문시형이란 점이 서로 비슷하다.

청록파 개인별로 지용 시의 특징이 각기 다르게 나타난다. 조지훈은 자신의 시어로 정지용의 독특한 변형어들을 활용했다. 또 박목월은 지용의 산수시처럼 서술어를 생략하며 자연풍광을 간결하게 묘사했다. 이미저리 마디들을 정교하게 묘사해구사된 점이다. 이미저리의 긴 마디들로 이루어진 산문시형이 혜산 박두진 시의 특징과 일치한다.

이러한 유사성이 모두 지용의 영향에서 비롯되었다고 단정할 수는 없다. 하지만 청록파 3인은 추천 과정에서 지용의 영향을 많이 받았다. 지용은 그들에게 시창작 방향을 분명하게 제시했다. 그 방향에 따라 그들은 각기 독자적인 시세계를 개척할 수 있었다.

지용은 생활과 예술을 조화시킨 시인이었다. 문학에 일찍 관심을 쏟았지만, 결코 공부에 등한하지 않았다. 사회에 나가서도 직장생활을 유지하며 시편들은 꾸준히 발표했다. 문학 활동이나 직장과 가정생활을 평탄하게 유지했다. 또 비사교적인 성품이지만 문단 활동을 활발하게 펼쳤다. 이런 점에서 그는 생활과 예술을 조화시킨 시인이다. 생활적 질서의식과 예술 지향적 일탈의지를 잘 조화시킨 그는 균형감을 지닌 시인이었다. 이런 균형감은 생애에만 국한되지 않고, 시창작 경향에도 나타난다.

그는 한시(漢詩)와 영시(英詩)에 모두 조예가 깊었다. 이를 토대로 그는 한시적 요소와 서구시의 현대적 기법을 우리 현대시에 접목시키려 노력했다. 즉 한시나 시조의 전통성을 유지하며, 서구시의 기법을 수용했다. 또 그는 향촌과 도시적 감수성을 잘 조화시켰다. 더욱이 시의 소재로 산과 바다라는 대립적 성격의 이미지들을 고르게 활용했다.

언어를 다루는 그의 균형감각도 탁월했다. 그는 기교에 치중하여 언어를 구사했지만, 결코 의미를 희생시키지 않았다. 시적 묘사 대상을 이미저리 마디들로 변형시켰다. 또 단시와 산문시형 둘을 개성적으로 활용했다. 시정신이나 기교는 물론 소재를 활용하는 측면에서 그는 균형 감각이 뛰어난 시인이다. 전통·전위성이나 시의 표현미와 의미를 아름다답게 조화시켰다. 또 시의 소재로 향촌·도시적인 것들을 다양하게 활용했다. 이런 다양성의 조화미가 지용 시의 특징이다. 때문에 그는 20세기 전기의 대표적인 시인으로 높은 평가를 받았다.

4대 독자로 태어난 그는 가족의 큰 기대를 한몸에 받으며 외롭게 성장했다. 그 과정에서 형성된 그의 강한 자긍심은 시인이 된 이후에 시적 개성화로 나타났다. 즉 변형시어 구사의 개성이다. 그는 시어를 고르고 다듬는 탁월한 능력의 소유자이다. 일상에서 잘 사용되지 않는 변형어와 방언과 고어 등 비표준어들를 자신의 시어로 폭넓게 활용했다. 그것들은 표준어보다 더 신선한 느낌을 준다.

또 변형묘사라는 독특한 기법을 시도하여 성공했다. 변형묘사란 시적 대상을 눈에 보이는 모습과 달리 독특하게 변형시키는 묘사법이다. 시적 대상물들을 이미저리 마디들로 바꾸어 표현하는 기법이다. 이러한 변형묘사의 성공으로, 그는 당대 독보적인 천재 시인으로 높은 평가를 받았다.

3. 신석정 시의 조화미

1930년에 석정은 고향을 떠나 상경하여, 1년간 석전 박한영의 문하에서 불경을 배웠다.[55] 그는 불도를 닦기보다 많은 문인들과 어울렸다. 만해 · 송아 · 지용 · 김기림 · 육당 등의 문인들을 사귀며 자극을 받았다. 귀향하여 1931년 『시문학』 3호에 「선물」로 데뷔한 이후, 그는 산문체인 긴 제목이 독특한 시편들을 발표했다.

신석정을 높이 평가한 시인은 박두진이었다. 그는 만해 · 지용 · 영랑이 우리 현대시에 끼친 빛나는 공적에 비견하면서, "시의 사상적 깊이와 진폭에 있어서, 석정이 그들을 능가한다."라고 높이 평가했다."[56] 김윤식도 비슷한 주장을 했다. '신석정은 『시문학』 동인으로 출발하여, 일제시대부터 1974년 사망 때까지, 시인으로 일관해 온 근대시사에 우뚝 솟은 거목'이라고 높이 평가했다.[57] 하지만 그는 자신의 『현대 문학사』에서 석정을 중요하게 다루지 않았다.[58]

신석정의 첫 시집 『촛불』에 수록된 시편들엔 전원적 이미저리 마디들이 많다. 그것들의 핵이미지는 산새 · 비둘기 · 물새 · 백로 · 종달새 · 꿀벌 · 염소 · 노루 · 사슴 등이다. 이런 향촌 이미지들과 함께 의미의 마디들이 섞여 있다. 그 의미 마디들의 핵은 어머니이다. 자연을 묘사한 이미저리 마디들과 의미 마디들의 핵인 어머니가 잘 조화를 이루고

---

55) 신석정(辛錫正: 1907-74) 시인의 호는 석정(夕汀)이다. 전북 부안 출신으로 1931년 『시문학』 3호에 「선물」을 발표하며 등단했다. 향촌의 아름다운 전원미와 참여적 사회의식을 조화시킨 폭넓은 양면성을 지닌 시편들을 발표했다. 시집으로 『촛불』(1939)과 『슬픈 목가』(1947)와 『빙하』(1956)와 『산의 서곡』(1967)과 『대바람소리』(1970)와 『난초잎에 어둠이 내리면』(1974) 등을 출간했다.

56) 박두진, 「석정의 시」, 『현대문학』 1월호, 1968.

57) 김윤식, 「속 한국 근대 작가론고」, 일지사, 1981, 251쪽.

58) 김윤식 · 김 현, 「한국문학사」, 민음사, 1970.

있다. 그렇게 표현미와 주제의식이 조화를 이룬 것이 그의 초기시 특징이다. 그 조화미의 장점이 다음 시편들에 잘 드러난다.

① 내가 만일 산새가 되어 보금자리에 잠이 든다면
어머니는 별이 되어 달도 없는 고요한 밤에
그 푸른 눈동자로 나의 꿈을 엿보시겠읍니까?

–「나의 꿈을 엿보시겠읍니까?」 일부

② 은행나무 밑에서 어머니가 나를 부르듯이
안개 끼어 자욱한 강 건너 숲에서는
스며드는 달빛에 빈 보금자리가
늦게 오는 산새를 기다릴까요?

–「그 꿈을 깨우면 어떻게 할까요?」 일부

③ 어머니
만일 나에게 날개가 돋혔다면
산새 새끼 포르르 포르르 멀리 날아가듯
찬란히 피는 밤하늘의 별밭을 찾어가서
나는 원정이 되오리다 별밭을 지키는…

–「날개가 돋혔다면」 일부

①의 어머니 이미지엔 천상의 의미가 담겼다. 화자를 이상의 세계로 인도하는 안내자 역할을 하는 천상의 존재이다. ②에서 어머니는 희생적 모성애를 지닌 지상의 존재이다. ③의 화자는 지상에서 천상으로 승천하여 천상계의 이미지와 결합한다. 이상향으로 일탈하려는 화자의 의지가 담겨 있다. 이처럼 어머니의 이미지에 다양한 의미가 담겼다. 그런 점에서 어머니는 만해의 「님의 침묵」에 나오는 '님'과 유사하다. 다음 시편에 어머니란 시어가 가장 자주 나온다.

어머니
당신은 그 먼 나라를 알으십니까?
깊은 삼림대를 끼고 돌면
고요한 호수에 흰 물새 날고,
좁은 들길에 야장미 열매 붉어
멀리 노루새끼 마음 놓고 뛰어다니는
아무도 살지 않는 그 먼 나라를 알으십니까?

그 나라에 가실 때에는 부디 잊지 마서요.
나와 같이 그 나라에 가서 비둘기를 키웁시다.

어머니,
당신은 그 먼 나라를 알으십니까?
산비탈 넌즈시 타고 내려오면
양지밭에 흰 염소 한가히 풀 뜯고,
길 솟는 옥수수밭에 해는 저물어 저물어
먼 바다 물소리 구슬피 들려오는
아무도 살지 않는 그 먼 나라를 알으십니까?

어머니 부디 잊지 마서요.
그 때 우리는 어린 양을 몰고 돌아옵니다.

어머니 당신은 그 먼 나라를 알으십니까?

오월 하늘에 비둘기 멀리 날고
오늘처럼 촐촐히 비가 내리면
꿩소리도 유난히 한가롭게 들리리다.
서리까마귀 높이 날아 산국화 더욱 곱고
노란 은행잎 한들한들 푸른 하늘에 날리는
가을이면 어머니! 그 나라에서

양지밭 과수원에 꿀벌이 잉잉거릴 때
나와 함께 고 새빨간 림금을 또옥 똑 다지 않으시렵니까?

―「그 먼 나라를 알으십니까?」 전문

이 시편엔 향촌의 아름다운 전원풍경을 묘사한 이미저리 마디들이 많다. 그러나 "어머니/ 당신은 그 먼 나라를 알으십니까?"는 의미의 한 마디에 속한다. 그 마디의 핵이미지가 어머니이다. 더욱이 어머니는 이 시편의 의미핵이다. 따라서 어머니에 담긴 뜻은 아주 다의적이다.

그 다의성을 밝히는 것이 석정시 연구에서 매우 중요하다. 이에 대해 정태용은 다의적 의미체로 보았다. 그는 어머니상을 성모 마리아나 대지와 우주적 모성이나 시신(詩神) 같은 다의적 의미망으로 보았다.[59]

'먼 나라'는 옥수수밭과 과수원과 호수가 있는 곳이다. 그곳엔 염소와 비둘기와 꿩과 물새 등이 산다. 그곳은 당시 석정이 살던 향촌과 다르지 않다. 하지만 석정은 자기 주변 풍경을 '먼 나라'로 묘사했다. 모친 사망으로 자신의 삶에서 모든 꿈과 이상이 사라진 비극적 절망감을, 그는 이 시편에 표현했다.

그 때문에 이 시편이 전원생활을 찬미한 목가시가 아니다. 이 시편의 의미핵은 돌아가신 어머니상이다. 즉 모친 사망은 낙원의 상실감으로 이어진다. 석정은 돌아가신 어머니의 이미지로 낙원의 상실이란 비극성을 표현했다. 석정은 이 시편에서 어머니를 자주 반복하며, 이상향 상실을 거듭 강조했다. 따라서 이 시편은 반어적 목가시에 속한다.

이런 이유로 석정의 초기 시편들은 전원생활을 찬미한 목가시가 아니라, 오히려 전원의 아름다움을 상실한 비극적 절망을 역설적으로 표현한 비애시편에 속한다. 이 한 편뿐만이 아니라, 그의 초기 시편들이

59) 정태용, 「신석정론」, 『현대문학』, 1967.3.

모두 반어적 목가시편에 속한다. 따라서 '그의 초기 시편들을 단순한 목가시로 감상할 수 없다.'는 정한모의 주장이 아주 적절하다.[60]

석정은 자작시 해설에서, 타고르와 만해 그리고 도연명의 「도화원기」의 영향을 많이 받았다고 고백했다.[61] 이와 관련하여 허소라는 좀 더 구체적으로 다음과 같이 지적했다. '산문시적인 유장한 내재율을 지녔고, 존칭형 종결어미를 구사하는 경건성을 추구했고, 절대자에 의탁한 점들이라고 언급했다.[62]

그의 초기 시편들에 대해, 김기림은 그를 "유토피아를 흠모하는 목가시인"으로 평가했다.[63] 또 서정주는 그를 전원시인으로 보는 견해를 피력했다.[64] 이후 신석정에 대한 평가는 그대로 이어져, 전원적 목가시인이란 말이 그의 시세계를 대표하는 고정관념으로 인식되었다.

이런 평가를 뛰어넘어 현실 참여적 관점에서, 허소라 교수가 석정의 시편들을 새롭게 분석했다. 석정을 준열한 역사적 안목을 갖고 민중의식을 반영한 참여시를 쓴 선구적 현대시인으로 높이 평가한 것이 허 교수의 「신석정 연구」이다.[65]

반대로 송하선 교수는 석정시를 참여시로 보지 않았다. 석정의 후기 시편들은 사회 현실을 비판한 참여시가 아니고, 유가적 은둔사상을 반영한 서정시라고 송 교수는 주장했다.[66] 석정의 모든 시편들을 참여시나 유가시 하나로 단일하게 볼 수는 없다. 양면성이 공존하는 것이

60) 정한모, 「한국 현대시의 정수」, 서울대학교 출판부, 1979, 203쪽.
61) 신석정, 「상처 입은 작은 역정의 회고」, 『문학 사상』, 1973.2.
62) 허소라, 「석정론」, 『한국현대작가 연구』, 유림사, 1983, 58쪽.
63) 김기림, 「시론」, 백양당, 1947, 86쪽.
64) 서정주, 「한국의 현대시」, 일지사, 1965, 183쪽.
65) 허소라, 「신석정론」, 『한국현대작가 연구』, 유림사, 1983, 58쪽.
66) 송하선, 「석정시의 참여론에 대한 재고」, 『전주우석대 논문집』 2집, 1985.

석정시의 특징이다.

그 양면성이 공존하고 시세계를 가꾼 시인은 희귀하다. 그 양면성이 더욱 확대·심화되면, 폭넓은 독자층의 애독성을 확보할 수 있다. 따라서 현대시의 발전 모색하는 과정에서 양면적 통합성은 중요한 의미를 지닌다. 기존의 석정 연구는 전북문단의 연고성과 수순·참여라는 이분법적 평가의 불균형을 극복하지 못한 점이 있다. 그 보다 양자를 통합시키는 균형적인 평가가 필요하다.

더욱이 만해·타고르 등 그가 받은 영향과 함께 그가 끼친 영향도 연구될 필요가 있다. 후배 시인들에게 끼친 영향에 대한 연구가 이루어지면, 현대시 발전에 유익한 자료가 될 수 있다. 그만큼 석정은 한국 현대시의 흐름에서 큰 비중을 차지하는 시인이다.

특히 석정은 자신의 서정 시편들에 사실주의 시 정신을 반영한 양면성을 지닌 시인이다. 달리 표현하면 아름다운 향촌의 이미저리 마디들에 사회 비판의식을 가미한 폭넓은 시심을 지닌 시인이다. 세칭 순수·참여시를 모두 체득한 유별난 시인이다. 서정시와 사실주의 두 경향의 시편들을 두루 발표한 선구적 시인이란 사실은 그의 시작 활동을 살피면 쉽게 드러난다.

3-1. 표현미와 의미의 조화

신석정은 서정·사실주시 경향의 양면성을 두루 지닌 시인이다. 이는 그의 문단 활동으로 쉽게 확인된다. 그는 1930년대 『시문학』 동인으로 활동한 이후 1974년 사망하기까지 『창작과비평』지에 시편들을 꾸준히 발표했다. 이렇게 대립적 성격을 지닌 동인지나 문학지에, 말년까지 시편들을 꾸준히 발표했다.

그의 시편들에서 두 노선의 선구적 요소들이 분명하게 밝혀져야, 비로소 그가 순수·참여의 양면성을 조화시킨 폭넓은 시인이란 사실이 객관화될 수 있다. 특히 기존 문단에서 참여시의 선두주자로 김수영을 지목하는 시연구자들이 많았다. 하지만 한국 현대시 리얼리즘 계열의 선두주자는 신석정이다.

도시문명 지향적인 김수영보다 향토시인 신석정이 농민의 입장에서 참여적 시편들을 많이 발표했다. 해방 이전에도 사실주의 경향의 시편들을 발표했다. 다음 시편이 그 대표적이 시편이다.

나와
하늘과
하늘 아래 푸른 산 뿐이로다.

꽃 한 송이 피워낼 지구도 없고
새 한 마리 울어줄 지구도 없고
노루새끼 한 마리 뛰어다닐 지구도 없다.

나와
밤과
무수한 별 뿐이로다.

밀리고 흐르는데 밤 뿐이요
흘러도 흘러도 검은 밤 뿐이로다.
내 마음 둘 곳은 어느 밤 하늘 별이드뇨.

–「슬픈 構圖」 전문[67]

---

67) 신석정, 『슬픈 목가』, 낭주문화사, 1947, 30쪽.

이 시편의 의미구조는 단순하다. 그 의미의 축은 하늘과 지구와 화자인 나, 셋의 3각 구도이다. 여기에 나오는 이미지들도 천상과 지상에 속하는 것들로 양분된다. 천상계를 대표하는 것이 별의 이미지이다. 이것은 이상과 희망의 상징물이다.

반대로 지상계엔 밤의 이미지들뿐이다. 지구는 생명체가 존재할 수 없는 부정적 공간이다. "꽃 한 송이 피워낼 지구도 없고/ 새 한 마리 울어줄 지구도 없고/ 노루새끼 한 마리 뛰어다닐 지구도 없다." 이것이 2연에 나타난 지구에 대한 묘사이다. 조선인들이 자유롭게 행동할 수 없이 탄압을 받는 한국 사회상을 묘사한 시편이다. 이처럼 그의 현실 인식은 비극적이다.

비유하면 육사의 '한발 재겨 디딜 곳조차 없다'는 시구나, 윤동주의 '한 번도 손들어 보지 못한 나를'이란 표현처럼 당시 시대상을 반영한 대표적인 의미의 마디들이다.

비극적 세계관을 반어적으로 표현했던 초기와 달리, 궁핍한 농민들의 삶을 구체적으로 다음과 같이 묘사하여, 석정은 사회 비판의식을 중기에 더욱 분명하게 드러냈다.

> 1
> 껌도 양과자도 쌀밥도 모르고 살아가는 마을 아이들은 날만 새면 띠뿌리와 칡뿌리를 직씬 직씬 깨물어서 이빨이 사뭇 누렇고 몸에 젖인 띠뿌리랑 칡뿌리 냄새를 물씬 풍기면서 쏘다니는 것이 퍽은 귀엽고도 안쓰러워 죽겠습니다.
> 2
> 머우 상치 쑥갓이 소담하게 뇌긴 식탁에는 파란 너물죽을 놓고 둘러앉아서 별보다도 드물게 오다 가다 섞인 하얀 쌀알을 건지면서
> "언제나 난리가 끝나느냐?"고 자꾸만 묻습데다.
>
> -「귀향시초」 일부

이 시에서 석정의 관심은 비참한 논촌 현실에 쏠려 있다. 묘사 대상이 가족과 이웃 등 주변 인물들이다. 그들의 궁핍한 실상을 묘사 대상으로 삼았다. '껌도 양과자도 쌀밥도 모르고 살아가는 아이들이나 파란 나물죽을 놓고 둘러앉은 가족의 모습은 헐벗고 굶주린 가난의 실상이다. 띠뿌리나 칡뿌리로 연명하는 빈궁한 농민의 삶을 시편에 구체적으로 담았다. 이처럼 정직하고 사실적인 표현의 아름다움이 리얼리즘 시의 정수이다.

띠뿌리나 칡뿌리로 연명하고 빈궁상(貧窮狀)으로 시의 사실묘사는 더욱 극화된다. 특히 2연에 쌀알을 별에 비유한 것은 참신한 명유이다. 이런 기법으로 시인은 별의 천상적 이미지를 밥이라는 지상적 이미지로 바꾸었다. 추상적 이미지를 구체적 이미지로 전이시켜, 관념보다 실제 생활을 부각시켰다. 이렇게 농민들의 굶주린 참상을 시편들에 선명하게 제시했다.

특히 이런 곤궁한 상황에서도 가족과 이웃들 간의 끈끈한 인정미가 넘치는 향토애를 이 시에 살렸다. 가난의 참상을 극화시켜 정치적 투쟁논리로 발전시킨 것이 아니라, 토속적 분위기와 농민들의 유대감이나 인정미가 공존하는 것이 중기 시의 특징이다.

> 오리요 마이싱도곤 차라리 쌀밥이 약이리라.
>
> –「영이에게」 일부

> 가을도곤 오는 봄을 근심하는 마을 아낙네의 서글픈 이야기가
> 오늘도 내일도 퍼져가는 한 지구는 영원히 아름다운 별일 수 없다.
>
> –「이야기」 일부

위 시편들에 가난한 가족들의 힘겨운 생활상이 담겨있다. 백일해에

걸린 어린 환자에게 약도 밥도 구해주지 못하는 사연이나 가을부터 봄 식량을 걱정하는 이웃들의 절박한 이야기가 시편들에서 사랑으로 이어진다. 가족과 이웃에 대한 사랑이 이야기의 밑바탕에 깔려 있다. 체험적이고 사실적인 세계를 과장 없이 그려냄으로써 시적 공감을 획득하는 데 성공하고 있는 시편들이다. 이러한 작자의 가족과 이웃에 대한 애정은 다음 시의 경우 더욱 심화, 확대되어 나타난다.

우수도
경칩도
머언 날씨에
그렇게 차거운 계절인데도
봄은 우리 고운 핏줄을 타고 오기에
호흡은 가빠도 이토록 뜨거운가?

손에 손을 쥐고
볼에 볼을 문지르고
의지한 채 체온을 깊이 간직하고픈 것은
꽃피는 봄을 기다리는 탓이리라.

산은 산대로 첩첩 쉬이고
물은
물대로 모여 가듯이

나무는 나무끼리
짐승은 짐승끼리
우리도 우리끼리
봄을 기다리며 살아가는 것이다.

—「대춘부」

이 시의 시간 배경은 추운 계절로 가난하고 고달픈 삶의 현장을 암시한다. 힘들게 살아가는 서민들의 끈질긴 기다림의 열정이 '봄은 우리 고운 핏줄을 타고 오기에/ 호흡은 가빠도 이토록 뜨거운가?'란 표현에 잘 나타나 있다. 그들이 고난을 견디는 힘이 무엇인가. 그 답이 이 시에 있다.

'물은/ 물대로 모여 가듯이// 나무는 나무끼리/ 짐승은 짐승끼리/ 우리는 우리끼리/ 봄을 기다리며 살아가는 것이다.'라는 표현에 분명히 나타나고 있다. 그 답은 민중이 서로 의지하며 살아가는 유대감과 공동체 의식에서 고난을 견디는 힘이 나온다. 곤궁한 삶의 실상을 묘사했지만, 그 안에 이웃에 대한 뜨거운 애정이 있다. 그것이 바로 휴머니즘이다.

벼는 서로 어우러져
기대고 산다.
햇살 따가와질수록
깊이 익어 스스로를 아끼고
이웃들에게 저를 맡긴다.

– 이성부, 「벼」 일부

우리야 우리끼리 하는 말로
태어나면서도 넓디 넓은
평야 이루기 위해 태어났제

– 하종오, 「벼는 벼끼리 피는 피끼리」 일부

남아서 못난 사람들끼리
살아서 장한 사람들끼리
사랑하고

꾀꾀꾀한 살 비비면서

– 김정한, 「초복」 일부

위 시 「벼」엔 공동체 의식과 이웃에 대한 애정과 희생정신 등이 복합적으로 담겼다. 「벼는 벼끼리 피는 피끼리」에서는 고통과 수난을 함께하는 공동체적 연대감과 희생적인 민중의 자세가 반영되었다. 그리고 「초복」엔 소시민들의 끈끈한 연대감과 고통을 함께하는 연민의식이 깔려 있다. 이와 같이 위 시편들에 경제적으로 소외된 민중의 공동체 의식이 상징적으로 반영되었다.

민중적 공동체 의식은 석정의 농민시에 나타나는 특징이다. 1950년대 발표된 그의 중기 시편들 중에 농민들의 곤궁한 삶을 담은 리얼리즘 경향의 시편들이 많다. 그 주제의식이 궁핍한 농민들의 유대감이다. 위에 인용된 시편들을 포함해 1960년대 후반부터 등장한 참여시와 석정의 농민시는 시차가 있지만, 주제의 측면에서 유사성이 많다.

후기에 속하는 시편들은 대부분 『산의 서곡』과 『대바람 소리』에 수록되었다. 그것들은 셋으로 계열화된다. 즉 자연미가 주로 담긴 산수시와 인생의 슬픔과 허무의식이 담긴 비애시와 현실을 비판한 사회시이다. 하지만 사회 시편들이 주류를 이루는 것은 후기의 특징이다. 이 계열의 대표작이 다음 시편이다.

바다도곤 넓은 금만경들을
눈이 모자라 못보겠다 노래하신
당신과 우리들의 이 기름진 땅을

아득한 옛날엔
양반과 벼슬아치와

「조병갑」이와 아전 떼들의 북새 속에서

그 뒤엔
「을사조약」에 따라 붙은 「동척회사」와
「기와노상」과 「노구찌상」과 「중추원참의」와
왜놈의 통변들의 등쌀에 묻혀

격양가도 잊어버린 벙어리가 되어
할아버지와
아버지와
아들과
손주들이 대대로 이어 살아왔더란다.

서러운 옛 이야기 지즐대며
동진강 굽이굽이 흐르는 들을
그 무서운 악몽이 떠난 지 스무 해가
되었다 하여
우리 할아버지들의 피맺힌
옛 이야기를 잊지 말아라.

－「곡창의 신화」

이 시편엔 김제만경과 같은 곡창지대의 주민들이 궁핍하게 살아가야만 했던 역사의식이 반영되었다. 현재 가난의 참상을 폭로하기보다, 석정은 궁핍한 삶이 대물림되는 역사적 필연성을 이 시편에 강조했다.

현실과 이상을 상징하는 지상과 천상의 이미저리 마디들을 대립시킨 초기 시편들과 달리 후기로 갈수록 그의 시의식이 확대된다. 개인의 운명적 비극 인식의 범주를 벗어나 사회비판 인식과 역사의식으로 발전한다. 즉 개인 차원에서 사회적으로 주제의식이 심화되고 확대되었다. 이것이 그의 리얼리즘시의 특성이다.

그의 시적 리얼리티는 우리 민족애에서 비롯된 휴머니즘이다. 그가 서정시보다 리얼리즘시에 비중을 둔 것이 후기 시의 특징이다. 따라서 그의 시적 관심이 민주의식의 고양과 실천에 있었다는 것도 뚜렷한 역사의식에서 나왔다. 다음 시에 그 점이 잘 드러난다.

엄숙한 역사의 선고도 동결된 지구에서
그렇게도 우리가 목마르게 대망하는 것은
결국
헤아릴 수 없는 쥐구멍에
햇볕을 보내는 민주주의의 작업을 떠나선 의미가 없다.

－「쥐구멍에 햇볕을 보내는 민주주의의 노래」 일부

위 시편에 4·19의거의 의미가 담겼다. 석정은 민주주의가 한국에 정착되기를 갈망하는 민족의 염원을 이 시로 표현했다. 우리의 슬픈 역사를 되새기며, 희망과 투쟁의지를 노래한 시편도 있다.

포옹할 꽃 한 송이 없는 세월을
얼룩진 역사의 찢긴 자락에 매달려
그대로 소스라쳐 통곡하기에는 머언 먼 가슴 아래 깊은 계단에
도사린 나의 젊음이 스스로워 멈춰 선다.

座標없는 대낮이 밤보다 어두운 속을 어디서 음악 같은 가녀린 소리
철 그른 가을비가 스쳐가며 흐느끼는 소리
조국의 아득한 햇무리를 타고 오는 소리
또는 목마르게 그리운 너의 목소리
그런 메아리 속에 나를 묻어도 보지만,

연이어 달려오는 인자한 얼굴들이 있어
너그럽고 부드러운 웃음을 머금고
두 손 벌려 차거운 가슴을 어루만지다간
핏발 선 노한 눈망울로 하여
다시 나를 叱責함은
아아 어인 지혜의 빛나심이뇨!

당신의 거룩한 목소리가
내 귓전에 있는 한,
귓전에서 파도처럼 멀리 부서지는 限,
이웃할 별도 가고, 소리없이 가고,
어둠이 황하처럼 범람할지라도 좋다.

얼룩진 역사에 만가를 보내고 참한 노래와 새벽을 잉태한 함성으로
다시 억만 별을 불러 Satan의 가슴에 창을 겨누리라.
새벽종이 울 때까지 창을 겨누리라.

–「餞迓詞」에서

조국의 참담한 현실과 역사적 비극성이 '포옹할 꽃 한 송이 없는 세월을/ 얼룩진 역사의 찢긴 자락에 매달려'라고 그는 표현했다. 이런 현실에 대해, 사탄의 가슴에 창을 겨누는 것이 행동적 참여 의지를 상징한다.

1950년대부터 그의 시적 관심은 궁핍한 농촌현실을 묘사하는 데 쏠렸다. 농민들의 참담한 생활상을 자신의 시편들에 담았다. 휴머니즘에 바탕을 두고, 민족애와 공동체 의식을 자신의 시편들에 반영시켰다. 따라서 사실주의 경향의 시편들을 그는 많이 발표했다.

이런 경향은 1970년대 주류인 참여시 계열과 일치하니 그 계열의 선구자로 석정이 재평가될 수 있다. 그가 민중 지향적인 현대시 흐름

을 주도한 사실은 후기 시편들을 검토할수록 분명하게 드러난다. 후기에 그의 시적 관심은 민중의 참상을 시편들에 담았다. 또 사회 불평등이 생긴 역사적 원인을 밝히려, 시의식을 확대시켰다.

3-2. 사회적 주제의식의 확대

석정은 중기 이후 비참한 농민들의 생활상을, 그는 시에 담으려고 노력했다. 그들의 인정미와 공동체 의식을 표출하는 데에, 자신의 시적 관심을 집중했다. 이런 노력은 민중의 삶을 개선하려는 사실주의 경향의 현대시 흐름의 선도하는 계기가 되었다. 즉 1950년대에 그는 리얼리즘 시편들을 발표하여, 다음 세대의 참여시 흐름을 유도하는 선도적 역할을 했다.

석정은 시와 생활이 밀착된 진실한 향토시인이었다. 시가 생활이고, 삶이 시였다. 말 그대로 시창작이 그의 삶에서 가장 중요한 목표요 실천이었다. 그는 언어 구사의 미적 가치를 중요시했지만, 표현미를 위해 의미를 희생시키지 않은 훌륭한 시인이었다.

더욱이 대여처럼 의미를 희생시키며, 표현미를 시의 유일한 도구로 삼지 않았다. 순수한 표현미와 참여적 주제의식을 통합·조화시키려 했다. 즉 표현미의 현실비판의지를 조화시킨 것이 그의 시정신이다. 따라서 그의 조화정신이 현대시의 발전적 문맥에서 대단히 중요하다. 그 양자를 조화시킨 것이 그의 개성이요, 현대시의 진리였다.

석정은 향촌풍경을 아름다운·이미저리 마디로 구사하는 능력과 사회를 비판하는 안목을 두루 갖춘 시인이었다. 그 양면적 안목으로 그는 시조형 시편들을 쓴 남다른 업적을 남겼다. 또 그는 현대시사에서 리얼리즘시의 흐름을 유도한 선구적인 시인이었다. 순수한 표현미와 사회참여의 시정신을 통합시킨 바람직한 시인이었다. 표현미와 현실 비판의식을 조화시키는 시정신은 현대시의 발전적 문맥에서 아주 중요하다.

시와 생활이 분리되지 않는 것이 그의 시적 진실이다. 시 속에 생활이 있었고, 생활 속에 시가 있었다. 이것이 바로 그의 시심이다. 이러한 진실성이 후기에 역사의식으로 발전했다. 낭만적 서정성과 사실적 비극성을 조화시킨 시인으로, 그는 한국 현대시의 흐름에서 큰 비중을 차지하는 시인이다. 즉 한국 현대 리얼리즘시 경향의 선구적 시인이었다.

4. 유치환의 1인칭 화자

청마 유치환(靑馬 柳致環: 1908-1967)은 1931년『문예월간』에 시「정적」으로 데뷔한 이후 1967년 사망할 때까지 36년 동안 시작 활동을 활발하게 전개했다.[68] 생전에 시선집을 포함, 총 13권의 시집을 간행했다.[69] 이 업적은 당시 빈약한 출판 여건을 고려한다면 대가급 분량이다. 이런 연유로 그가 현대시인 중에 '가장 대가다운 대가'[70] 혹은 '이 땅 초유의 대형 시인'[71]으로 꼽힌다. 생시에 많은 시를 발표하며

---

68) 청마는 경남 거제군 둔덕면 방하리에서 부친 유준수와 모친 박우수 슬하에서 5남 3녀 중 차남으로 태어났다. 만 2세에 그의 가족은 통영군 통영면 동부동(현 통영시 태평동 5통 16호)으로 이사했다. 그때부터 1922년 일본 유학을 떠나기까지, 통영에서 살았으니, 통영은 그의 성장지이다. 일본의 풍산중 중퇴, 동래고보 졸업, 연희전문 문과 중퇴, 일본에서 사진 배워 한국에서 사진관 운영, 만주에서 농장 관리와 정미소 경영, 해방 후엔 교직자로 일관했다.

69) 말미에 있는 청마의 기본자료 참고.

70) 김종길,『시론』, 탐구당, 1965, 56쪽.

71) 김재홍,『한국현대시인연구』, 일지사, 1993, 187쪽.

한국시인협회 초대 회장까지 지냈고, 사후에 학자들에게 대가 시인으로 평가받았다.

청마 시를 논하는 두 가지 관점인 '의지'와 '애련'에 관한 연구 성과물들이 많다. 청마는 오랫동안 시편들을 지속적으로 써 대가가 되었다. 지용류의 언어 세련성에 반발해서, 자유로운 사유와 감정을 시에 표출하는 의미의 마디들을 시에 제시했다.

더욱이 일본식 관념적 한자어들을 많이 활용했다. 그의 호방한 자유분망함이 자칫 시의 생경함을 드러낼 수 있다. 그 취약성이 드러난 현상을 그는 스스로 옹호했다.

최근까지 청마를 연구한 논문이 석사 22편과 박사 16편을 합친 106편이 된다고 김명희는 밝혔다.[72] 청마는 생시에 자신에 대해 '나는 시인이 아니다'라고 공언했다.[73] 그 이유는 무엇일까. 그 해답이 그의 시관과 신념에 있다. 그는 시단의 유행에 편승하여 명성을 얻고자 무리를 짓는 얄팍한 시인이 아니었다. 시단의 흐름과 무관하게 자신의 사유(思惟)를 시로 표현하며 평생을 일관한 시인이었다. 그가 당시 유행한 모더니즘적 기교주의에 눈을 돌리지 않은 사실도 이를 말해준다.

청마는 자신의 뚜렷한 시관을 지니고, 분명한 목소리를 내는 개성적인 시인이었다. 그의 시적 개성은 1인칭 화자의 등장으로 드러난다. 이는 다음과 같은 그의 고백에 분명히 드러난다.

> 나의 시는 내게 있어서 언제나 제2의적(第2義的) 가치밖에 가지지 않았고, 그것은 언제나 인생에 대한 나의 사유하고 느끼는 바를 표현하는 구실을 하는 것밖에는 아니었습니다. 그러므로 해서 나는 심히

---

72) 김명희, 『유치환시 율격 연구』, 창원대학교 대학원 석사논문, 2001.6.

73) 유치환, 『제9 시집』, 한국출판사, 1957, 204쪽.

> 대담하게도 '나는 시인이 아니다', '진실한 시는 마침내 시가 아니어도 좋다'고 말했던 것입니다.[74]

위 인용문에서 그는 자신의 시관을 분명히 밝혔다. "시는 언제나 인생에 대한 나의 사유하고 느끼는 바를 표현하는 구실"이라고 말했으니, 이는 그의 시에서 시인과 화자가 궁극적으로 일치한다는 것을 의미한다. 즉 1인칭 화자가 시에 등장하는 것이 그의 시적 특징이다.

4-1. 경험적 화자의 서정성

시의 화자는 1인칭 화자와 창조적 화자로 크게 나뉜다. 시인 자신이 시편에 등장하는 것이 1인칭 화자이다. 따라서 시인과 경험적 화자는 일치한다. 예를 들면 다음과 같은 시이다. "내 죽으면 한 개 바위가 되리라.(「바위」) 여기서 시인은 '나'라는 화자의 목소리로 자신의 감정을 솔직히 드러냈다. 이처럼 1인칭 화자가 등장하는 시편들엔 시인들의 생각이나 감정이 진솔하게 담긴다.

반대로 창조적 화자는 시인과 일치하지 않는다. 양자가 뚜렷이 구분된다. 이 경우 화자는 창조된 가면의 인물(persona)이거나 아니면 모호한 존재이다. 난해한 시편일수록 그 화자의 존재는 애매하다. 현대시에선 화자가 시인과 별개의 존재로 비특정 인물이다. 예를 들면 다음과 같은 시이다. "나의 울음은 차츰 아닌 밤 돌개바람이 되어/ 탑을 흔들다가/ 돌에까지 스미면 금이 될 것이다."[75] 이 시에서 화자는 누구인지 분명하지 않지만, 시인 자신도 아닌 모호한 대상이다. 이렇게 기

---

74) 유치환, 『구름에 그린다』, 신흥출판사, 1959, 148쪽.

75) 김춘수, 「꽃을 위한 서시」 일부.

교적인 시일수록 시인과 무관한 비특정인인 3인칭 화자가 등장한다. 창조적 화자의 등장이 현대시의 특징이 되었다.

앞에서 인용된 청마의 글편에서 '진실한 시는 마침내 시가 아니어도 좋다.'라는 주장을 다시 주목할 필요가 있다. 이때 「진실한 시」란 무엇을 의미하는가. 그것은 시인 자신의 사유를 표현한 시, 즉 1인칭 화자(경험적 화자)가 등장하는 시를 뜻한다. 반면에 「진실하지 않은 시」는 시인과 화자가 일치하지 않는 기교적인 시를 뜻한다.

"마침내 시가 아니어도 좋다."는 뜻은 기교적인 시가 당시 문단의 주류이니, 그것이 현대시의 당위성이 되었다. 따라서 경험적 화자가 등장하는 시는 현대시로 인정받지 못한다는 의미이다. '좋다'란 청마의 말은 시로 인정받지 못해도 '좋다'란 뜻이다. 즉 자신은 오직 1인칭 화자가 등장하는 「진실한 시」를 쓰겠다는 강한 의지를 자신만만하게 표현했다.

이런 문맥에서 보면, "나는 시인이 아니다"라는 말도 결국 '나는 '진실하지 않은 시' 즉 기교적인 시를 쓰는 시인이 아니라는 뜻이다. 오히려 자신은 '진실한 시'를 쓰는 참 시인이라는 사실을 강조하는 반어적 표현이다. 그의 시에 언제나 1인칭 화자가 등장한다. 이것은 시편 속의 화자와 그 밖의 시인이 일치하는 것을 의미한다. 말하자면 수필 같이 써진 시편이다.

그 때문에 평론가들은 그를 무기교의 시인으로 불렀다. 따라서 그가 허무의지의 시인이나 인생파 시인 등으로 평가받았다. 그가 「시인부락」의 동인은 아니지만, 생명파로 알려진 것도 자신의 의지와 무관하다. 이것은 1930년대 모더니즘이나 기교주의 시와 상반되는 그의 시적 경향에서 비롯되었다.

미당(未堂)이 「현대 朝鮮詩 略史」에서 그를 '생명파'에 포함시킨 것이 결정적 계기가 되어, 이후 그렇게 분류되었을 뿐이다.[76] 오히려 청마는 생명파보다 인생파란 말이 더 적절하다. 이는 그가 인생에 대한 자신의 사유를 시로 표현하기 위해, 항상 1인칭 화자를 등장시킨 점에 분명히 드러난다. 1인칭 화자가 등장하는 대표적인 시가 다음 시편이다.

검정포대기 같은 까마귀 울음소리 고을에 떠나지 않고
밤이면 부엉이 괴괴히 울어
남쪽 먼 포구의 백성의 순탄한 마음에도
상서롭지 못한 세대의 어둔 바람이 불어오던
융희(隆熙) 2년!
그래도 계절만은 천년을 다채(多彩)하여
지붕에 박넌출 남풍에 자라고
푸른 하늘엔 석류꽃 피 뱉은 듯 피어
나를 잉태한 어머니는
짐즛 어진 생각만을 다듬어 지니셨고
젊은 의원인 아버지는
밤마다 사랑에서 저릉저릉 글을 읽으셨다.

왕고못댁 제삿날 밤 열 나흘 새벽 달빛을 밟고
유월이가 이고 온 제삿밥을 먹고 나서
희미한 등잔불 장지 안에
번문욕례(煩文辱禮)의 사대주의 욕된 후예로 세상에 떨어졌나니

신월(新月)같이 슬픈 제 족속의 태반(胎盤)을 보고
내 스스로 고고(呱呱)의 곡성(哭聲)을 지른 것이 아니련만
명이나 길라하여 할머니는 돌메라 이름지었다오.

－「出生記」

---

76) 서정주 편저, 『현대조선명시선』, 운문사, 1950, 266쪽.

이 시편 속 융희(隆熙) 2년은 1908년으로 청마가 태어난 해이다. 당시 조선은 국력이 쇠약해져, 일제의 지배가 가속화된 시기이다. "상서롭지 못한 세대의 어둔 바람이 불어오던" 때와 "번문욕례(煩文辱禮)의 사대주의 욕된 후에"란 표현은 조선이 처한 비운의 시대상이다.

이 시편의 화자와 청마의 출생일은 일치한다. 또 실제 인물들이 이 시편에 많이 등장한다. 그의 아명도 돌메였고, 부친은 글 읽기를 즐긴 한의원이었다. 따라서 이 시편의 내용은 청마의 자서전 기록이다. 더욱이 시의 배경인 '남쪽 먼 포구'도 그의 출생지와 일치한다. 이 때문에 그의 출생지 문제가 발생했다.77)

거제시 둔덕면 방하리는 청마의 8대조부터 살아온 진양 유씨(晉陽柳氏)의 집성촌이요, 그의 선영(先塋)이 있는 곳이다. 또 충무의 옛 지명인 통영은 그가 성장한 곳이다. 청마가 둔덕에서 태어나, 두 살 때 가족이 충무로 이사했다는 것이 거제 측 주장이다.78) 통영 측은 청마가 통영에서 태어나고 자랐다고 주장한다.79)

청마의 가족이 거제에서 통영으로 이주한 시기가 밝혀지면, 그의 출생지도 분명해진다.80) 통영시 호적부에 그의 부친에 관한 기록이 있

77) 두 도시의 행정가들이 서로 자기 고장에서 청마가 태어났다고 상반되는 주장을 폈다. 급기야 訟事로까지 확대되었다. 지나친 대립이 오히려 그 진위 파악을 힘들게 만들었다. 출생지 논란이 야기된 원인은 복잡하다. 청마와 깊은 관계가 있는 두 도시는 행정상 하나로 통합되었다가 다시 분리된 구역이다.

78) 한국문협 거제지부, 『거제문학』 제15집-18집, 한국문협 거제지부, 1996~1998.

79) 통영시, 『청마문학의 재조명』, 통영시, 2002.

80) 거제시 둔덕면 호적부에 그의 부친에 관한 기록은 없다. 단지 전호주인 그의 조부 유지영과 현호주인 그의 백부 유근조에 관한 기록만 있다. 이 호적부는 1915년에 최초로 작성되어 그 이전 사항은 없다. 따라서 통영으로 이사 간 시기를 이 호적부로 확인할 수 없다. 단 이 호적에 그의 외조부 박순석에 관한 기록이 남아 있어, 외갓집이 이곳에 있었다.

다.[81] 이 호적부는 용남군과 거제군이 통영군으로 통합된 1914년 3월 1일 이후에 작성되었다. 하지만 그 이전 사항도 기록되어 있다. 이주한 사실이 기록된 유일한 호적이다. 이를 근거로 보면 청마는 거제에서 태어나 두 살 때에 통영으로 이사했다. 하지만 청마는 자신의 출생지를 통영이라고, 시편의 내용처럼 다음과 같이 썼다.

> 난 곳은 노도처럼 밀려 닿던 왜의 세력을 가장 먼저 느낄 수 있던 한반도의 남쪽 끝머리에 있는 바닷가 통영(현 충무시)이었습니다. …중략…
>
> 내가 자라던 집은 바닷가 비알이며 골짝 새로 다닥다닥 초가들이 밀집한 가운데 더욱 어둡고 무거워 보이는 삼도 통제사의 아문들이던 이끼 덮인 옛 廳舍와 사방의 城門이 남아 있는 선창가엔 마포(현 마산)와 하동 등지로부터 장배들이 수 없이 들이 닿고, 쌀 소금 명태 등속의 物主 집 창고들이 비좁게 잇달아 서서, 언제나 품팔이 지게꾼들이 우글거리는 고을 바닥의 중심지 가까운 행길가에 시옷자로 붙어 앉은 초라한 초가였습니다."[82]

이 글에서 그는 자신이 '난 곳'과 '자라던 집'을 분명하게 구분했다. 또 성장한 집에 대한 묘사를 아주 세밀하게 묘사했다. 구체적인 묘사로 그 옛 집에 오래 살아 깊은 정이 들었음을 강조했다. 그곳은 분명 통영 포구이다. 이렇게 청마 스스로 출생지를 통영으로 강조해서, 그 사실이 독자들에게 널리 알려졌다.

그러나 사후 22년이 지나서, 조상기가 이를 부인하는 증거를 제시

---

81) 유준수가 1910.1.21에 거제에서 통영군(당시 용남군) 동면 신흥동 26호로 분가한 것과 1911.1.23에 통영군 통영면 동부동 5통 16호(현 태평동 552번지)로 이사한 것이 기록되어 있다.

82) 柳致環, 앞의 책, 12-13쪽.

하는 논문을 발표했다.[83] 이 논문은 역사주의 연구방법으로 작가의 생애를 중요시 다룬 실증적 논문이다. 청마의 친형인 동랑 유치진도 자신의 출생지가 거제임을 분명히 밝혔다. 자서전 속 소제목 「어두운 시대의 황량한 분지」에서 이를 진술했다. 외지고 가난한 섬 거제 둔덕에서, 1905년 말(음력 11.19)에 자신이 출생했다고 밝혔다. 고려 때 정중부의 난을 피해서, 은둔자들이 개척한 외진 둔덕골이 출생지임을 그는 분명히 밝혔다.[84]

또 동랑은 빈농 출신으로 주경야독하여 성공한 부친 유준수를 자랑스럽게 소개했다. 한시회(漢詩會)에도 가담한 유학자로 깔끔한 용모의 침착한 선비였다고 회고했다. 부잣집 막내딸인 모친은 농사로 고생하다, 결혼 7년 만에 통영시로 이사했다고, 그는 진술했다. 한일합방한 해에, '나는 다섯 살이고, 청마는 두 살에, 둔덕에서 통영으로 이사했다.'고, 그는 회고했다.[85]

그러나 동랑은 출생지가 통영이라고 전과 다르게 말했다. '내가 태어난 통영(統營)은 진해 근처라, 안방까지 대포소리가 들렸다.'고 말했다.[86] 청마나 동랑이 자신들의 출생지를 혼란스럽게 말해서, 출생지 논란이 더욱 복잡해졌다. 그들이 출생지를 혼란스럽게 말한 원인은 행정상의 문제이다. 서로 인접한 그 도시들(거제·통영·충무)이 통합·분리를 반복한 데에, 그 원인이 있다.[87]

---

83) 조상기, 『柳致環 연구』, 한양대학교 대학원, 박사논문, 1989.

84) 유치진, 『동랑 유치진 전집』, 서울예대출판부, 1993.1, 49쪽.

85) 유치진, 『동랑 유치진 전집』, 서울예대출판부, 1993.1, 52쪽.

86) 유치진, 『東朗 自敍傳』, 서문당, 1975, 45쪽.

87) 1914년에 용남군과 거제군이 통영군으로 통합. 1931년엔 통영면이 읍으로 승격. 1953년에 둘이 다시 분리, 통영군에 거제가 39년간 속했다. 1955년에 통영군에서 동영읍이 분리되어 충무시로 승격. 1995년에 충무시와 통영군이 통영시로 통합.

전 서울대 교수 오세영 시인은 청마의 출생지는 확실하게 거제라고 지적했다.[88] 또 '현지답사로 청마의 출생지가 거제임을 확인했다.'라고, 박제천 시인도 발표했다.[89] 거제에서 태어난 청마가 어려서 가족 따라 충무로 이사한 후 그곳에서 성장했으니, 두 곳은 모두 그의 고향이 된다.

청마는 1929년에 일본에서 귀국하여, 통영에서 친형 동랑과 함께 「소제부」라는 회람지를 처음 발간했다. 그 창간호에 「5월의 마음」 외 시 25편을 발표했다. 그 편들엔 1인칭 화자가 등장한다. 초기부터 자연을 묘사하기보다 자신의 인생관이나 철학을 화자의 목소리로 진술한 의미의 마디들로 구성된 시편들이 많다. 묘사보다 자신의 철학적 사고를 진술한 아포리즘적 표현이 그의 시적 특징이다.

그의 첫 시집인 『청마시초』에 실린 초기 시편들에 반영된 주제는 개인 서정의 문제였다. 그 시편들 대부분이 사랑과 고독과 향수 같은 순박한 정서가 담긴 시편들이었다. 둘째 시집 『생명의 서(書)』에도 그런 서정성이 담겨있다. 물론 북만주 체험이나 나라 잃은 유랑민 등의 비애감이 짙게 깔린 시편들도 있다.

그러나 제3 시집 『울릉도』에선 새로운 변화가 나타난다. 개인적 사랑을 반영한 서정적 시편들보다, 현실을 비판하는 사회시 편들이 증가한다. 34편이 수록된 이 시집에 우리 사회의 혼란상을 비판하는 사회 지향적 시편들이 증가한다. 이에 속하는 대표적인 것들로 「울릉도」·「1947

이렇게 거제·통영·충무는 서로 밀접한 행정구역이다.

88) 오세영, 『휴머니즘과 실존, 허무의 의지 유치환』, 건국대학교 출판부, 2000, 12-13쪽.

89) 박제천, 「예술성과 기록성 담긴 사진과 문학의 결합」, 『문화예술』 9월호, 한국문화예술진흥원, 1996, 49쪽.

년 조선에 한 달 비 내리다」·「눈초리를 찢고 보리라」·「조국이여 당신은 진정 고아이다」·「서울에 부치노라」·「호화로운 권속」·「진실」 등 7편이 넘는다.

1950년 이후 청마는 자신의 종군 체험을 반영한 시편들을 집중적으로 발표했다. 역시 사회 편향적 시에 속하는 종군시집이 『보병과 더불어』이다. 당시 전쟁을 겪는 민족의 아픔을 사실적으로 반영한 종군시집이다. 이 시집을 정점으로 사회 편향적 그의 주제의식은 약화된다.

이후 개인적 정서를 반영한 시편들이 많아진다. 『행복은 이렇게 오더니라』 등 57편이 수록되었다. 그중에 인간의 원초적 감정과 생명의 존엄성이 주제인 42편이 있다. 즉 사랑시 13편과 생명시 29편이 이에 속한다. 그리고 사회를 비판한 시 9편과 기타 6편이 있다.

그의 말기 시집 둘에 변화가 생긴다. 『뜨거운 노래는 땅에 묻는다』엔 사랑시(6편)보다 사회시(11편)가 더 많다. 더욱이 마지막 시집인 『미루나무와 남풍』의 총 41편에 사랑시(4편)와 생명시(27편)와 사회 비판시(4편)와 기타 6편이 있다. 『미루나무와 남풍』엔 사랑 시편들이 더욱 적어진다.

청마의 시편들에 반영된 주제의식은 개인과 사회 차원으로 크게 양분된다. 개인의 원초적 본능과 생명의 존엄성이 주제인 시편들은 전기에 많다. 특히 그는 사랑과 생명을 인생의 등가물로 간주한 것이 그의 전기(前期) 서정시 특징이다.

또 후기엔 사회를 탐구·비판한 시편들이 많다. 한국전쟁의 참상이 사실적으로 담긴 시편들이 많다. 부패한 정치와 비참한 사회현상을 비판한 시편들이다. 초기에서 말기까지 청마는 사랑과 인생과 사회를 모두 시로 접근·탐구한 것이 청마의 일생이다. 따라서 일생 동안 그가 추구한 시적 여정은 사랑·인생·사회 세 갈래이다. 따라서 그의 지적 주제의식의 핵심이다.

그의 시편들에 나타난 사랑은 님과 함께 누리는 기쁨이 아니라, 항상 합일될 수 없이 떨어져 있는 대상에 대한 그리움이다. 이루어질 수 없는 대상에 대해 홀로 품는 그리움이기에, 그 사랑은 항시 안타깝게 기다리고 슬프게만 느끼는 고통스런 정서이다. 그런 대표적인 시편들이 위 「그리움 1」과 「그리움.2(파도야 어쩌란 말이냐)」와 「행복」과 「아가(雅歌).1」 등이다.

드디어 크낙한 공허이었음을 알리라.
나의 삶은 한 떨기 이름 없이 살고 죽는 들꽃
하 그리 못내 감당하여 애달프던 생애도
정처 없이 지나간 일진의 바람
수수(須叟)에 멎었다 사라진 한 점 구름의 자취임을 알리라.
두 번 또 못 올 세상
둘도 없는 나의 목숨의 종언의 밤은
일월이여 나의 주검가에 다시도 어지러이 뜨지를 말라
억조 성좌로 찬란한 구천(九天)을 장식한 밤은
그대로 나의 크낙한 분묘!
지성하고도 은밀한 풀벌레 울음이여 너는
나의 영원한 소망의 통곡이 될지니
드디어 공허이었음을 나는 알리라.

－「드디어 알리라」

시인은 자신의 생명의 영원한 지속을 희구함에도 불구하고 결국 죽음에 이르며 그가 종국적으로 돌아가야 할 곳은 허무라는 사실을 깨닫는다. 즉 이 세계에 영원이란 없으며, 허무 자체가 영원이란 사실을 깨닫는다.

청마는 시로 '사랑'과 '삶'과 '생명'을 탐구했다. 그 셋이 하나를 이루며 그것이 생명의 본질이다. 달리 표현하면 생명 현상은 리비도(Libido)의 표현이다. 모든 생명 현상은 맹목적 의지인 리비도를 실현하는 과정이라는 것이 정신분석학적 해석이다. 사랑의 원천인 리비도의 충동에 따라 새로운 세대로 이어지는 것이 생의 목적이다. 즉 리비도가 지향하는 궁극적인 것은 에로스(Eros)적 사랑이며, 그것이 생명의 본질이다.[90]

4-2. 애정 고백의 시편들

청마는 40대까지 「그리움 1 · 2」처럼 애련(哀戀)의 감정을 잘 드러낸 시편들을 많이 발표했다. 초기에 속하는 2편 「의주ㅅ길」과 「춘신」도 연시(戀詩) 편에 속한다. 이 시편들은 모두 시조형에 속한다. 이렇게 40대까지 전통율격에 충실한 시인이었다. 신시조에 속하는 다음 두 시편들에 그 점이 잘 드러난다.

장안을 나서서 북쪽 가는 천리ㅅ길
아까시야 꽃수술에 꿀벌 엉기는
이 길을 떠나면 다시 오지 안 하리니

속눈썹 감실 감실 사랑한 너야
이대로 고이 나는 너를 하직하려노니
뉘가 묻거들랑 울지 말고 모른다소

천리ㅅ길 너 생각에 하염없이 걷노라면

90) 오세영, 『유치환』, 건국대학교 출판부, 95쪽.

하늘도 따사로이 뫼ㅅ등도 따사로이
가며 가며 쉬어 쉬어 울 곳도 많어라.

– 청마의 「義州ㅅ길」

이 시편의 9행 3연은 연시조형에 속한다. 3연이 모두 4음보율의 시행이다. 단 2·3연의 첫·둘째 음보가 종장 자수율인 3·5 자수에 어긋나니, 시조형식에 속한다.

만약에 청마가 시조를 지으려 했다면, 종장의 첫 음보와 둘째 음보의 음수율을 다음과 같이 시조 형식에 쉽게 맞출 수 있었다. 즉 6행을 '누군가 묻거들랑은 울지 말고 모른다하소'로, 또 9행을 '가는 중 쉬고 또 쉬어 울 곳도 많어라.'로 손쉽게 시조형식에 맞출 수 있다. 청마의 다음 시편도 앞 시편과 같이 신시조에 속한다.

꽃등인양 창 앞에 한 그루 피어 오른
살구꽃 연분홍 그늘 가지 새로
적은 멧새 하나 찾아와 무심히 놀다 가나니

적막한 겨우내 들녘 끝 어디메서
적은 깃을 얽고 다리 오그리고 지내다가
이 보오얀 봄길을 찾아 문안하여 나왔느뇨

앉았다 떠난 아름다운 그 자리 가지에 여운 남아
뉘도 모를 한 때를 아쉽게도 한들거리나니
꽃가지 그늘에서 그늘로 이어진 끝없이 적은 길이여

–「춘신(春信)」 전문

이 시도 「의주ㅅ길」처럼 4음보율인 3행이 1연을 구성하는 신시조이다. 즉 3수의 연시조형이다. 이른 봄에 조그만 멧새가 살구꽃 송이들이 핀 나무 가지에 앉아 있는 정경을 보고 느낀 1인칭 화자의 마음이 이 시편에 담겨 있다. 연분홍 꽃송이들이 핀 가지는 배경 이미저리요, 멧새가 1연의 핵이미지이다.

2연에서 '적은 깃을 얽고 다리 오그리고 지낸 멧새'는 단순한 묘사 대상이 아니다. 봄은 자연의 순리에 따라 저절로 오지만, 멧새는 적막한 들녘에서 얼어 죽지 않고 각고의 노력 끝에 봄 꽃길을 문안 왔다.

특히 3연에서 멧새가 '앉았다 떠난 아름다운 그 자리 가지에' 남은 여운 은 치열한 경쟁터에서 살아남은 멧새의 생존가치를 의미한다. 그 의미는 '그늘로 이어진 끝없이 적은 길'은 멧새의 영광스런 생존 과정임을 화자는 3연 마지막에서 강조했다. 여기서 멧새와 화자와 시인의 생각이 일치한다.

이렇게 시인과 자연이나 대상물이 하나가 되는 합일의 정서가 서정시의 장점이라고, 슈타이거는 강조했다.[91]

슈타이거가 강조한 시인과 자연이 하나가 되는 경지의 표현이 청마의 절창인 「그리움.2」이다. "파도야 어쩌란 말이냐/ 날 어쩌란 말이냐" 에 끊임없이 밀려오는 파도처럼 반복되는 감당하기 어려운 사랑의 고통이 담겨있다. 이 시편처럼 자연과 시인이 하나가 된 작품은 드물다.

이 「그리움.2」에서 끊임없이 출렁이는 바다의 파도와 청마의 이룰 수 없는 짝사랑의 고통은 반복된다. 파도의 출렁임과 화자의 고통스런 번뇌의 반복은 일치한다. 자연 현상과 시인의 마음이 하나가 되는 경지이다. 그렇게 자연과 시인의 감정이 합일하는 순간에서 시가 탄생하는 것이 서정시의 본질이다. 표현 대상과 시인의 감정이 일치하는 순간에 시심의 싹이 튼다. 그것이 1인칭 화자가 등장하는 서정시의 특징이다.

---

91) Emil Staiger, Grundbegriffe der Poetik, Zurich, 1996, p.218.

4-3. 사회 비판적 시관

1949년에 간행된 『청령일기』엔 사회시는 1편뿐이고 나머지가 모두 서정 시편들이다. 그러나 해방 직후 남한 정부 수립기에 나온 『울릉도』나 한국전쟁 중에 쓴 『보병과 더불어』와 『기도가』 그리고 전후 『행복은 이렇게 오더니라』와 4·19혁명기에 쓴 『뜨거운 노래는 땅에 묻는다』 등의 시집들엔 사회시 편들이 많다. 『제9시집』에만 유독 사회시 편들이 현저하게 적다.

청마의 사회시 편들엔 정부를 비판하고 사회모순을 고발한 우국충정의 휴머니즘이 깔려 있다. 한국 전쟁기에 발표된 시편들에도 휴머니즘이 기본을 이루고 있다. 북한군의 시신을 보며, 연민에 빠진 내용의 시편도 있다.

그는 기독교를 비판했지만, 종교 자체를 부정하지는 않았다. 다른 종교를 옹호할 목적으로 비판한 것은 더욱 아니다. 오직 기독교가 사회정의 구현에 기여하지 못함을 고발했을 뿐이다. 그는 특정한 이데올로기를 주장하지 않고, 오직 휴머니즘을 신봉했다.

초기에 청마는 인간의 영원한 존재 가치와 사랑의 고귀함을 시에 담으려 노력했다. 그것이 초기 시편들에 나타난 그의 주제의식이다. 그의 대표작 「생명의 서」라는 제목이 그것을 말해준다. 인간의 무한한 욕망과 한계의 갈등적 정서를 자신의 초기 시편들에 그렸다.

그런 개인 체험적 주제의식은 해방을 기점으로 달라진다. 전기의 주제의식이 애정의 갈등이라면, 후기엔 사회적 혼란과 정치적 부패 등을 비판하는 사회의식이 강해졌다. 하지만 천성적으로 애련의 감정이 풍부한 그는 서정 시인에 속한다.

청마의 서정적 시편일수록 시조 가락인 4음보율이 흐른다. 즉 그의 서정시 편들은 시조형에 속한다. 더욱이 평이한 그것들에 독자층의 애독성이 높다. 반대로 관념적인 한자어가 많이 쓰인 후기 사회시 편들은 산문적으로 풀어져 있다. 따라서 그 시편들은 초기 시편들에 비하면, 그 애독성이 떨어진다.

5. 김기림의 모더니즘 시운동

1930년대가 한국 현대시사에서 중요한 시기로 다루어지는 이유가 있다. 이때부터 우리 현대시가 기교나 내용면에서 현대시다운 면모가 나타나기 시작했다. 당시 시문학파와 모더니즘 시운동으로 그런 변화가 나타났다는 것이 일반화되었다. 모더니스트들의 활동무대인 『가톨릭 청년』지가 창간된 1933년을 현대시의 출발점으로 본 김윤식의 견해도 이와 일치한다.[92] 이와 같이 모더니즘 시운동이 한국 현대시의 시발점이라는 시사적 의의를 지니고 있다.

그 시운동을 주도한 평론가가 김기림이다. 평론활동과 시창작을 병행했다. 판금(販禁) 시기까지 그에 대한 연구업적은 크게 셋으로 분류된다. 문학사류 연구 4편과 모더니즘 관련 연구 14편, 김기림 시연구 1편이다. 이렇게 그의 시작(詩作)에 대한 연구보다 영미문학을 수용한 비교문학적 관점의 성과가 많다.

판금기에 금단(禁斷)의 작가로 분류된 그에 대한 연구는 은밀하게 진행되었다. 따라서 그 평가는 대체로 부정적이었다. 그는 비평(批評)

92) 김윤식, 「모더니즘의 한계」, 『한국근대작가론고』, 일지사, 1974.

과 시창작 활동을 겸했으니, 이에 대한 양면적 연구가 필요하다. 하지만 기존 연구에서 서구시론 수용과 관련된 비교문학적 차원에 치우쳐 있다.

김기림은 당시 한국 시인들을 '반도의 개구리'로 폄하하며, 한국시의 근대화를 위하여 치열하게 노력했다.[93] 그는 한국시단에 서구의 지성(知性)을 수용하는 문제에 집착했다. 그것은 한국 시 장르를 현대화시키는 비평 활동으로 집약된다. 그는 영미시론을 소개하여 한국 문단에 자극을 주며, 자신 스스로 시를 써서, 시창작의 모범을 보여주려 시도했다. 그것을 실천한 야심작이 바로 「기상도」이다.

서구의 모더니즘 시운동은 현대사회가 안고 있는 불안과 위기의식에서 발단된 문예사조를 총칭하는 광의적 개념이다. 따라서 그것은 상징주의·다다이즘·미래파·입체파·이미지즘·초현실주의·주지주의가 포함되는 다의적 개념이다.[94] 이 시운동은 복잡하고 다의적인 의미를 지닌 광의적 문예사조에 속한다.

그러나 1930년대 한국 모더니즘 시운동은 서구의 개념처럼 문예사적 필연성에 의해 전개된 것이 아니다. 한국 사회를 지탱해온 절대 이념의 붕괴에 따른 종말론적 사상에서 시작된 사조는 더욱 아니다. 따라서 이에 대한 학자들의 견해가 각기 달라서, 그 의미 파악이 매우 어렵다. 이 시운동의 배경과 성격이 서구와 한국 간에 판이하게 다르다.

5-1. 30년대 시 평론 전개

김기림은 함북 성진군 학중면 임명동에서 1908년 5월 11일에 태어났

93) 김기림, 「바다와 나비」, 신문화연구소, 1946, 서문.

94) Rogor Fowler(ed.), A Dictonary of Modern Critical Terms, R.K.P, 1973.

다. 그는 보성고보를 중퇴하고 일본으로 건너가 1929년에 니혼대학(日本大學) 문학예술과를 졸업했다. 귀국 후 1930년 4월부터 조선일보에 입사하여, 사회·문예부 기자로 활동하며, 시와 평론을 발표했다. 1931년에 신문사를 휴직하고 귀향하여 과수원 「무곡원」을 돌보며, 집필 활동을 계속했다. 낙향 후에 그는 창작 활동을 가장 왕성하게 펼쳤다.

1936년에 그는 재차 도일하여 도호쿠제대(東北帝大) 법학부 영문과에 재입학했다. 재학 중에 그는 I.A. 리차즈(Richards)의 제자인 윌리엄 엠프슨(William Empson) 교수의 지도를 받으며, '리차즈'를 전공하여 학사학위를 받았다. 귀국 후에 『시의 이해』를 출간했다. 그만큼 그는 리차즈의 영향을 많이 받았다. 그의 시론과 리차즈의 것을 비교한 서준섭은 '리차즈 시론을 토대로, 김기림은 자신의 시론을 체계화했다.' 고 평가했다.[95] 유학 시절에 그는 T.S. 엘리엇(Eliot)과 스티븐 스펜더(Stephen Spender)와 W.H. 오든(Auden)과 T.E. 흄(Hulme) 등에 관심을 가졌다. 2회 일본 유학하여, 대학 둘을 졸업한 학구파였다.

1940년에 귀국한 그는 조선일보사 계열인 『조광』사에 잠시 근무했지만 사직하고 귀향했다. 경상공립중학교에서 영어·수학 교사로 근무하다 해방을 맞이했다. 광복 직후 월남한 그는 조선문학자대회에서 "조선시에 관한 보고와 금후의 방향"이란 제목으로 전향적 연설을 했다.[96]

1930년 그는 조선일보에 시 「가거라 새로운 생활로」와 「가을의 태양은 프라티나의 연미복을 입고」를 처음 발표했다.[97] 이후 시·평론·수필·소설·희곡 등을 발표했다. 이후 시집 『기상도』·『태양의 풍속』·『바다와 나비』·『새노래』 4권과 평론서 『시론』·『시의 이해』

95) 서준섭, 「1930년대 한국모더니즘 연구」, 서울대학교 대학원, 1977.
96) 문덕수, 「한국 모더니즘 시연구」, 시문학사, 1981.
97) 「조선일보」, 1930.9.6.

와 수필집 2권 등을 합쳐 11권의 저서를 냈다. 그는 6·25전쟁 중에 서울대 교수로 신문화연구소장 재직 중에 납북되었다. 신문·잡지 기자와 교원·교수를 지냈고, 과수원도 경영했다. 더욱이 자기 호를 G.W로 삼았다.

김기림을 부정적으로 평가한 최초의 평론가는 임화였다. 그는 「담천하의 시단 1년」에서, 부르주아 시의 현대적 후예라고 규정했다. 또 김기림을 기교주의자로 몰아세우며, 사회주의 문학의 관점에서 김기림을 공격했다.[98] 최재서도 그의 「기상도」가 주제의식이 부족함을 지적하며, 비판했다.[99] 송욱의 비판은 더욱 구체적이고 신랄하다. I.A Richards와 T.S. Eliot에 대한 김기림의 이해부족을 지적하며, 김기림이 전통과 역사의식 부족함을 송욱은 비판했다.[100]

김용직도 「모더니즘의 시도와 실패」에서, 1920년대 김기림이 시의 감상적 경향을 배격하고, 건강과 명랑성과 도시 문명성만을 추구하여 결국 시의 단순화를 초래했다고 비판했다. 따라서 그 실패는 개인에 그치지 않고, 당시 시단 전체로 확산된 것이 심각한 문제임을 김용직은 주장했다.[101]

그런 비판적 논조는 후대 학자들로 이어진다. 김기림이 우리 전통의식에 바탕을 두고 서구문명을 수용하지 못한 그의 모더니즘시 운동의 한계점을 김윤식도 지적했다. 즉 S. Spender의 시론을 수용한 김기림은 문명에 대한 피상적 관찰이 이 시운동의 치명적 결함이라고 말했다.[102]

98) 임화, 「양천하의 시단일년」, 『신동아』, 1935.12.
99) 최재서, 『문학과 지성』, 인문사, 1938.
100) 송욱, 『시학평전』, 일조각, 1964.
101) 김용직, 『한국현대시연구』, 일지사, 1974.
102) 김윤식, 『한국현대시론비판』, 일조사, 1974.

역사적 전통의식과 통일된 주제의식이 부족하다는 이유로, 김기림은 당시 비난을 받았지만, 그는 누구보다도 열렬하게 한국시를 현대화하려고 애쓴 시인이었다. 현대시에서 지나친 감상주의와 봉건의식을 청산하려고 그는 노력했다.

그 해결책으로 시인들이 현대시에 도시문명의 건강한 명랑성을 적극 수용할 필요성이 있다고 강조했다. 이런 주장은 현대시의 발전을 위해 필요한 지적이었다. 특히 현대시에서 이미저리 마디들 위주의 묘사 기법의 필요성을 강조한 점에서, 그의 주장은 긍정적인 측면도 있다.

5-2. 자유시 창작 활동

그의 시적 변모는 뚜렷하다. 초기 시편 대다수가 『태양의 풍속』에 수록되었다. 또 장시 「기상도」(彰文社)가 초기 대표작이다. 그의 대표적 시평론인 「오전의 시론」과 「감상에의 반역」도 『시론』에 수록되었다. 제2기(1936-45년)의 시편들은 『바다와 나비』에 대부분 수록되었다. 제3기(해방-62.5)의 시편들은 『새노래』에 있다.

제2 시집인 『태양의 풍속』 서문에 그의 시관이 잘 집약되어 있다. 이 서문은 그의 시세계를 이해하는 좋은 단서를 제공해 준다.

> 까닭모르는 울음소리, 과거에의 구원할 수 없는 애착과 정돈, 그것들 음침한 밤의 迷惑과 眩暈에 너는 아직도 피로하지 않았느냐? 그러면 너는 나와 함께 어족과 같이 신선하고 기빨과 같이 활발하고 표범과 같이 대담하고 바다와 같이 명랑하고 선인장과 같이 건강한 태양의 풍속을 배우자.[103]

---

103) 김기림, 『태양의 풍속』, 학예사, 1939.9.

과거의 시가 지닌 비애적 감상성을 배척하고 극복하기 위하여, 명랑한 건강성과 참신성을 분명하게 주장했다. 또 이를 자신의 詩作에 반영했다. 다음 시가 좋은 예이다.

> 월
> 　화
> 　　수
> 　　　목
> 　　　　금
> 　　　　　토
>
> 하낫 둘
> 　하낫 둘
> 일요일로 나가는 「엇둘」소리

—「일요행진곡」 일부

시행들이 들쑥날쑥 독특하게 배치된 것이 이 시편의 특징이다. 시각적 효과를 잘 살린 그의 유명한 작품이다. 일요일의 해방감과 유쾌함을 표현하기 위해, 김기림은 시행을 율동적으로 배치하여 회화적 효과를 노렸다. 행진곡의 리듬감을 살리기 위해, 재치가 넘치게 요일을 의인화했다. 더욱이 자신의 시론에서 누차 강조했던 시의 명랑성이 살아난 작품이다. 이러한 명랑성과 건강성은 다음 시에서 더 뚜렷하게 드러난다.

> 오월의 바다와 같이 빛나는 창이
> 아침에게 웃음을 보내며
> 무한히 깊은 會話를 두 사람은 바꾸고 있다.

하늘은 얼굴에서 어둠을 씻고
지중해를 굽어본다. 푸른 밑없는 거울

창을 열렴으나 누나
푸른 하눌, 써늘한 대기

어린 새들은 너희의 삼월을 잊어버렸으니?
너희들의 훌륭한 「파라슈트」 범욕한 날개를 타고
날래게 푸른 하눌로 떠러지렴으나
그래서 세계에 아침을 일러 주어라.

—「출발」

이처럼 바다를 배경으로 해양 체험이 반영된 시편들이 시집 『태양의 풍속』에 많다. 「바다의 아츰」·「기빨」·「강」·「상아의 해안」·「동해」·「조수」·「항해」 등이 이에 속한다. 이런 그의 시편들에 내재된 원형 이미저리는 바다이다. 신선한 이미지들로 시적 회화성을 높인 것과 함께, 이 시의 또 다른 특징은 회화성 도입이다. 그 점은 「기상도」에도 잘 드러난다.

장시 「기상도」는 총 49연 424행으로 구성되었다. 한국에서 현대 장시의 기준은 분명하지 않다. T.S. 엘리엇의 「The Waste Land」가 430행이고, 「Ash Wednesday」가 220행, S. 스펜더의 「Vienna」가 800행이다. 이들과 비교해 본다면 「기상도」는 「Ash Wendesday」보다 긴 편이다. 이 장시는 1부 「세계의 아침」, 2부 「시민행렬」, 3부 「태풍의 기침시간」, 4부 「자최」, 5부 「병든 풍경」, 6부 「올배미의 축문」, 7부 「쇠바퀴의 노래」로 구성되어 있다. 그 첫 연은 다음과 같다.

비눌
돛인
해협은
배암의 잔등
처럼 살아났고
아롱진 「아라비아」의 의상을 둘른 젊은 산맥들.

바람은 바다ㅅ가에 「사라센」의 비단폭처럼 미끄러웁고
오만한 풍경은 바로 오전 7시의 절정에 가로누엇다.

헐덕이는 들우에
늙은 향수를 뿌리는
교당의 녹쓰른 종소리
송아지들은 들로 돌라가렴으나
아가씨는 바다에 밀려가는 輪船을 오늘도 바래보냈다.

—「세계의 아츰」 일부

바다의 이미지들이 참신하고 선명하게 살아나는 시편이다. 독특한 점은 행의 배열이다. 배가 바다로 나갈수록 시계(視界)가 더욱 확대되는 현상을 시에 반영하려고, 김기림은 시행들을 갈수록 길게 처리했다. 더욱이 '잔등/ 처럼'으로 두 행으로 처리했다. 이렇게 그는 행의 길이에 유달리 신경을 썼다.

더욱이 물이랑이 출렁거리는 동적 이미지를 효과적으로 표현하기 위해, 그는 의도적으로 행의 장단과 완급을 조절했다. 해협의 폭과 파도의 율동감을 배암의 이미지나 '아라비아'의 의상으로 전환시킨 착상은 상당히 참신하다. 그런 발상으로 생동적 이미지가 창출되었다. 또 그 이미지가 특별한 관념을 머금고 있진 않지만, 상당히 재치가 넘친다. 이런 기발한 표현기법은 다음 시로 이어진다.

「넥타이」를 한 흰 식인종은
「니그로」의 요리가 칠면조보다도 좋답니다.
살갗을 희게 하는 검은 고기의 위력
「콜베르」씨의 처방입니다.
「헬메트」를 쓴 피서객들은
난잡한 전쟁경기에 열중했습니다.
슲은 독창가의 심판의 호각소리
너무 흥분하였으므로
내복만 입은 파씨스트
그러나 이태리에서는
설사제는 극약이랍니다.
필경 양복입는 법을 배워낸
송미령 여사
「아메리카」에서는
여자들은 모두 해수욕을 갔으므로
빈 집에서는 망향가를 부르는
「니그로」와 생쥐가 둘도 없는 동무가 되었습니다.

–「시민행렬」 일부

이 시에 이미지들을 상당히 혼란스럽게 병치했다. 우선 등장하는 인물들이 복잡하다. 식인종과 니그로와 '콜베르'씨와 파씨스트, 그 인종들이 다양하다. 또 칠면조와 생쥐도 등장한다. 이렇게 잡다한 인물과 사물들의 이미지들이 혼란스럽게 병치되어 있다. 그것들이 이미저리 마디들을 이루지 못했다.

이 시편은 독자들을 당황하게 만들어 애독성이 없다. 인물·사물 등의 이미지들이 당돌하게 배치되어 있다. 그것들의 관계가 혼란스러워 그 이미저리 마디가 분명하지 않다. 현대사회가 지니고 있는 사회의 부조리와 정치적 모순성을 풍자한 표현들이라, 너무 무질서하게 나열

되었다.

구체적으로 살피면, 처음 두 2행 '넥타이를 한 흰 식인종은/ 니그로의 요리가 칠면조보다 좋다.'란 부분은 바로 백인들이 흑인을 노예로 삼아, 그들을 탄압·착취하는 실상을 야유한 이미지들이다. 그 속에 시인의 강한 사회비판 정신이 반영되어 있다. 또 제복을 입지 않고 내복만 입은 파시스트를 등장시켜, 군국주의를 비판하고 있다.

김기림은 중국의 사이비 근대화 현상을 꼬집기 위해, 이 시엔 송미령을 등장시켰다. 그 다음 "「아메리카」에서는/ 여자들은 모두 해수욕을 갔으므로/ 빈 집에서는 망향가를 부르는/ '니그로'와 생쥐가 둘도 없는 동무가 되었습니다."란 표현은 미국 가정의 도덕적 붕괴 현상을 풍자한 표현이다. 이 시의 배경은 유럽과 중국을 거쳐 미국으로 확대된다. 비록 스쳐가는 단상에 불과하지만, 일관된 시의 주제의식은 사회와 정치 현상에 대한 강한 비판정신이다.

이 시에서 아이러니적 표현이 두드러지게 나타난다. '「넥타이」를 한 흰 식인종'에서 '식인종'은 백인을 뜻한다. 이렇게 표현된 말의 의미와 그 속에 담긴 의미가 상반되는 것이 수사적 아이러니 기법이다. 이는 『태양의 풍속』에서 자주 발견된다. 예를 들면 시 '훌륭한 아침이 아니냐'이다. '창백한 하늘 아래/ 전야는 회색이다./ 독사의 화끈한 입김이 휩쓸고 간다./ 해골과 같이 메마른 공기가 질식한다.' 여기서 나타난 것처럼 가장 비극적이고 비참한 아침을 '훌륭한 아침'으로 표현했다.

시 「연애의 단면」에도 아이러니적 표현이 더욱 두드러지게 나타난다. '애인이여/ 당신이 나를 가지고 있다고 안심할 때 나는 당신의 밖에 있읍니다./ … 당신이 나를 놓아 보내는 때 당신은 가장 많이 나를 붙잡고 있읍니다.' 이런 표현이 상황적 아이러니이다. 「기상도」를 포함한 초기 시편들에 아이러니의 수법이 많이 쓰였다.

초기 시편들에서 그의 개성적인 시어들이 많이 나온다. 그는 시어를 폭넓고 자유롭게 선택했다. 지명이나 속어를 꺼리지 않고 다양하게 사용했다. 예를 들면, 콜베르와 송미령과 헤겔과 쥬네브와 아라스키바기오와 라우드와 스피커 등 외국인 이름이 많이 나온다.

이상 초기의 시편들에 나타난 특성을 종합 정리하면 다음과 같다. 그가 시론에서 강조했던 명랑·건강성을 여행시에 잘 반영시켰다. 또 그는 현대사회의 부조리나 정치적 모순이나 현대문명의 폐단 등을 풍자적으로 통렬히 비판했다. 그는 야유적 대화나 반어적 기법을 시에 도입하여 새로운 시의 지평을 개척하려고 노력했다. 더욱이 시어 선택에도 상당히 파격적인 면모를 보여주었다. 아어(雅語)보다 속어를 즐겨 선택했고, 외래어를 즐겨 구사했다.

그의 초기 시편들에 나타나는 시적 미숙성은 이미지들을 혼란스럽게 전개한 점이다. 이미지들을 당돌하게 파격적으로 결합시켜, 독자층에 당황스런 충격을 주려 했다. 파격적인 이미지 연결에 기지가 엿보여 성공을 거둔 경우도 있지만, 그 연결이 너무 경박하여 실패한 경우가 더 많다. 즉물적 대상을 묘사하면서 순간적 이미지 표현에 치우쳐, 전체적으로 서정미나 의미의 깊이를 상실했다는 비난을 면하기 어렵다. 그 점이 시의 가장 큰 단점이다.

1936년에 마침내 그는 다시 일본 유학을 떠났다. 그 후 그의 평론활동이 뚜렷이 변했다. 초기에 그의 평론은 지엽적이고 산만한 느낌을 주는 비체계적인 글이었다. 즉 한국 문단에 초점을 맞춘 시류적인 비평의 성격을 띠었다. 그러나 중기로 넘어오면서, 그의 평문은 체계적이고 본질적인 문학론의 성격을 지녔다.

더욱이 시의 경향도 함께 변모했다. 초기에 산만하고 혼란스럽게 전개되던 이미저리 양상이 상당히 질서 있고 통일된 모습으로 변했다.

다음 시에 그 모습이 잘 드러난다.

> 아무도 그에게 수심을 일러 준 일이 없기에
> 흰 나비는 도무지 바다가 무섭지 않다.
>
> 청무우 밭인가 해서 나려갔다가는
> 어린 날개가 물결에 젖어서
> 공주처럼 지쳐서 돌아온다.
>
> 삼월달 바다가 꽃이 피지 않어서 서거푼
> 나비허리에 새파란 초생달이 시리다.
>
> –「바다와 나비」 일부

「바다와 나비」는 시의 제목이며 시집의 표제이다. 그렇게 김기림은 '바다와 나비'란 제목에 애착을 가지고, 상징적인 의미를 부여했다. 나비는 바다에 살지 않는다. 하지만 이 시에서 나비는 바다에서 활동한다. 이 시의 주인공은 나비이고, 활동 무대는 바다이다. 그는 이 시에 상징적 의미를 부여했다. 나비는 시의 주체인 화자 즉 시인 자신을 상징한다. 또 바다는 파도가 무수히 몰려오는 곳이며, 외래문명이 들어오는 항구이다. 들과 산에 사는 나비가 바다에 온 것은 비극이다. 나비는 밀물 때 파도처럼 거세게 밀려오는 외래문명의 물결에 휩쓸려 방황하는 시인 자신을 상징한다.

"어린 날개가 물결에 젖어서/ 공주처럼 지쳐서 돌아온다." 여기서 '공주'란 비유에서 '바다와 나비'의 상징적 의미가 반영되어 있다. 즉 한국시 현대화에 앞장선 자신의 긍지가 반영되었다. 그 긍지가 '바다' 이미지로 반영된 사실이 다음 시편에도 분명하게 드러난다.

바다
너는 벙어리처럼 점잖기도 하다
소낙비가 당황히 구르고 지나갈 적에도
너는 놀라서 서두르는 일이 없다.

사공들은 산처럼 큰 그들의 시름을랑
네 뺄합 속에 담어 두려 하야
해변을 열고 바삐 나가더라.
사람들은 너를 운명이라 부른다.
너를 울고 욕하고 꾸짖는다.

…중략…

바다
지금 너는 잠이 들었나 보다. 꿈을 꾸나보다.
배에 힘을 주나보다. 꿈틀거린다.
너는 자꾸만 하늘을 담고자 애쓰나보다.

–「출발」 일부

김기림은 바다를 인격화(personification)하여, 그 상징성을 더욱 강조했다. 이 시에서 바다는 시적 화자와 대칭되며, 화자의 의식을 비춰주는 거울 역할을 한다. 더욱이 바다는 시인의 의식과 감정 등이 모두 담긴 총체적 존재의 인강상이며, 그의 존재의식을 반영하는 상징물이다. 즉 이 시편 의미와 이미저리의 핵이다.

중기 이후 김기림은 이미저리들을 안정적으로 배치하여, 시 전체가 의미적 통일성을 갖추도록 노력했다. 따라서 그의 시에 담긴 상징적 의미도 통일된다. 이러한 발전된 면모와 함께 초기 시에서 발견되는 강한 풍자정신과 비판의식과 이미지들의 당돌한 결합으로 생기는 시적 긴장감과 신선미는 사라졌다.

해방 후부터 한국 전쟁까지의 작품들은 대부분 『새노래』에 수록되었다. 이 시집에 찬가나 기념시를 포함하여 33편의 시가 실려 있다. 그 편수가 많지 않지만, 새로운 변화의 단서가 『새노래』의 다음 발문에 있다.

> 우리는 일찌기 쎈티멘탈 로맨티시즘의 홍수 속에서 시를 건저냈다. 저 야수적인 시대에 감상에 살기가 싫었고 좀더 유명하게 살고 싶었던 것이다.
>
> 속담대로 죽어가면서도 제 정신만은 잃지 말고저 한 것이다. 그러나 건져내놓고 보니 그것은 청결하기는 하나 피가 흐르지 않는 한낱 「미이라」였다.
>
> 시의 소생을 위하야는 역시 사람이 흘린 피와 더운 입김이 적당히 다시 섞여야 했다. 하지만 벌써 한 낱 정신의 형이상학은 아니라 할지라도 또 단순한 육체의 동계일 수도 없었다. 그러한 것을 실천의 혜지와 정열 속에서 통일하는 한 전인간의 소리라야 했다. 떨어져 나간 한 고독한 영혼의 독백이 아니라 새 역사를 맨드러 가는 민족의 베일래 베일수 없는 한 토막으로서의 한 사람의 무엇보다도 노래라야 했다.[104)]

위와 같이 김기림은 자신이 추구했던 모더니즘 시운동을 청산하는 획기적인 선언을 했다. 과거에 한국시를 현대화시키려던 모더니즘 운동과 결별을 하고, 새로운 길을 모색했다. 메마르고 건조해진 현대시의 조류에 새로운 생기와 활력을 불어넣어야 할 필요성을 그는 자각했다. 그런 각성이 말기 시적 변화의 계기가 되었다. 이때부터 중기와 확연하게 다른 변모가 나타난다. 그 모습이 다음 시에 잘 드러난다.

---

104) 김기림, 「새노래」, 아문각, 1948.

넘실거리는 보리이삭 벼초리
아침바다에 연이은 초록빛 벌판은
아 영의 것도 난의 것도 아닌
우리들 모두의 것이 아니냐.

하룻밤 무엔가 한없이 아름다운
꿈을 꾸다가 눈을 떴더니
무슨 진주나 잃은 것처럼 몹시도 서거품은
모두 즐겁고 살지고 노래하고 나물하지 않는 곳이었기 때문

—「우리 모두의 꿈이 아니냐」 일부

위 시편에 민족시인의 면모가 엿보인다. 외래어를 즐겨 쓰며 이국정취에 취하고, 실험적인 표현을 추구하던 초기와 달라진 변모가 뚜렷이 보인다. 이때부터 그는 우리 민족성을 강조하고, 애국심과 조국의 자연을 노래한 시편들을 주로 발표했다. 특히 당대 우리 사회 현실에 그가 큰 관심을 보인 점도 변모의 특징이다. 그는 해방의 감격과 새로운 시대에 대한 희망과 기대를 담은 시편들을 발표했다.

김기림의 시편들에 주목하지 않고 모더니즘을 주도한 그의 평론 활동에만 치중했던 기존의 연구 경향을 보완하기 위하여, 필자는 그의 평론보다 시에 대한 연구에 비중을 두었다. 즉 그의 시적 편력과 변모의 가치를 밝히는 데에 초점을 맞추려 했다.

그의 시집 『태양의 풍속』에 수록된 초기 시편들에 자신의 모더니즘 시론이 반영되어 있다. 즉 감상성을 배격하고 명랑성을 추구하기 위해, 서구의 현대문명을 비판적으로 수용한 것이 그 시론의 핵심이다. 더욱이 그는 시에 주관적 감정 표출을 절제하고, 그 대신에 이미지 위주로 대상 묘사에 치중하는 시 창작 활동을 전개했다. 그는 현대사회의 부조리나 문명의 폐단이나 정치적 모순 등을 구체적 이미저리 마디

들로 비판했다. 때론 야유적 대화나 반어적 기법을 도입하여, 시의 새로운 지평을 개척하려고 노력했다.

그의 초기 시편들을 대표하는 것이 장시 「기상도」이다. 이 시편엔 사회에 대한 강렬한 비판과 야유의 정신이 담겨 있다. 아이러니의 수법으로 언어의 긴장감을 살렸고, 이미저리 마디들을 기상천외하게 결합시켜, 자신의 실험정신을 강하게 나타냈다. 그렇게 그는 한국시를 현대화하려고 시 편론과 창작 활동을 함께 펼쳤다.

김기림은 대상을 묘사한 이미지들을 당돌하게 결합시켜, 독자들에게 참신한 충격을 주는 시편들을 발표했다. 하지만 그 이미저리 마디들의 결합이 성공적이지 못했다. 그것들의 연결이 너무 산만했다. 대상묘사의 순간적 이미지 포착에만 치우쳐, 표현미와 의미가 조화를 이루지 못한 점이다. 묘사의 대상이 하나로 일관되지 않고, 이미저리 마디들의 통합력이 부족한 경향이 있다. 일관된 객관적 상관물이 없고, 그 마디들 구분이 모호하여 전체 구성이 산만한 시편이 많았다. 이렇게 시의 구성미가 부족한 것이 그의 초기 시에 나타나는 단점들이다.

그가 작품을 거의 쓰지 못한 두 번의 공백기 이후에, 「바다와 나비」가 발표되었다. 이 시편엔 초기의 것들과 많이 달라진 점들이 나타났다. 산만하고 혼란스럽게 전개된 초기와 같은 이미저리 마디들은 이 시편에서 사라졌다. 그 대신에 단일한 이미저리 마디들이 통일을 이룬 이 시편이 나왔다.

이런 변화는 평론활동에도 나타난다. 초기에 그의 평론은 지엽적이고 산만한 느낌을 주는 비체계적이었다. 그러나 중기 이후에, 그의 평문은 체계적이고 본질적인 문학론의 성격을 지닌다. 그것은 표현미와 의미의 통합성을 강조한 그의 전체시론이다. 그 본질이 표현미와 시 내용을 이루는 시인의 사상과의 조화이다.

후기 시편들에 더욱 뚜렷한 변모가 나타난다. 그것은 바로 시에 민족의식이 반영된 점이다. 광복을 맞이한 감격과 환희 그리고 우리 자연을 예찬한 주제의식이 시편들에 담겨 있다. 이는 이국정취나 서구 문명에 도취하는 경향이 짙었던 초기 시 경향과 다르다. 이런 발전적 변모가 뚜렷한 것이 후기 시의 특징이다. 따라서 후기에 그가 우리 사회 현실을 시로 진실하게 표현하려고 노력한 민족 시인의 자세는 재평가를 받을 가치를 지닌다.

6. 천상병의 소박한 서정시

심온 천상병(深瑥 千祥炳: 1930-1993)은 참 시인이었다. 자신의 시집 제목 「천상병은 천상 시인이다」처럼 시인답게 청빈한 삶을 살았다. 금전만능의 자본주의 사회에서 그는 늘 시만을 생각하며 살았기에, 평생 직업이나 집을 변변하게 갖지 못했고, 생활도 극도로 곤궁할 수밖에 없었다. 가난을 숙명으로 받아들인 무욕의 시인이었다. 오직 시 창작을 평생 직업으로 삼았기에, 그는 '천상 시인'으로 불린다.

심온은 1930년 경남 마산시 진동면에서 태어났다. 그는 마산 상북 초등학교에 입학하고 1년 뒤에 부모님을 따라 일본으로 갔다. 일본 중학 2학년에 광복을 맞아 귀국했다. 마산중학 5학년 때, 『죽순』에 시편 「피리」와 「空想」을 발표했다. 6·25전쟁으로 부산에 피란 온 서울상대에 입학했다. 재학 시절에 송영택과 김재섭 등과 시동인지 『處女』를 발간했다.

1952년 청마의 추천인 「강물」과 모윤숙의 추천인 「갈매기」를, 심온은 『문예』지에 각각 발표하여, 정식으로 등단했다. 이듬해 조연현의 추천을 받고, 「나는 거부하고 저항할 것이다」로 평론 활동도 시작했다.

그는 『새』와 『주막에서』와 『천상병은 천상 시인이다』와 『저승 가는 데도 여비가 든다면』과 『귀천』과 『구름 손짓하며는』과 『아름다운 이 세상 소풍 끝나는 날』 등을 발간했다. 사후에도 『나 하늘로 돌아가네』와 시와 산문 전집 등이 나왔다. 출간된 시집들은 많지만, 중복 수록된 시편들이 많아 발간된 권수에 비해, 상대적으로 시편들의 총수는 적다.

사후에 그의 시에 대한 독자들의 반응은 더욱 높아졌다. 유독 그의 사망 직후에 독자층의 인기가 높았다. 서울의 대형서점에 그의 시집만이 진열된 상설 코너가 있을 정도였다. 의정부예술회관에서 그의 서거 10주년을 추모하는 행사가 거행되었다. 그를 추모하는 천상병 문학 축제가 해마다 열린다.

평론가 김우창 교수는 "천상병은 우리 시대 최후의 서정시인이다." 라고 극찬했다.[105] 그의 타계로 시인의 전설시대가 막을 내렸다.'는 것이 김재홍 교수의 지적이다.[106] 이처럼 그에 대한 높은 인기와 극찬의 언급들이 이어진 원인이 있다.

그것은 그의 천진한 서정성에 있다. 서정시가 쇠퇴하는 시대에 그의 소박한 서정미가 더욱 소중하게 인정받았다. 결정적 원인은 그가 비극의 주인공인 점이다. 「동백림사건」의 비참한 희생자가 그였다. 그 사건의 개요는 다음과 같다.

이 사건의 핵심 인물은 국내 헤겔학파의 거두로 알려진 임석진 철학

105) 김우창, 「천상병 씨의 시」, 『주막에서』, 민음사, 1979.
106) 김재홍, 「무소유 또는 자유인의 초상-천상병론」, 『현대문학』, 1993.6.

박사이다. 그는 동베를린 북한대사관을 접촉해서, 북한을 방문한 전 과정을 당시 대통령에게 직접 말했다고 방송에서 고백했다. 대통령의 지시로 정보부가 유럽의 유학생들이나 예술인들을 불법으로 납치·고문했다.[107)]

독일에 가지도 않은 심온은 이 사건으로 체포되어 전기고문을 당하고 6개 월 후에 풀려났다. 이후 그는 심한 고문의 후유증에 시달렸다.[108)] 그 고통을 잊으려 폭음하다 마침내 거리에 쓰러져, 서울시립 정신병원의 행려병자가 되었다. 그 사실을 모르는 친지들은 그가 사망한 것으로 간주해 유고시집 『새』를 발간했다. 이렇게 살아서 유고시집이 나온 특이한 경력의 소유자가 되었다. 당시 고문당한 고통을, 그는 다음 시편에 고백했다.

> 언제 몇 년이었는가
> 아이롱 밑 와이샤쓰 같이
> 당한 그 날은
> …중략…
> 내 살과 뼈는 알고 있다

---

107) 독일에서 활동하던 예술가와 독일 유학생 등 194명이 연루된 간첩사건이다. 윤이상 등 6명에게 사형과 4명에게 무기징역이 선고되었다. 하지만 외국의 강력한 항의로 관련자들 모두 석방되었다. 35년 후에 MBC가 이 '동백림 사건'을 방영했다. 이 프로에 관련자들이 많이 출연했다. 대통령에게 사건 전모를 보고한 임 교수와 수사과장과 혐의자들과 재판장과 변호사 등이 참석했다.

혐의자들 중엔 통일에 대한 열정과 호기심으로 간 유학생들이 대부분이다. 그들은 2~3백 불의 여비를 받고 방북했다. 북한 공작원들에게 이용당한 순진한 유학생들이 대부분이다. 그 중엔 북한 위주의 통일에 확신을 가진 소수도 있었다.

108) 서울대 민족주의비교연구회 관련 학생들과 심온도 검거되어 고문을 심하게 당했다. 그는 당시 고문으로 폐인이 되었다. 그는 아내에게 빨간 옷을 입지 못하도록 했다.

진실과 고통
그 어느 쪽이 강자인지를….

–「그날은」 일부

세 번 당한 전기고문으로 생식 능력을 잃었다는 사실을 심온은 그 사건 종료 20년 후에 고백했다.[109] 고문 후유증을 잊으려 평생 음주를 계속했다. 가난하게 살며 세속에 초연하여, 무소유의 삶을 즐긴 기행과 일화를 남겼다. 40대에 결혼하기까지 집도 없이 식객으로 지냈다. 그런 상황이 다음 시에 잘 반영되어 있다.

가난은 내 직업이지만
비쳐오는 이 햇빛에 떳떳할 수가 있는 것은
이 햇빛에도 예금 통장은 없을 테니까….

–「나의 가난은」 일부

심온은 가난이 직업인 순진무구한 시인이다. 그는 문인들에게 늘 천 원을 당당하게 차용한 것으로 유명하다. 그래서 어느 시인은 그에게 '문화 걸인'이란 꼬리표를 붙였다.

6-1. 천진한 서정미

천상병 시인의 특징은 '천진성'이다. 비록 그가 동료 문인들에게 '세금'을 받아 술을 마시곤했다. 하지만 그의 기행이 '천진성'에서 비롯되었기에, 그를 미워하거나 비난하는 이들은 없다. 문인들은 그를 안타

---

109) 신경림, 「천상병, 순진무구한 어린아이의 마음과 눈」, 『시인을 찾아서』, 우리교육, 1998.

깝게 기억했다.

소설가 천승세는 '평화만 쪼으다 날아가 버린 파랑새' 라는 글에서 천상병을 평화주의자로 보았다. 그는 애오로지 예술적 창의(創意)에서 환희를 발견했다.

문학적 성과에 연연하지 않았다. 예술성을 외면하고, 개인적 명리추구에 빠지지 않고, 예술의 텃밭에서 순수만을 쪼아대는 새처럼, 현실의 굴레를 벗어나서, 그는 무한한 자유를 갈망하며 살려고 노력했다.

환한 달빛 속에서 갈대와 나는
나란히 소리 없이 서 있었다.

불어오는 바람 속에
안타까움을 달래며
서로 애터지게 바라보았다.

환한 달빛 속에서
갈대와 나는
눈물에 젖어 있었다.

–「갈대」 전문

1951년 12월 『처녀지』에 발표된 이 시편은 천상병 특유의 순수성이 잘 드러나는 명시에 속한다. 속세의 잡음이 흔들리지 않는 고요한 공간에서 화자는 갈대와 마주 서있다. 자연과 시인은 완전 합일의 교감을 나누고 있다. 이렇게 시인이 사회 현실에서 받은 서러움을 치유하고 위로받을 수 있는 유일한 대상이 자연이다. "갈대와 나는/ 눈물에 젖어 있었다."란 표현에 이 점이 잘 드러나 있다.

강물이 모두 바다로 흐르는 그 까닭은
언덕에 서서
내가
온종일 울었다는 그 까닭만은 아니다.

밤새
언덕에 서서
해바라기처럼 그리움에 피던
그 까닭만은 아니다.

언덕에 서서
내가
짐승처럼 서러움에 울고 있는 그 까닭은
강물이 모두 바다로만 흐르는 그 까닭만은 아니라.

-「강물」 전문

이 시의 시간 배경도 역시 '밤'이다. '밤새 언덕에 서서 해바라기처럼 그리움에 피던 '일' 때문에 화자는 울고 있다. 그 울음의 원인은 무엇인지 분명히 알 수 없다. 그보다 중요한 것은 자연과 화자의 일치감이다. 강물의 흐름과 인생의 허무함이 일치됨이 시의 강조 포인트이다. 이는 인간의 숙명적인 슬픔이요, 근원적인 허무의식임을 상징한다.

> 시는 가장 진실하다는 것이다. 거짓말하는 시는 시가 아니다. 시는 가장 진실의 진실이다. 우리는 진실을 떠나서는 살 수 없다. 기쁨도 진실의 한 의미이다. … 중략 … 우리는 진실을 위하여 살고 있다. 인생의 진실은 여기저기 깔려 있다. 이것을 표현하는 것이 시다. 시를 읽고 짜증을 낸다면 그 시는 가짜이다. 나는 이런 시는 쓰지 않았다. 되도록 인생의 참뜻을 알리려고 했다.
>
> 나는 시를 단시간에 쓰는 편이다. 그러나 쓸 때만은 단시간이지 그

> 시를 구상하는 데는 많은 시일이 걸린다. 한 번 착상을 하면 이렇게 쓸까 저렇게 쓸까 하고 많은 시일이 걸린다.110)

이 글편에 시의 진실성을 중요시하는 심온의 시론이 잘 드러나 있다. 그는 난해한 시를 가짜 시로 보았고, 진실한 시를 좋은 시로 보았다. 특히 그는 진실한 시를 쓰기 위해 많은 시간 동안 구상한다고 고백했다. 이런 진실의 시관은 이 시의 추천자인 청마의 시관과 일치한다. 청마도 다음과 같이 시의 진실성을 강조했다.

> 나의 시는 내게 있어서 언제나 제2의적(第2義的) 가치밖에 가지지 않았고, 그것은 언제나 인생에 대한 나의 사유하고 느끼는 바를 표현하는 구실을 하는 것밖에는 아니었습니다. 그러므로 해서 나는 심히 대담하게도 '나는 시인이 아니다', '진실한 시는 마침내 시가 아니어도 좋다'고 말했던 것입니다.111)

위 인용문에서 청마는 자신의 시관을 분명히 밝혔다. "시는 언제나 인생에 대한 나의 사유하고 느끼는 바를 표현하는 구실"이라고 말했으니, 이는 그의 시에서 시인과 화자가 궁극적으로 일치한다는 것을 의미한다. 즉 1인칭 화자가 시에 등장하는 것이 그의 시적 특징이다. 진실한 시는 시인과 화자가 일치하는 시이다.

위 글에서 '진실한 시는 마침내 시가 아니어도 좋다'는 청마의 말에 중요한 의미가 있다. 「진실한 시」란 시인 사유(思惟=생각)가 담긴 시, 즉 1인칭 화자가 등장하는 시편을 뜻한다. 따라서 「진실하지 않은 시」는 시인과 화자가 일치하지 않는 기교적인 시를 뜻한다.

---

110) 천상병, 「나의 詩作의 의미」, 『나 하늘로 돌아가리라』, 지상, 1988, 163쪽.
111) 유치환, 『구름에 그린다』, 신흥출판사, 1959, 148쪽.

여기서 "마침내 시가 아니어도 좋다"는 뜻은 기교적인 시가 당시 문단의 주류를 이루고 있어서, 그것이 당위적인 시가 되었다. 따라서 경험적인 화자가 등장하는 시편을 시로 인정받지 못한다는 의미가 담겨 있다. 또 '좋다'란 말 속에 시로 인정받지 못해도 자신은 오직 경험적인 화자가 등장하는 「진실한 시」를 쓰겠다는 청마의 의지가 담겨 있다.

> 우리는 시를 읽으면서, 어렵다고 생각해서는 안 된다. 쉽게 판단해야 한다. 어렵다고 생각되는 시는 시가 아니다. 수필적으로 읽을 수 있는 시가 좋은 시라고 나는 생각한다. 사소로운 일에서 인생의 근본을 생각하게 하는 것이 시다. 믿음과 생활은 시의 근본이라는 것이 나의 생각이다. 어려운 말이 개입할 여지가 나에게는 없는 것이다.[112)]

심온은 난해한 시를 배척하고, 쉽고 진실한 시를 명시로 보았다. 특히 수필적인 시가 좋은 시라고 하였다. 여기서 수필시란 청마가 말하는 경험적인 화자가 등장하는 시편이다. 즉 시편들 속에 등장하는 화자와 시인이 일치하는 시이다. 이런 시를 그는 진실한 시로 보았다. 따라서 심온의 시편들 속에 가족이나 지인 같은 실존 인물들이 많이 등장한다. 예를 들면 아내·장모·박봉우·김용기·한무숙 같은 인물들이 등장한다. 시적 화자와 시인이 일치하는 시를 심온은 진실한 시로 보았다.

이처럼 청마나 심온은 당시 시단에 유행하는 대여식 시관과 대립되는 개성적인 시인들에 속했다. 이런 일치된 관점에서 심온은 청마의 추천을 받을 수 있었다. 더욱이 경험적 화자가 등장하는 소박한 서정시 편들을 비시(非詩)로 보는 것이 대여 김춘수이다. 그가 한국 시단

---

112) 천상병, 「나의 詩作의 의미」, 앞의 책, 167쪽.

을 주도한 시기부터 우리 현대시가 더욱 난해해져, 자유시와 시조의 거리가 더 멀어졌다.

청마와 대여의 대립적 시관의 차이는 재평가될 문제이다. 즉 시의 순수 애독성과 난해한 예술성의 가치 기준이 새롭게 재정립 되어야 현대시의 생명이 회생될 수 있다. 이는 한국시의 세계화를 위해 매우 중요한 쟁점이다. 한국 시평단이 이 논제를 외면하면 허상에 불과하다.

6-2. 애잔한 외톨이 의식

주변 사람들이 그를 기인이나 문화 걸인, 광인이나 괴물 등으로 불렀다. 하지만, 그는 의연하고 당당하게 말하고 행동했다. 그에 관한 많은 일화들에 따르면, 그가 남의 눈치를 보는 사람이 결코 아니었음이 잘 드러난다. 그러나 일련의 시편 속에서 나타난 그의 참 모습은 알려진 것과 다르다.

> 오늘 아침에 다소 행복하다고 생각하는 것은
> 한 잔의 커피와 갑 속의 두둑한 담배,
> 해장을 하고도 버스값이 남았다는 것.
>
> 오늘 아침에 다소 서럽다고 생각하는 것은
> 잔돈 몇 푼에 조금도 부족이 없어도
> 내일 아침 일도 걱정해야 하기 때문이다.
>
> 가난은 내 직업이지만
> 비쳐오는 이 햇빛에 떳떳할 수가 있는 것은
> 이 햇빛에도 예금통장은 없을 테니까…

나의 과거와 미래
사랑하는 내 아들딸들아,
내 무덤가 무성한 풀섶으로 때론 와서
괴로웠음 그런대로 산 인생, 여기 잠들다. 라고,
씽씽 바람 불어라…

–「나의 가난은」 전문

「귀천」과 함께 비교적 널리 알려진 작품이다. 화자는 가난을 '직업'이라고 말한다. 사실 그는 1964년경 부산시장의 공보비서를 한 것 이외는 평생 이렇다 할 직업을 갖지 못했다. 그래서 늘 그는 아내에게 용돈을 타서 쓰면서 살았고, '예금통장' 같은 것은 가져본 적이 없다.

그는 조금 남다른 데서 행복을 느꼈다. '한 잔의 커피'와 '두둑한 담배갑'과 '해장 밥값과 버스비' 등 지극히 소소한 것이었다. 이렇게 그는 지극히 소박한 일상사에서 행복을 찾았다.

그러나 일상의 틀 속에서 그런 대로 사는 것 같은 삶 속엔 깊은 괴로움과 슬픔이 깔려있다. 심층에 숨겨진 고통이 마지막 연에 나온다. '나의 과거와 미래'와 '아들·딸들'에게 그것을 말한다. 사실 심온에겐 자녀들이 없다. 결국 '자신에게 건네는 말' 그것은 절대 고독감이다.

어느 날 일요일이었는데
창에서 참새 한 마리
날아 들어왔다.

이런 부질없는 새가 어디 있을까?
세상을 살다보면 별일도 많다는데
참으로 희귀한 일이다.

한참 천장을 날다가 달아났는데
꼭 나와 같은 어리석은 새다.
사람이 사는 좁은 공간을 날다니.

―「창에서 새」 전문

이 시편에 시인의 외톨이 의식이 잘 드러난다. 사람이 사는 좁은 공간에 들어온 참새 한 마리가 시인과 동일시된다. 자연 속에 있지 않고 사람의 거주 공간으로 날아든 새에게 시인은 '이런 부질없는 새가 어디 있을까?'라고 말을 걸고 있다.

새와 사람이 사는 공간은 분리되어 있다. 그런데 인간의 영역에 들어온 이 '부질없는 새'는 '어리석은 나'와 일치된다. 새도 화자도 현실에 적응하지 못하는 점에서 일치한다. 이 외톨이 의식인 고독감은 그의 시에서 큰 비중을 차지한다.

6-3. 시심과 신앙심의 일치

천상병 시인의 시편들에는 새들이 많이 등장한다. 그 새의 이미지에 담긴 의미의 비중이 크다. 불행한 현실을 초월하려는 기독교적 내세관인 그의 주제의식이 새의 이미지에 많이 반영되어 있다.

외롭게 살다 외롭게 죽을
내 영혼의 빈 터에
새날이 와, 새가 울고 꽃잎 필 때는,
내가 죽는 날
그 다음날.

산다는 것과

아름다운 것과
사랑한다는 것과의 노래가
한창인 때에
나도 도랑과 나뭇가지에 앉은
한 마리 새.

정감에 가득 찬 계절,
슬픔과 기쁨의 주일,
알고 모르고 잊고 하는 사이에
새여 너는
낡은 목청을 뽑아라.

살아서
좋은 일도 있었다고
나쁜 일도 있었다고
그렇게 우는 한 마리 새.

–「새.1」 전문

이 시편에서 '영혼의 빈 터'는 저승이다. 그곳에서 우는 새가 바로 저승새이다. '새 날이 와'란 저승 세계가 열린다는 뜻이다. 화자와 저승새의 만남은 사후의 세계를 의미한다. 이승의 행·불행을 초월하여 우는 새가 저승새이다. 그 새의 울음엔 이승의 행·불행이나 희로애락의 감정이 없다. 저승 새를 상상하며, 그는 현실을 초월한다.

원래 새는 땅과 하늘을 오가는 중간적 존재이다. 하지만 이 시편에선 저승새는 지상과 천상을 왕래하며, 미래의 하느님과 이승의 현재 인간을 연결하는 매개자이다. 즉 살아있는 이들에게 사후의 노래를 불러주는 영매자적 존재가 저승새이다.

심온은 이승의 새를 보며, 저승의 무한한 창공을 날아가는 저승 새를 상상한다. 그래서 살아 있는 자신에게 들리는 저승의 노래를 상상한다. 그것이 생사를 초월한 주제의식이다. 그는 '새의 비상'이란 이미지를 활용하여, 지상의 온갖 속박에서 벗어나 무한한 자유의 공간을 갈구했다. 그 자유는 하느님을 믿어야 보장되는 기독교적 사상이다. 이를 바탕으로 이승에서 저승으로 해탈하는 자유가 보장된다. 따라서 심온은 현재의 하늘에서 비상을 새를 보며 매래 천국의 자유와 행복을 꿈꾸었다.

가지에서 가지로
나무에서 나무로
저 하늘에서
이 하늘로,
아니 저승에서 이승으로
새들이 즐거이 날아오른다.

맑은 날이나 궂은 날이나
대자대비(大慈大悲)처럼
가지 끝에서
하늘 끝에서…

저것 보아라,
오늘 따라
이승에서 저승으로
한 마리 새가 날아간다.

—「새.2」 전문

이 두 작품은 동일한 제목을 가지고 있다. 첫 작품 '새'는 '내 영혼의 빈 터에'서 '살아서 좋은 일도 있었다고 나쁜 일도 있었다.'고 이야기

해 주는 존재이고, 두 번째 작품의 새는 '가지에서 가지로' 또는 '저 하늘에서 이 하늘로', '저승에서 이승으로' 날아다니는 새이다. 이 새는 곧 나의 분신이다. 이 외에 '한낮의 별빛(부제: 새)'이라는 시편도 '새'를 소재로 하고 있어서, 그의 시세계에서 '새'라는 존재는 매우 특별한 의미를 지닌다. 그가 꿈꾸는 이상적 세계를 왕래하는 매개적 상징물이다. 이승에서 저승으로, 지상에서 천국으로 승천하는 상징이 새의 이미지이다.

돌담 가까이
창가에 흰 빨래들
지붕 가까이
　　애기처럼 고이 잠든
　　한낮의 별빛을 너는 보느냐…

슬픔 옆에서
지겨운 기다림
사랑의 몸짓 옆에서
　　맴도는 저 세상 같은
　　한낮의 별빛을 너는 보느냐…

물결 위에서
바윗덩이 위에서
사막 위에서
　　극으로 달리는
　　한낮의 별빛을 너는 보느냐…

새는
온갖 한낮의 별빛 계곡을

울고 있다.

–「한낮의 별빛」

심온은 의도적으로 위 시행들을 독특하게 시각적으로 배치했다. 앞 3행과 뒤 2행을 가지런하지 않고 엇갈리게 배치했다. 이 시편에 그는 지상적 이미저리와 천상적 이미지를 대립적으로 배치했다. 시적 초월을 강조하기 위해, 그는 지상의 현실과 천상의 이상계를 분명하게 구분했다.

심온이 현실 초월 의지를 가장 잘 반영한 대표작이 「귀천」이다. 그는 때로 기인 취급도 받으며, 사회에서 따돌림을 당한 외로운 국외자였다. 그래서 이승의 삶을 '저승의 소풍'으로 표현했다. 소풍은 잠시 동안의 외출이다. '이슬 더불어 손에 손을 잡고', '노을빛'과 함께 어울리는 소풍은 구름의 손짓에 따라서 끝난다. 그만큼 허무의식이 그의 시편들에 짙게 깔려 있다.

나 하늘로 돌아가리라
새벽빛 와 닿으면 스러지는
이슬 더불어 손에 손을 잡고,

나 하늘로 돌아가리라
노을빛 함께 단둘이서
기슭에서 놀다가 구름 손짓하며는,

나 하늘로 돌아가리라
아름다운 이 세상 소풍 끝나는 날,
가서, 아름다웠더라고 말하리라…

–「귀천」(주일)

이 시편은 만사를 초월한 심온의 마음이 투명하게 담긴 명시이다. 이 세상은 한낱 나들이에 불과하니, 사람들이 궁극적으로 돌아갈 곳은 하늘나라뿐이라는 심온의 시심이 잘 드러나는 시편이다. 그렇게 그의 시심과 신앙심은 일치한다.

1·2연에서 심온은 이승의 삶을 이슬이나 노을같이 짧은 나들이에 비유했다. 인생이란 긴 것 같지만, 실은 한낱 새벽빛에 스러지는 이슬이나 노을빛처럼 잠시이다. 짧은 인생에서 이슬이나 노을처럼 순수한 아름다움을 강조하기보다, 그가 궁극적으로 추구하는 것은 현실 초월의지이다. 다음 「진혼가」·「소릉조(小陵調)」·「달」 등의 시편들에 그의 현실 초월의지가 잘 반영되어 있다.

태고적 고요가
바다를 덮고 있는
그 곳.

안개 자욱이
석유불처럼 흐르는
그 곳.

인적 없고
후미진
그 곳.

새 무덤,
물결에 씻긴다.

—「진혼가」 전문

"저쪽 죽음의 섬에는 내 청춘의 무덤도 있다"라는 니체의 인상적인 말이 이 시편의 부제이다. 이 말이 시 해석의 단서를 제공한다. 청춘의 무덤은 '새 무덤' 이다. 심온은 과거를 회상하며, 죽음을 인식한다. 그렇게 이승과 저승은 가깝게 느끼는 것이 그의 시심이다. 다음 「소릉조」에서도 이승과 저승은 일치된다.

아버지 어머니는
고향 산소에 있고

외톨배기 나는
서울에 있고

형과 누이들은
부산에 있는데,

여비가 없으니
가지 못한다.

저승가는 데도
여비가 든다면

나는 영영
가지도 못하나?

생각하니, 아,
인생은 얼마나 깊은 것인가

— 「소릉조(小陵調)」

이 시편에는 빈곤으로 발생하는 사회적 소외감이 잘 담겨 있다. 추석에 차비가 없어 고향에도 못 가는 1인칭 화자를 등장시켜, 사회적 단절감과 그에 따른 외로움을 표현한 심층시조형이다. 단순한 가난 타령에 끝나지 않는 것이 이 시편의 장점이다.

5연은 '저승 가는 여비'라는 재치 있는 표현으로 시작된다. "저승 가는 데도/ 여비가 든다면// 나는 영영/ 가지도 못하나?"라는 의미는 자조적 체념이 아니라 반어적 강조이다. 즉 저승에 못 가다는 뜻이 아니라, 빈부 격차가 없는 저승에 떳떳하게 갈 수 있음을 강조했다. 가난하지만 이승에서 진실하게 살면, 저승의 천당에선 영원한 행복을 누릴 수 있다는 종교적 신념을 표현했다.

심온의 신앙심은 마지막 연에서 빛난다. "생각하니, 아,/ 인생은 얼마나 깊은 것인가."라는 구절에서 신앙심은 극대화된다. 즉 종교적 깨달음에서 진정한 행복감이 생긴다는 사실을 그는 강조했다. 이 시에 대해 김우창은 '삶에 대한 투명한 개방성'이라고 평했다.[113] 더 적절하게 표현하면, 종교적 행복감은 그의 시심과 일치한다. 이 일치점이 잘 드러나는 시편이 위 「소릉조(小陵調)」와 아래 「하늘」이다.

무한한 하늘에
태양과 구름 더러 뜨고,
새가 밑 하늘에 날다.

내 눈 한가히 위로 보며
하늘 끊임없음을 인식하고,
바람 자취 눈여겨 보다.

아련한 공간이여,

---

113) 김우창, 「천상병 씨의 시」, 『주막에서』, 민음사, 1979.

내 마음 쑥스러울 만큼 어리석고,
유한 밖에 못 머무는 날 채찍질하네.

—「하늘」

이 시편에서 유한한 땅과 달리 하늘은 무한한 자유를 누릴 수 있는 광활한 공간이다. 짧은 순간의 삶을 누리는 지상과 달리, 하늘에선 영원한 생명이 보장되는 무한한 공간이다. 그 하늘을 우러러 보며, 화자는 지상의 짧은 생명을 초월하여, 하늘에서 절대자 하느님에 의지하여 영생을 누리려는 신앙심이 그의 시심이다.

유한한 지상과 무한한 영적인 세계를 왕래하는 매개체가 바로 새라고 심온은 생각한다. 기독교 관점에서 인간이 추구하는 궁극적 이상은 천당이다. 하늘을 보고 천당을 느끼며, 영생을 꿈꾸는 것이 기독교인들의 신앙심이다. 이승에서 느끼는 불행은 순간이지만, 하늘의 천당에서 누리는 행복은 영원하다고 믿으며, 현실에서 느끼는 짧은 고통을 저승의 영원한 행복감으로 보상받으려는 것이 기독교인들의 꿈이다. 심온의 그 꿈이 앞 시편 「귀천」과 함께 이 시편에 잘 담겨있다.

사회적으로 소외·고립된 십온은 하늘을 쳐다보며, 비로소 현실에서 해방되려고 시를 쓴다. 하늘을 바라보는 종교적 발심에서 그의 시심은 시작된다. 따라서 화자가 갈구하는 진실과 자유가 영원히 보장되는 초월적 이상향은 하늘의 천당이다. 이런 신앙심에서 그 무욕의 시심이 나왔다. 그의 시편들에 나타난 주제의식은 사회적 소외감을 극복하려는 현실 초월 의지와 일치한다. 무욕의 신앙심과 그의 시심은 일치한다.

심온은 평생 변변한 직업을 가지지 못했다. 집도 자식도 없었다. 사회적으로 철저히 소외된 외톨이였다. 그 외로움과 소외의식에서 벗어

나려, 그는 오직 신앙심에 의지해 살며, 평생 시를 썼다. 구도의 자세로 시를 쓰면서, 심온은 하느님을 만났다. 달리 말하면, 하느님을 만나기 위해, 그는 시를 썼다. 따라서 그의 가슴에서 신앙심과 시심은 일치된다. 현실의 불행을 극복·초월하려고, 심온은 항상 미지의 천상계를 갈망했다. 따라서 그는 이승과 저승의 갈림길에서 죽음을 의식한다. 그 갈등의 죽음의식이 그의 시편들에 짙게 깔려 있다.

심온의 시심은 언제나 현재의 삶과 죽음 이후의 미래 사이를 왕래하는 것이 특징이다. 이것은 그가 이승과 저승의 경계를 살았다는 것을 의미한다. 따라서 저승의 영원한 삶에 비하면, 이승에서 누리는 자신의 삶은 지극히 짧다고 생각했다. 그래서 그것을 '소풍'에 비유했다. 그런 시심이 「소릉조(小陵調)」에 잘 담겨있다.

심온의 시편들엔 유독 새가 많이 등장하는 사실도 같은 의미로 해석된다. 새들은 이승의 땅과 저승의 하늘을 왕래하는 매체이다. 그는 새를 보면서 이승과 저승을 동시에 인식한다. 즉 이승에서 저승의 영원성을 깨닫는 철저한 신앙심에서 그의 시심(詩心)이 생긴다.

이승에서 느끼는 불행은 순간이고, 저승의 행복은 영원하다고 믿는 독실한 신앙심이 그가 느끼는 행복감의 원천이다. 따라서 그는 시를 쓰면서 가난한 실업자의 사회적 소외감과 외로움을 극복하는 신앙적 위안을 받았다.

하느님을 믿으면 천당에 간다는 신앙적 구도의 자세로, 그는 오직 시쓰기에 인생의 전부를 걸었다. 따라서 그의 시심과 신앙심은 분리될 수 없는 하나의 정신세계이다. 신앙심에 바탕을 둔 시심은 종교적 진리와 일치되니, 그의 시 쓰기는 신앙적 구원의 길이요 행복의 원천이었다.

그런 신앙심을 지녔기에, 그는 시단의 유행에 편승하여 명성을 얻으려 노력하지 않았고, 특정 유파에 예속되지도 않았다. 전후 모더니즘에 경도하여, 난해한 추상시 편들을 결코 쓰지 않았다. 시단의 흐름에 휩쓸려, 무의미한 기교시 편들을 쓰기 않았다. 그는 오직 1인칭 화자를 등장시켜, 자신의 마음을 진술하는 자아표출의 기법으로 일관했다. 그렇게 고집스럽게 시편들을 쓴 것이 그의 시적 진실성을 방증(傍證)한다.

따라서 사후에 그의 시편들에 대한 독자층의 애독성이 매우 높았다. 그는 1인칭 화자만을 등장시켜, 자신의 분명한 목소리를 계속 유지한 서정 시인이었다. 따라서 그의 시편들엔 가족이나 친지 같은 실제 인물들이 많이 등장한다. 이런 경험적 화자를 등장시킨 진실한 시편들을, 그는 생의 마지막까지 썼다. 이런 점에서 두 시인들의 시관은 일치한다. 따라서 심온도 역시 청마처럼 무기교의 순수한 서정 시인에 속한다.

참고문헌

1. 기본자료

김기림, 『기상도』, 장문사, 1936.

______, 『태양의 풍속, 학예사, 1939.

______, 『새노래』, 아문각, 1948.

______, 『시론』, 백양당, 1947.

김학동 편, 『정지용 전집』, 민음사, 1988.

박용래, 『싸락눈』, 삼애사, 1969.

______, 『강아지풀』, 민음사, 1975.

______, 『먼 바다』, 창작과 비평사, 1984.

서정주, 『서정주시선』, 정음사, 1956.

______, 『서정주 문학 전집』 5권, 일지사, 1972.

신석정, 『촛불』, 인문사, 1936.

______, 『슬픈 목가』, 낭주문화사, 1947.

______, 『빙하』, 정음사, 1956.

______, 『난초잎에 어둠이 내리면』, 지식산업사, 1974.

유치환, 『청마시초』, 청색지사, 1939.

______, 『생명의 서』, 행문사, 1947.

______, 『울릉도』, 행문사, 1948.

이은상, 『鷺山時調集』, 한성도서, 1932.

______, 『祖国江山』(시집), 민족문화사, 1955.

______, 『鷺山時調選集』, 민족문화사, 1958.

조지훈, 『청록집』, 을유문화사, 1946.

______, 『풀잎단장』, 창조사, 1952.

______, 『조지훈 시선』, 정음사, 1956.

천상병, 『천상병 시 전집』, 평민사, 1996.

최남선, 『百八煩惱』, 한성도서주식회사, 大正 15년(1926).
______, 편집, 『소년』 통권 1-23권.(1908~1911), 신문관(복사본: 도서출판영락, 2001.)

2. 논문

김동렬, 「운초 박재두 시조 연구」, 창원대학교 박사논문, 2005.
김명희, 「유치환 시 율격 연구」, 창원대학교 석사논문, 2002.
김문주, 「한국현대시의 풍경과 전통」, 고려대학교 박사논문, 2005.
김복근, 「생태주의 시조 연구」, 창원대학교 박사논문, 2003.
______, 「이은상 시조 연구」, 창원대학교 석사논문, 1998.
김은혜, 「최남선의 시조유취연구」, 한성대학교 박사논문, 2010.
김정숙, 「정지용 시의 연구」, 세종대학교 박사논문, 2000.
박민영, 「1930년대 시의 상상력 연구」, 한림대학교 박사논문, 2000.
서곤, 「최남선과 호적의 신시 개척 비교 연구」, 서울대학교 석사논문, 2012.
서준섭, 「1930년대 한국 모더니즘 문학연구」, 서울대 박사논문, 1988.
오탁번, 「정지용 시 연구」, 고려대 대학원, 석사논문, 1970.
요시무라 나오끼, 「육당 최남선 문학연구」, 충남대 박사논문, 2004.
유종호, 「1950년대와 현대문학의 형성」, 강진호외 편, 『증언으로서의 문학사』, 깊은샘, 2003.
원은희, 「서벌 시조 연구」, 창원대학교 박사논문, 2012.
이경철, 「한국 순수시의 서정성 연구」, 동국대학교 박사논문, 2007.
이균상, 「유치환과 김춘수 시의 대비 연구」, 창원대학교 박사논문, 2006.
이문중, 「이은상의 시조연구」, 경남대학교 석사논문, 1987.
임곤택, 「조지훈 시 연구」, 고려대학교 석사논문, 2006.
______, 「현대시에 나타난 전통 미학적 수용 양상 연구」, 고려대 박사논문, 2011.
조상기, 「柳致環연구」, 한양대학교 박사논문, 1990.
최정례, 「백석 시의 연구」, 고려대학교 석사 논문, 2001.
최진희, 「1910년대 시조의 변화 양상과 의미」 이화여대 석사논문, 2009.

3. 평론

김선태, 「묘사와 변주의 탁월한 究竟」, 『쑥뿌리사설』, 태학사, 2004.
김연동, 「낯선 저자골목을 나서던 박재두」, 『시조월드』 5호, 2002.
김재홍, 「갈등과 방황의 정지용 시세계」, 『문학사상』 183호, 1988.
김정화, 「한·일 短形詩 律格의 비교 연구」, 『동계학술발표』, 한국문학회, 2002. 12.
민병기, 「한국의 자유시와 정형시의 관계」, 『한국 시학 연구4』, 한국시학회, 2001.
민병도, 「이호우 시조문학상 10년의 전개와 성과」, 『개화』, 2001. 10.
오탁번, 「정지용의 '춘설'」, 『시와 시학』 여름호, 2002.
이광호, 「恨과 지혜」, 『울음이 타는 가을江』 해설, 미래사, 1991.
이숭원, 「정지용과 현대시의 한 전범」, 『현대시』, 1995, 10월.
최남선, 「조선 국민문학으로의 시조」, 『조선문단』, 16호, 1926, 5.
황현산, 「정지용의 '누뤼'와 '연미복 신사」, 『현대시학』, 2000.

4. 단행본

고형진, 『현대시의 전통과 창조』, 열화당, 1998.
권영민, 『한국현대문학사』 상·하, 민음사, 2002.
김용직, 『한국현대시사』, 한국문연, 1996.
김은자, 『정지용』, 새미, 1996.
김학동, 『김기림 평전』, 새문사, 2001.
______, 『정지용 연구』, 민음사, 1988.
김현자, 『현대시의 서정과 수사』, 민음사, 2009.
김홍규, 『욕망과 형식의 詩學』, 태학사, 1999.
문덕수, 『한국모더니즘시 연구』, 시문학사, 1981.
______, 『현대시의 해석과 감상』, 이우출판사, 1982.
문혜원, 『한국 현대시문학사』, 소명출판, 2005.
민병기, 『정지용』, 건국대 출판부, 1996.
박경수, 『한국 현대시의 정체성 탐구』, 국학자료원, 2000.

박노준·이창민 외, 『현대시의 전통과 창조』, 열화당, 1998.
박을수 편저, 『한국시조대사전』, 아세아문화사, 1992.
백세철, 『조선신문학사조사』, 수선사, 1948.
성기옥, 『한국시가율격의 이론』, 새문사, 1986.
______, 『한국시의 미학적 패러다임과 시학적 전통』, 소명출판, 2004.
성민엽, 『변하는 것과 변하지 않는 것』, 문학과 지성사, 2004.
송　준, 『남신의주 유동 박시봉방-시인 백석일대기』, 지나, 1994.
송용구, 「시조의 생명의식과 현대성」, 『현대시와 생태주의』, 새미, 2002.
송하선, 『시적 담론과 평설』, 국학자료원, 2003.
송하춘·이남호 편, 『1950년대의 시인들』, 나남, 1994.
심재완, 『역대시조전서』, 세종문화사, 1972.
양왕용, 『정지용 시 연구』, 삼지원, 1988.
오봉옥, 「조운시조 연구」, 『시와 시조의 공과 색』, 도서출판 박이정, 2004.
오세영, 『20세기 한국시 연구』, 새문사, 1989.
______, 『유치환』, 건국대학교 출판부, 2000.
______, 『한국현대시의 분석적 읽기』, 고려대출판부, 1998.
이승원, 『현대시와 지상의 꿈』, 시와시학사, 1991.
이태극, 『시조의 사적 연구』, 국어국문학 총서, 이우출판사, 1978.
임선묵, 『근대시조대전』, 대한교과서, 1981.
임종찬, 『현대시조 탐색』, 국학자료원, 2004.
정한모, 『한국현대시문학사』, 일지사, 1988.
조연현, 『한국현대문학사』, 인간사, 1964.
조연현·신동욱, 『최남선과 이광수의 문학』, 새문사, 1981.
최동호, 『디지털 문화와 생태시학』, 문학동네, 2000.
______, 『디지털 코드와 극서정시』, 서정시학, 2012.
______, 『정지용 시와 비평의 고고학』, 서정시학, 2013.
______ 편, 『정지용 사전』, 고려대학교 출판부, 2003.
최동호·맹문재 편, 『다시 읽는 정지용 시』, 월인, 2003.
최승호, 『서정시의 이데올로기와 수사학』, 국학자료원, 2002.

홍일식, 『육당 연구』, 일신사, 1969.

5. 번역서

가라타니 고진, 박유하 옮김, 『일본 근대문학의 기원』, 민음사, 1997.
나리타 류이치, 한일비교문화 세미나 옮김, 『고향이라는 이야기』, 동국대학교 출판부, 2007.

▮ 민병기(閔丙起)

1946년 충남 홍성 출신. 고려대 국문학과 학·석·박사 과정 졸업. 중등 교사와 고대 강사에 이어, 창원대 국문과 퇴직 후 명예교수. 「시인」지로 등단, 4인 시집, 『가자 아름다운 나라로』(거암, 1987)와 단독 시집 『물방울의 꿈』(도서출판 경남, 1991)과 저서로 『정지용』(건국대 출판부, 1996)과 공저로 『문학이란 무엇인가』(집문당, 1996)와 『현대작가작품론』(집문당, 1998)과 『한국의 영상문학』(문예마당, 1998)과 편저로 『신춘문예 당선 우수시 100선』(문예마당, 1998) 등이 있다.

〈학회 발표〉

한국현대소설연구회, 〈포스트 모더니즘과 현대소설〉, 1992. 11. 28. 이화여자대학교.
한국국어국문학회, 전국대회 〈현대시 연구의 현황과 문제점〉, 1996. 6. 창원대학교.
한국시학회, 전국대회, 〈현대시와 현대시조와의 관계〉, 1999. 11. 13. 충남대학교.
한국시문학회, 전국대회, 〈한국모더니즘 시의 재조명〉, 2000 11. 11. 한글회관.
한국시학회, 전국대회, 〈한국 현대시 해석의 제문제〉, 2001. 10. 27. 영남대학교.
한국시문학회, 전국대회, 〈한국 현대시의 재조명〉, 2001. 3. 한글회관.

民族文化硏究叢書58

현대 시·시조 통합 이론

2016년 4월 15일 초판 1쇄 펴냄

저 자 민병기
발행인 조성택
발행처 高麗大學校 民族文化硏究院

등록 1964년 9월 28일 제6-18호
주소 서울특별시 성북구 안암로 145
전화 02-3290-1610~4
팩스 02-926-8385
http://riks.korea.ac.kr

ISBN 978-89-7155-162-2 94810
978-89-7155-073-2(세트)

정가 15,000원

이 도서의 국립중앙도서관 출판시도서목록(CIP)은 서지정보유통지원시스템 홈페이지(http://seoji.nl.go.kr)와 국가자료공동목록시스템(http://www.nl.go.kr/kolisnet)에서 이용하실 수 있습니다. (CIP제어번호: CIP2016008455)